Wheels of Life
A User's Guide to the Chakra System

チャクラの神髄

最強の「7つのチャクラ」実践ガイド

全米ヨガアライアンス認定インストラクター養成指導者(E-RYT)
アノデア・ジュディス Ph.D. 著
浅井みどり 訳

アストラハウス

刊行にあたり、権利者の承諾のもと、原書の主題を損なわないように日本語版向けに内容・構成等を再編集していることをお断りいたします。
本書に登場する人物は実在する人物ですが、プライバシー保護のために仮名にしています。また、掲載した引用文は、すべて訳者によるオリジナルの翻訳です。

装幀　藤田知子

Translation from
THE WHEELS OF LIFE
A USER'S GUIDE TO THE CHAKEA SYSTEM
by ANODEA JUDITH
Copyright © 1987 and 1999 Andea Judith
Figure illustrations: Mary Ann Zapalac
Published by Llewellyn Publications
Woodbury, MN 55125 USA
www.llewellyn.com
Japanese translation rights arranged with Llewellyn Publications,
a division of Llwewllyn Worldwide, Ltd.
throught Tuttle-Mori Agency, Inc., Tokyo

わが息子、アレックスへ

　私は、長年にわたりチャクラの仕事を通じて、多くの学生やクライアントと交流し、互いに知恵を分かち合ってきました。癒しとパーソナルな成長のためにさまざまな挑戦をしてきた彼らの努力と経験、そして疑問や意見は、すべて私の研究を進める力になっています。本書が、皆さんの魂の成長の助けになることを祈るばかりです。

　人生をともに歩み続け、私を信じ、さまざまな方法で支えてくれた同志たちにも感謝の言葉を捧げます。夫であるリチャード・イーリー。あなたは、私を愛し、励ましてくれただけでなく、本の編集も手伝ってくれて、私の考えは正しいと確信させてくれました。本書のイラストを描きながら、いつも笑わせてくれた息子のアレックス、ほんとうにありがとう。そして長年の友人でティーチングの仲間で、チャクラの本を書く最初のきっかけを与えてくれたセレーネ・ヴェガにも感謝します。彼女とはワークショップ用の教材を一緒につくり、２冊目の本『The Sevenfold Journey（７つのチャクラの旅）』（未邦訳）も共同で書き上げました。

　チャクラが、一般的に知られる以前にこの本を出版してくださったカール・ウェスキー、そして出版社のルウェリンの皆さま、ジム・ギャリソン、クリスティーン・スノウ、キンバリー・ナイチンゲール、リン・メンチュアウェックのご尽力に感謝します。イラストを描いてくれたメアリー・アン・ザパラック、整骨治療学博士のカーライル・ホーランド、カイロプラクティックの専門家のロバート・ラム博士、鍼師のマイケル・ガンディーに厚く御礼申し上げます。

　最後に、生命の神秘へと導く永遠の魂とチャクラに心から感謝の言葉を贈ります。

日本語版に寄せて

　私たちの未来に重要なのは、バラバラになってしまった精神と肉体、魂と物質、天と地を癒すことです。なぜなら、バラバラになってしまっていることで、私たちの健康が蝕（むしば）まれ、環境が破壊され、個々が孤立しているため、日常生活の一部であるスピリチュアリティから切り離されてしまっています。

　バラバラになった精神や肉体を再び一体化させる手引きとなるもの、それが7つのチャクラです。一つひとつのチャクラの意味や機能を自分の人生に組み入れることが、精神、肉体、魂を一体化させるための秘訣です。7つのチャクラを自分のものにすれば、健康、活力、そして、人生の目的を達成する重要な鍵を得らることができます。

　私は、40年以上チャクラを研究し、世界中で指導し続けてきました。本書は、1987年に刊行されて以来、多くの版を重ね、25カ国の言語に翻訳され、30年以上経った今日でもチャクラについてのバイブル本として根強い人気を博しています。また欧米諸国では、一番読まれているチャクラの専門書とみなされ、大学の講座やヨーガ指導者の養成のためのマニュアルとしても使われています。

　皆さんは、ヨーガという言葉をご存知だと思いますが、ヨーガには「軛」（くびき）や「結合」という精神と肉体をつなぐ手段という意味があります。まさにチャクラは結合の構造であり、人間の魂の構造を表わしています。

　今、世の中の多くの人が求めているのは、精神と肉体が一つになれるようにサポートしてくれる包括的な成長モデルです。7つのチャクラは、精神と肉体を誰にでも役に立つ成長モデルへ統合する重要な機能であり、未来へ向かうための重要な指針となるものです。21世紀を生き抜くために必要なガイドをどうぞご覧ください。

2018年1月
アノデア・ジュディス

まえがき

　私が、チャクラという言葉に出会ったのは、今から40年以上も前の1975年。当時のアメリカでは、チャクラに関する書籍も情報もほとんどなく、スピリチュアル系の本の索引にも、図書館のカード目録にもチャクラという言葉はほとんど載っていませんでした。

　そこで私は、チャクラを知るために地、水、火、空気などの元素（エレメント）を扱う儀式魔術、サンスクリット語で書かれた文学、量子物理学、神智学、魔術、生理学や心理学を研究しました。さらに整体、サイキック・リーディング、カウンセリングの技術を習得し、セミナー、ティーチングなどで何千人ものクライアントを実際に診て得た経験を徹底的に分析することで、整然としたシステムとしての7つのチャクラについてわかりやすい独自の理論をまとめ上げました。

　本書は、1987年にアメリカで刊行されて以来、30年以上もチャクラを知るためのバイブル、実践ガイドとして多くの読者に愛され、ロングセラーを続けています。

　一般的にチャクラは、非常にスピリチュアルなものと考えられています。しかし、本書ではチャクラが、いかに私たちの日常生活の一部になっているかを示していきたいと思います。

　本書には、7つのチャクラについての詳細な解説、機能、理論、各チャクラを活性化させるためのエクササイズなどが載っています。チャクラの基本をなす重要なエッセンスが余すとこなく書かれている本書は、読者の皆さまにとって実用的で有意義な本であると確信しています。

　なお、本書に掲載しているエクササイズは、誰にでもできるものですが、中にはかなりの身体の柔軟性を必要とするものもありますので、エクササイズをするときは、ゆっくりと注意深く行ってください。筋肉を痛めたりしないよう、また、体に痛みや不快感を与える無理な姿勢をとらないように気をつけてください。不快と感じたら、直ちに中止してください。

　20世紀から21世紀への転換点を通過した今、私たちは新たな現実に適合するシステムを創りだすだけでなく、古いシステムもアップデートし続けなけれ

ばなりません。そうすることで私たち一人ひとりが、過去と未来をつなぐ架け橋になるからです。

　祖先たちは、チャクラという深遠で崇高な精神と肉体を結びつけるシステムを創りだしました。今度は私たちが先祖の叡智と、自然界や肉体、そして精神に関する現代の情報を結合させることで、より効果的なチャクラ・システムを創りだす番です。チャクラを現代生活に適合する柔軟性を持ちながらも、変わることなく存在する永続的なシステムにしていくことで、チャクラは21世紀に生きる私たちにとって、より意味のあるものになるでしょう。

　実は、私がチャクラに初めてグラウンディングという考えを導入し、下降する意識の流れという考えを提唱したとき、懐疑的に思った方が多くいました。なぜならチャクラの一般的な解釈では、身体的現実を超越することに重点が置かれ、グラウンディングや下降する流れは凡庸で退行するものとされていたからです。

　また、スピリチュアルの世界では、人生は苦しみであり、身体的現実を超越した世界は、その苦しみを癒すためのものと考えられていました。しかし、この理論では、超越は人生（現実）とは真逆であることになるので、私はこの考えに大いに疑問を抱いていました。

　私はスピリチュアルな精神を追求するあまり、生きる意欲や喜びを犠牲にする必要はないと考えています。また、「スピリチュアリティを現世の対極と見なし、スピリチュアルな成長のために、生来の生物学的本質や人生そのものを厳しく支配してコントロールしなければならない」と考える必要もないと思っています。なぜなら、この考えは20世紀には適していても、水瓶座の時代である21世紀に生きる私たちが抱えている精神と肉体の分離という問題を解決してくれるとは言えないからです。21世紀に生きる私たちに必要なのは、支配のシステムでなく、統合のシステムなのです。

　21世紀に入り、集団的パラダイムは大幅に変わりつつあります。身体には本来備わっているスピリチュアルな価値があることを再認識すると同時に、真の精神と肉体を取り戻し、地球の神聖さを認めることを重視する動きが急速

まえがき

に高まりつつあります。なぜなら、私たちは20世紀後半に起きた行き過ぎた資本主義や工業化による地球環境の変化が、どれほど私たちの精神や肉体、そして生活に影響を与えるかということを実感しました。自然の力を人間の力でコントロールし過ぎると思わぬ結果や負のエネルギーが生じることを学んだのです。地球の価値を減じることは、生態学上の危機を招くことにつながるのです。

今こそ、自然と人間が本来持つ姿を取り戻し、新たなスピリチュアリティと一体化するときです。一人ひとりの魂を目覚めさせるためにも、東洋と西洋、魂と物質、精神と肉体という離隔の観念を改め、個人的にも文化的にもすべてを再結合させることが急務なのです。

本書には、チャクラの基礎になっている精神や意識の世界についての理論が書かれています。チャクラは、単に身体にあるエネルギー・センターの集合体ではありません。現実を超越していくごとに入れ子のように複雑に重なり合い、普遍の真理を明らかにしていく存在なのです。一つひとつのチャクラが表わしている意識レベルは、さまざまな次元への入り口です。どのチャクラも互いに組み込まれ、関連しているので、どれか一つのチャクラだけを機能させればいいということではなく、理論上からも、経験上からも７つのチャクラを一つの大きなまとまりとして考えていかなければなりません。

チャクラの神髄に触れるために、どうぞゆっくりと本書を読み進めてください。考えることがたくさんでてくることでしょうが、チャクラを通して、あなたの人生と世界を見つめてください。人生の旅が、より彩り豊かになると思います。

天にかかる美しい虹のように、人生を歩むあなたの前に、７色の橋が現れますように。

『チャクラの神髄』目次

日本語版に寄せて　4
まえがき　5

Part 1　チャクラの探求　13

命の車輪　14
車輪は回る　16
　7つのチャクラへのアプローチ　20
　チャクラの歴史　21
　他の文化から生まれたシステム　26
　チャクラの仕組み　29
　シヴァとシャクティ　43
　解放と顕在化　45
　3つのグナ　48
　チャクラとクンダリーニ　50
　キー・ポイント　58
　エクササイズ　59
　チャクラ対応表　62

Part 2　7つのチャクラ　65

第1チャクラ　66
　ムーラダーラ（基盤のチャクラ）　68
　グラウンディング　74
　生存　81
　肉体　85

食物とチャクラ　88
物質　91
第１チャクラのエクササイズ　95

第２チャクラ　112
変化のレベル　114
スヴァディシュターナ（水のチャクラ）　117
快楽の原則　124
情動　127
セクシュアリティ　128
タントラ　134
慈しみ　137
透感能力（超感覚能力）　139
第２チャクラのエクササイズ　141

第３チャクラ　150
そして車輪は燃える　152
マニプーラ（輝く宝石）　155
力（パワー）　161
意志　165
自尊心　173
無力の克服　175
第３チャクラのエクササイズ　180

第4チャクラ　　190
　　チャクラ・システムの中心部　192
　　アナーハタ（静かなる中心点）　194
　　愛　199
　　関係とバランス　203
　　親和性　209
　　癒し　212
　　呼吸〜生命の要〜　216
　　第4チャクラのエクササイズ　221
　　瞑想　226

第5チャクラ　　232
　　意識への入り口　234
　　ヴィシュッダ（浄化するもの）　237
　　波動の微細な世界　242
　　共鳴　247
　　マントラ　256
　　テレパシー　263
　　創造性　266
　　メディア　268
　　第5チャクラのエクササイズ　270

第6チャクラ　　276
　　有翼の知覚者　278
　　光　284
　　色　285

ホログラフィック理論　291

視覚（見ること）　296

透視能力　297

第6チャクラのエクササイズ　305

第7チャクラ　312

1000枚の花びらを持つ蓮　314

意識　319

意識のタイプ　321

情報　323

超越と内在　327

第7チャクラのための瞑想　329

悟り　336

第7チャクラのエクササイズ　338

Part3　チャクラを活用する　343

チャクラと一体化する　344

チャクラの相互作用　351

チャクラと人間関係　364

チャクラが教えてくれる進化の歴史と未来　373

子どものチャクラの発達に大切なこと　391

チャクラ関連用語　406

Part 1
チャクラの探求

命の車輪

時間とは
愛とは
死とは
されど車輪は回る
そして車輪は回る
私たちは皆、車輪と結ばれている

そしてセージ・パタンジャリ[1]は語った
見よ、そなたを車輪に結合せしは
そなた自身が生み出すものなり
すなわち、その車輪は
そなた自身が生み出すものなり
ゆえに車輪は回る
そして車輪は回る
私たちは皆、車輪と結ばれている

さらにセージは語った
我ら皆一つであると悟るべし
車輪を生み出すは自分なりと悟るべし
車輪を生み出すは自分なりと悟るべし
だから私たちは皆、車輪と結ばれている

そしてセージは語った
車輪から逃れよ
汝は一つと悟るべし
自身の業を受け入れよ
車輪から逃れよ
車輪はそなた自身が生み出すものと悟るべし
私たちは皆、車輪と結ばれている

ついにセージは車輪から逃れた
そして一つになり
不滅の神になった
車輪から逃れ
幻惑から逃れ
そして一つが車輪を生み出すわけを悟った
一つが多くになり
一つが私たちになる
だから私たちは皆、車輪と結ばれている

時間とは
愛とは
死とは
されど車輪は回る
そして車輪は回る
私たちは皆、車輪と結ばれている

※1 『ヨーガ・スートラ』の編纂者
Ⓒ ポール・エドウィン・ジマー

車輪は回る

私たちは輪の中の輪……始まりもなければ、終わりもない。

リック・ハモウリス

　万物は、渦を巻いて回転するエネルギーの輪からできています。遥か何千光年も彼方にある巨大な銀河の渦もしかり、一粒の砂でさえ、数えきれないほどの原子が回転運動している集合体なのです。花も木の幹も、植物も人間もいくつかの小さな車輪からできていて、小さな車輪を体内で回転させながら地球という大きな車輪に乗り、それぞれの軌道を回っているのです。こうした自然の基礎的要素である車輪は、まさにあらゆる存在を生かしている生命の輪といえるでしょう（17ページ図1・1／18ページ図1・2）。

　私たちの**インナー・コア**には、チャクラという7つのエネルギー・センターがあり、車輪のように回転しています。一つひとつのチャクラは気の交差点で、それらは渦を巻くように回転していて、私たちが生きていく上で欠かせないさまざまな意識を反映しています。したがって、7つのチャクラを統合することが魂、精神、肉体を一体化する決め手、つまり、**全体性（ホールネス）の秘訣**と言えるのです。

　そして、チャクラは完璧なシステムとして、個人の成長のための、また大いなる意識の成長のための強力な手段となります。

　また、チャクラは生命エネルギーを受信、吸収、送信するエネルギー・センターでもあります。私たちの身体のコア・センターとして、複雑な心身系統を調整するネットワークを形成しています。

左上:根口クラゲの一種　　　　　　　右上:地衣類
左下:デヅルモヅル(バスケットスター)　右下:ウニ

図1・1
自然界で見られるチャクラ・フォームの例

図1・2
他にも自然界でよく見られるチャクラ・フォームの例

本能的な行動から意識的に計画された行動に至るまで、また、あらゆる感情からさまざまな芸術作品の創作に至るまで、チャクラは私たちの生命、愛情、学習、ひらめきを司る優れたプログラムです。7つのチャクラが振動すると天と地、心と体、精神と物質、過去と未来をつなぐ神秘的な7色の橋が形成されます。チャクラは進化の螺旋を回転させる歯車となり、現代という激動の時代を生きる私たちを、未だ開拓されていない意識の領域や無限の可能性へと導いてくれます。

　身体は意識の乗り物です。そして、チャクラは乗り物を運ぶ命の車輪であり、チャクラという車輪があるからこそ、乗り物は試練や苦難、変化を切り抜けられるのです。しかし、乗り物を円滑に走らせるには、乗り物の取扱説明書だけでなく、乗り入れ可能な領域を道案内してくれる地図も必要です。

　そこで、本書が意識を旅するための地図となります。あくまでも地図であって、行き先が書かれているわけではありません。でも、意識の旅の終点を皆さんの望む方向へと導いてくれるはずです。なぜならこの地図には、心と体に影響を及ぼす7つのチャクラの統合についてもっとも重要なことが書かれているからです。

　これから私たちが出会うチャクラは、互いに物質と意識の連続性を有しています。したがって、この意識の旅によって私たちの生活エリアは、肉体レベル、つまり社会的交流という人間関係による身体的および本能的な気づきから、最終的には超越意識というより抽象的な領域まで広がっていくことになります。そして、7つのチャクラが開き、互いにつながり合うようになることで、私たち一人ひとりが物質と精神の深い隔たりを克服し、天と地を結ぶ7色の橋であることを改めて認識することができるようになります。

　今日のように心と体、精神文化と地球、物質と精神が分断された不完全な世界で、私たちが本当に必要とするのは魂、精神、肉体の一体化、つまり、全体性（ホールネス）を取り戻すことです。チャクラは私たちが全体性を取り戻すために、今まさに必要なものなのです。

7つのチャクラへのアプローチ

システム（体系）
1）不可欠な原則または諸事実を合理的もしくは系統的に一つにまとめて完璧に表現したもの、または首尾一貫した統一体を形成している考えまたは原則の複合体のこと。

ウェブスターズ・ニュー・カレッジエイト辞典

　図書館の床に本があちこち乱雑に積み上げられている様子を想像してみてください。読みたい本を見つけるには、時間をかけて探しだすという面倒な作業をしなければなりません。おまけに必ずしも見つかるとは限りません。結局、探すのは無駄だから探すのはやめた、と誰もが思うはずです。
　チャクラを使わずに意識にアクセスするのも、それと同じくらい困難な作業です。脳の回路には思考が無限に巡っていて、当たり前ですが意識の数は図書館の蔵書数より遥かに多いのです。チャクラというシステムを使わずに脳の情報にアクセスし、正しい情報を引きだすことは、今日の生活リズムと生活速度では不可能なのです。
　心理学者のフロイトは、精神をイド、自我、超自我に分類しました。この分類は、人間の行動を研究するための単純なシステムの最たるものであり、20世紀前半の心理療法の基礎となりました。しかし、この分類は身体のことはもちろん、超越的な気づきについては何も語っていません。
　人間の潜在的な能力を回復しようとする動きが高まる今、精神や肉体についてだけでなく、自然や宇宙とのつながりを合理的に理解するための新しいシステムが求められています。なぜなら、無意識のうちにスピリチュアル・エネルギーに覚醒して、超自然的な体験をする人たちが増えつつあるからです。
　また、私たちは日々、さまざまな問題に直面しています。直面する問題を解決するために多く人の拠りどころとして、バイオフィードバック（生体自己制

御)、キルリアン写真、鍼療法、ホメオパシー（同質療法）、アーユルヴェーダ医学、薬草学、そして数多のニューエイジのスピリチュアル療法、言語療法、理学療法といったさまざまな療法が、年々広く行われるようになってきています。このような療法も突き詰めれば、人間が本来持つ潜在能力を回復させようとする動きの一環です。つまり、潜在能力を回復したければ、その機会は至るところに開かれているのです。しかし、無秩序な潜在能力の回復は、逆に精神や肉体に混乱を起こさせているのが現状です。だからこそ、合理性と秩序を生みだす新しいシステムが必要なのです。

　新たなシステムを論理的に構築するには、まずは永続的な精神と肉体、そして自然や宇宙とのつながりのパターンをじっくり観察して、そのパターンをシステムの基礎にすることです。永続的なパターンの多くは、私たちの祖先によって書き残され、語り継がれ、神話や隠喩の中に隠され、まるで休眠種子のように、芽をだす最適な時季を待ち続けています。

　私たちは今、変わりゆく時代のための新しい方向性を模索しています。大昔からあるシステムをアーカイヴに保管したままにせず、埃を払い落として、現代に使えるように改良する時期なのです。しかし、その前に、まずはチャクラの起源と進化について調べておきましょう。

チャクラの歴史

　チャクラは、**ヨーガ**の科学と実践とに密接に結びついています。ヨーガという語には「結合する」という意味があります。ヨーガは、哲学体系であり、この世の自己と純粋意識という神性を結びつけるための修行です。ヨーガの起源とチャクラにまつわる最古の言及は、インド最古の文献であり、サンスクリット語で「知識」という意味を持つ『ヴェーダ』にさかのぼります。『ヴェーダ』は4種類あり、そのうちの『アタルヴァ・ヴェーダ』にチャクラとエネルギーの流れの言及があります。ヴェーダは、アーリア人の古代文化の伝承から

つくられました。アーリア人は、インド・ヨーロッパ語族で、紀元前2000年頃に二輪戦車でインドに侵入してきたと言われています。

　チャクラという語は、本来その戦車の「車輪」を意味しています。(チャクをサンスクリット語で正しく書くとcakraとつづりますが、「チャ」と発音されるので、英語ではchakraとつづられています)。また、太陽を表わすたとえにも使われ、太陽はインドの思想で理想的とされる**チャクラヴァルティン(転輪聖王)**の煌々と輝く戦車の車輪のごとく、天かける巨大な車輪とされています。チャクラという語は、他にも**カーラチャクラ(時輪)**と呼ばれる時の輪廻をも表わしています。これらのことを総合すると、車輪は天界の秩序と調和の象徴ということになります。さらにもう一つ加えるなら、車輪にはタントラ教の礼拝者の輪という意味もあります。

　チャクラヴァルティンの前には、キリストの後光によく似た黄金に輝く円盤状の光が現れたとされています。また、チャクラヴァルティンの誕生は、新しい時代の到来とも言われているので、この時期が、人類史における第3チャクラ時代の始まりと考えられています。また、ヴィシュヌ神はチャクラ、蓮の花、棍棒、法螺貝を4本の手に持ってこの世に降臨したと伝えられていて、チャクラは円盤状の武器であると記載されています。

　『ヴェーダ』に続く『ウパニシャッド』は師から弟子に語り継がれた奥義です。『ヨーガ・ウパニシャッド』(紀元600年頃)とインドの文法学者であるパタンジャリ編纂の『ヨーガ・スートラ』(紀元前200年頃)には、チャクラを意識の中心とする記述がいくつも見られます。また『ヨーガ・スートラ』には、ヨーガの八支則と呼ばれ、ヨーガによって悟りの境地に向かうための8つのステップ、すなわちヤマ(禁戒・自制)、ニヤマ(勧戒・遵守)、アーサナ(坐法・姿勢)、プラーナヤーマ(呼吸法)、プラティアーハーラ(制感・感覚の抑制)、ダーラナー(凝念・集中)、ディヤーナ(静慮・瞑想)、サマーディ(三昧・悟り)のことが書かれています。八支則は概ね二元論で、自然と精神を別物とし、悟りを開くために禁欲的な修行と自制をすすめています。

　非二元的なタントラの伝統では、チャクラと生体の根源的エネルギーである

クンダリーニがヨーガ哲学の不可欠な要素になっています。タントラの教えは、数多くあるインドの精神的伝統を織り混ぜたもので、先の二元論哲学を受けて6世紀から7世紀にかけて普及しました。タントラの教えは、この世から切り離されるのでなく、この世に存在することを説いています。また、タントラの教えは、性的関心を聖なるものとし、身体は意識の聖なる寺院だと考えているため、西洋では広く性に関する流儀と見なされています。しかし、それは普遍的な力の統合を重視し、ハタ・ヨーガやクンダリーニ・ヨーガの修行、または女神、なかでもヒンドゥ教の女神崇拝と結びつく大きな理念の一部にすぎません。

タントラという語の意味は「織物」です。つまり、本質的に異なる糸（哲学）を全体性（ホールネス）という一つのタペストリーに織り込んでいくということです。したがって、タントラに由来するチャクラは、『ヴェーダ』以前から伝わる多くの哲学という糸をより合わせて、精神と物質、心と体、男性と女性、天と地といった両極性を一つの哲学として、織り上げたものです。

欧米でチャクラに関する主な経典と言えば、1919年に出版されたイギリス人のアーサー・アヴァロンの著書『The Serpent Power（蛇の力）』（未邦訳）の中に翻訳されているタントラの経典が有名です。それらは、1577年にインドの学者によって書かれた『シャット・チャクラ・ニルーパマ』と、10世紀に書かれた『Padaka-Pancaka（パダカ・パンチャカ）』で、ともにチャクラとその実践に関する記述が残されています。他にも10世紀に書かれた『ゴーラクシャ・シャタカ』には、チャクラ瞑想について書かれています。これらの経典が今日、西洋におけるチャクラ理論を理解するための基礎になっています。

これらの経典では、基本となるチャクラは7つあり、それらは肉体（フィジカルボディ）に浸透している微細身（サトルボディ）に存在するとされています。微細身とは、肉体と重なっている非物質的な心理体（サイキックボディ）のことで、あらゆる生命体の体内や周囲にある電磁場と考えられています。植物と人間の微細身のエネルギーは、実際にキルリアン写真で撮影されています。微細身の外的表出であるオーラの中で、エネルギーの場は染色体の紡錘糸

でつくられた柔らかな光のように見えます。

　また、ヨーガ心理学では、微細身（サトルボディ）は**コーシャ**と呼ばれる５つの浄化の鞘、すなわち、アンナマヤコーシャ（食物鞘）、プラーナマヤコーシャ（生気鞘）、マノーマヤコーシャ（意思鞘）、ヴィジュニャーマヤコーシャ（理知鞘）、アーナンダマヤコーシャ（歓喜鞘）に分けられています。繊細な場は、体のコア（中核）で回転する円盤のように見えます。つまり、それがチャクラです。チャクラはオーラの場の発生器のようなものでもあります。チャクラが発するコア・パターン、つまり、自分の中で何度も繰り返す中核になっているパターンと外界の影響との接点にオーラは発生します。

　最新の生理学によって、７つのチャクラは、脊椎からでている７つの主要な神経節付近にあることがわかっています（25ページ図1・3）。しかし、古代の経典に言及されているのは次の２つの小さなチャクラです。ソーマ・チャクラは、眉間にあるとされる第三（第６チャクラ）の目の上にあります。心臓のチャクラ（第４チャクラ）の真下にあるアナンダカンダ・ロータスには、インドラの天にある神聖なカルパタルの樹が含まれているとされています。

　密教の体系によっては、チャクラを９個、もしくは12個と説くものもありますし、ヴァジラヤーナ仏教では５個とされています。チャクラはエネルギーの渦なので、数に制限はありません。しかし、古来より伝わる「主要」なチャクラの数は、７つです。７つのチャクラは、理論上、脊椎の神経節を通るように体に点々と位置し、物資的な存在である私たちと、より高度で深遠な非物質的領域を結んでいます。この主要な７つのチャクラを完全に理解し、その機能を体得するにはかなりの時間がかかるかもしれませんが、本書を用いて、まずは身体に関わる７つのチャクラを理解することから始めてください。

　また、チャクラの説明をしている他の本の中には、より包括的な上位チャクラ（第５から第７チャクラ）を重要視し、下位チャクラ（第１から第３チャクラ）を軽視しているものもみかけますが、私はこの考え方に賛成できませんし、タントラの経典の意図とも思えません。こうした見解は、キリスト教やユダヤ教といった父権宗教が物資（肉体）を超える精神の重要性を唱え、**日常生**

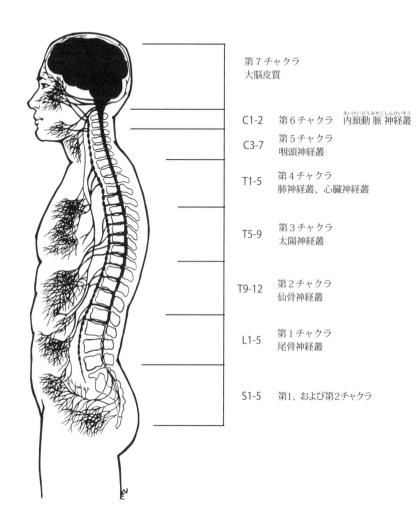

図1・3

各チャクラと脊椎の関係図。チャクラの位置は、神経節とさまざまな器官に神経を分布させる脊髄神経が基準になっています。脊柱が何らかの損傷を受けると脊髄神経に影響し、関係するチャクラも影響を受ける可能性があります。脊柱は4つの領域に分けられ、各領域はアルファベット1文字で表記されます。Cは頚椎（Cervical）、Tは胸椎（Thoracic）、Lは腰椎（Lumber）、Sは仙骨（Sacrum）を表わしています。

活の領域におけるスピリチュアルな存在を否定していた時代に生じたものです。タントラの経典を注意深く読むと、上位チャクラを重要視して下位チャクラを否定しているわけでなく、上位チャクラが下位チャクラを内包しているだけのようです。つまり、上位チャクラは下位チャクラに比べて高いレベルのため下位チャクラを**包括してチャクラ・システムの基盤にしている**となっているのです。下位チャクラは木の根っこと同じで、私たちのスピリチュアルの成長の基盤が大きく育つようにしっかり根を張って支えてくれているのです。このことについては、次の第1チャクラの章でじっくり見ていきます。

他の文化から生まれたシステム

　ヒンドゥ教の文献だけでなく他にも人間や自然、または物質界といった、7つのレベルを特色とする形而上学的なシステムがあります。たとえば、神智学者は宇宙創造や進化を司る根源的なエネルギーとされる宇宙の7つの光線について語っています。

　キリスト教では天地創造の7日間、7つの秘跡、7つの封印、7天使、7つの徳、7つの大罪のことが語られています。新約聖書の『ヨハネの黙示録』1章16節には「右の手に七つの星を持ち」（日本聖書協会　新共同訳）とチャクラを思わせる記述があります。アメリカの神学者で直観医療者であるキャロライン・メイスも著書『7つのチャクラ』（サンマーク文庫）で、チャクラとキリスト教の7つの秘跡を関連づけています。

　ユダヤ教にもとづく神秘思想であるカバラの生命の木も、行動や意識を研究するシステムです。生命の木には、3本の垂直の支柱と10個のセフィロトの間に7本の水平なレベルが配されていて、チャクラと同様に、地から天への道が描かれています。カバラは、チャクラとまったく同じではありませんが類似点が多く、やはり物質から至上なる意識までの進化の旅を説明しています。カバラと併せてチャクラを使えば、セフィロトと身体を関連づけ、共通の起源

をもつ二つの古代伝承を、一つにまとめることができるかもしれません（28ページ図1・4）。

　7にまつわることは、神話や宗教以外でも見られます。虹は7色、長音階は7音、一週間は7日。一般的に主要なライフサイクルは、7年周期（7歳から幼少期、14歳から青年期、21歳から成人、28歳で最初の土星回帰〈サターン・リターン〉）と考えられています。アメリカの発明家であり哲学者のアーサー・ヤングは著書『われに還る宇宙』（日本教文社）で7段階の進化について書いています。さらには元素周期表でさえ、原子量によって、7周期に分類されていると考えることもできます。

　しかし、多くの文化でチャクラに似たエネルギー・センター、もしくは意識レベルのことが語られているものの、それらのシステム内に必ずしも7つのエネルギー・センターがあるわけではありません。中国の易経64卦には、各卦に陰と陽という宇宙の力を基に6本の水平線で表わされる6つのレベルがあります。漢方の6組の臓腑経脈は五行（木、火、土、金、水）に通じています。ネイティヴアメリカンのホピ族は、チベット人と同様に体内のエネルギー・センターについて言及しています。

　あらゆる神話、文献、研究結果を関連させていけば、意識進化への理解の鍵が見つかるはずです。意識を冒険するための壮大な地図は必ずどこかにあります。世界中で語り継がれているさまざまな智恵をつなぎ合わせて、意識の地図を見つければ、今の困難な状況から抜けだせるはずです。

　幸いにも今、チャクラとそれに対応するクンダリーニ・エネルギーの存在を裏づけるための研究が数多く行われています。もちろん、本書でもそうした研究を十分に紹介していくつもりですが、皆さんには何よりも自身の直接体験を通じて、チャクラ・システムを理解していただきたいのです。科学的な証拠は、副次的なものにすぎません。言ってしまえば、チャクラは、あくまでも内面の主観的経験なので、科学的な証拠は実際にチャクラを使うにあたって実用的で価値があるとは言えず、あくまでも知的満足にすぎません。

　最古であり、今や最新ともいえるチャクラのメリットを知るには、チャクラ

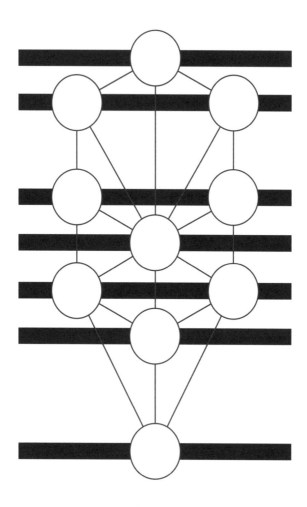

図 1・4

カバラの命の木には、10 個のセフィロト（円）、22 本の道（円を結ぶ線）、3 本の垂直な柱、そして 7 つのレベル（水平の太線）があります。

についての猜疑心を取り除き、個人の神秘的な経験に身を任せて、内面から真実を判断することをおすすめします。

チャクラの仕組み

次にチャクラそのものに注目し、チャクラが心と体にどれほど強力な影響を与えているのかを見ていきましょう。

既に説明しましたが、**チャクラ**という語には、サンスクリット語で「車輪」や「円盤」という意味があり、心と体が交わる重要なポイントを表わしています。また、チャクラはロータス（蓮の花）とも呼ばれ、チャクラの開花は蓮の花びらが次々と開いていく様子にたとえられています。蓮の花はインドで聖なる花とされています。聖なる花は泥の中から育ち、やがて美しい花を咲かせますが、その成長過程は原始的な存在から十分に成熟した意識を持った存在へ成長していくこと、つまり、地に根づいた第1チャクラが、頭頂にある第7チャクラで「1000枚の花びらを持つ蓮の花」に変化していくことを象徴しています。

チャクラにも蓮の花のように「花びら」があり、その枚数はチャクラごとに違います。花びらの数は、第1チャクラから順に4枚、5枚、10枚、12枚、16枚、2枚、最後の第7チャクラが1000枚となっています（30ページ図1・5）。内なる意識の状態によって、チャクラは花のように開いたり閉じたり、枯れたり芽吹いたりします。

チャクラは、さまざまなレベルのエネルギー・センターへの出入り口で、感情や思考という活動を肉体という別のレベルへつなぎ、影響を与えます。このような相互作用は他者との関係にも生じ、外界での私たちの活動に影響を与えています。

不安という第1チャクラに関係する感情体験を例にして考えてみましょう。不安は身体に何らかの影響を与えます。不安を感じると息苦しくなった

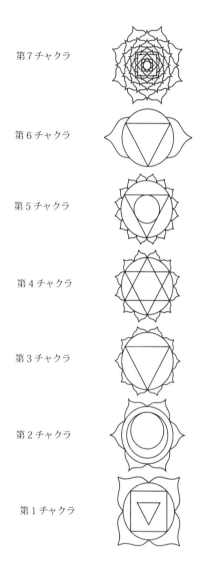

図1・5
7つのチャクラを象徴する蓮の花

り、声や手が震えたりするものです。このような身体的反応は外界に対処する自信のなさを表わしているため、不安が長引くと他者と否定的に接するようになるかもしれません。不安の根源は、幼少期からうやむやにしたままの問題にあるとも考えられ、それが未だに無意識に感情や行動を支配している可能性があります。チャクラに働きかければ、心や体、習慣的になっているネガティブな思考や行動パターンに束縛されている自分自身を癒すことになります。

　7つのチャクラは、体内に**スシュムナー**という垂直の柱を形成しています。この柱は各チャクラとそのレベルを統合する中心的な経路になっています（32ページ図1・6）。たとえるなら、エネルギーを運ぶ「幹線道路」です。幹線道路を通じて、製造工場から消費者に物資が運ばれていくのと同じように、スシュムナーを通じて「製造工場」である純粋意識（神、主、女神、全能の父、万物の創造主）から、地上界の消費者であり精神と肉体から成る個体にサイキック・エネルギーが運ばれるというわけです。また、チャクラは道路沿いにある主要都市で、生産物の物流拠点で商品管理の責任を負っている、という考えもあるようですが、私としては都市というより身体という聖なる寺院の小部屋と考えています。つまり、意識の生命力をさまざまなレベルに貯めることができる小部屋というわけです。

　スシュムナーの近くや周辺には、中国の鍼治療で用いるような多くの経路が張り巡っています。何千もある**ナーディ**と呼ばれる経路は微細なエネルギーの導管で、ヒンドゥでは微細身（サトルボディ）の中にあると考えられています（33ページ図1・7）。ナーディは電話網、ガス供給管、運河のようなインフラで、そこにチャクラを通過していくある種のエネルギーを運ぶ特別な導管であると考えられています。

　チャクラがどのようなものかを体験したい方には、次のような「**手のチャクラを開いてエネルギーを感じる**」エクササイズがおすすめです。

- 肘を曲げないで伸ばして、床に平行になるように両腕を正面に伸ばします。

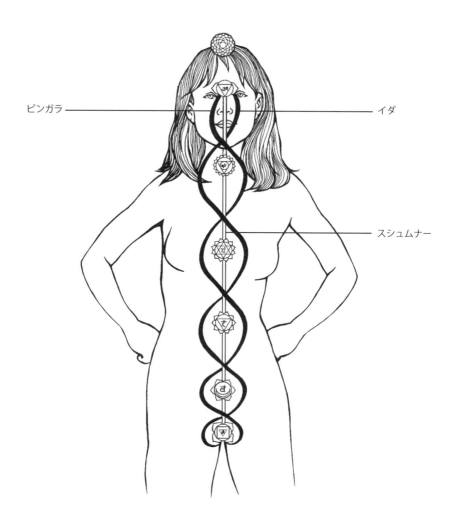

図1・6
スシュムナー、イダ、ピンガラ
(注：イダとピンガラの交差地点をチャクラとチャクラの間とする聖典もあれば、チャクラで交差するとする聖典もあります。流れは左右の鼻孔で終わる、もしくは始まるとされています)

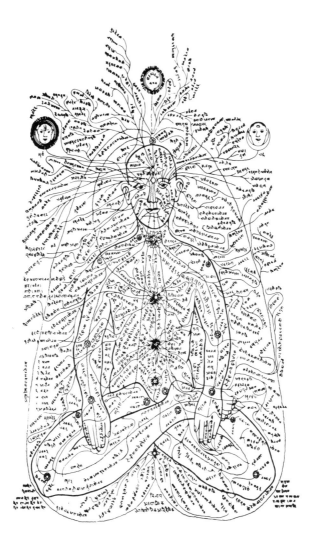

図1・7
古代ヒンドゥのナーディとチャクラの図
（出典 University of the Trees Press）

・片方の手のひらを上向きに、もう片方を下向きにしたまま、十数回ほど握ったり開いたりしてください。

・左右の手のひらの向きを逆にして同じ動作を繰り返します。これで手のチャクラが開きます。

・両方の手のひらを開いたら、今度はゆっくりと両手を合わせていきます。60センチほどの距離から徐々に近づけていきます。

・10センチほどまで近づいたところで、手のひらの間に磁場のような、微細なエネルギーのボールが浮いているのを感じられるでしょう。うまく波長が合えば、ボールが回転しているのもわかるかもしれません。

・2、3分で感覚は薄れますが、同じ要領でもう一度手のひらを閉じたり開いたりすれば、再度エネルギーを感じることができます。

　身体的レベルについていえば、チャクラは高度な神経活動がある神経節、さらに内分泌腺に対応しています（35ページ図1・8）。しかし、チャクラは神経系及び内分泌系と相互依存の関係にありますが、肉体の中どの部分にもあたらず、微細身（サトルボディ）に存在しています。
　クンダリーニを体験した誰もが言うように、チャクラは肉体に大いなる影響を与えていて、心が感情に影響を与えるのと同じように、チャクラは体型や行動に影響を与えていると考えられています。たとえば、第3チャクラが活性化しすぎると、がっしりした大きな腹部になり、第5チャクラが収縮すると、肩が凝って喉が痛くなり、第1チャクラへの接続が悪いと、脚が痩せこけ、膝が悪くなります。脊椎の配列もチャクラの開花と関係しています。脊柱側弯症や体内感情の抱え込みで胸部が締めつけられると、第4チャクラの開閉が妨げら

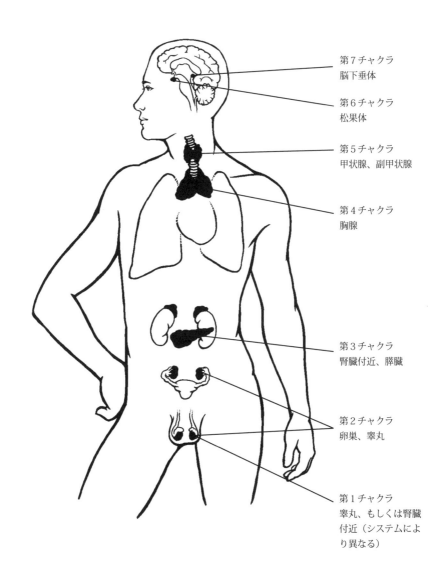

図1・8
チャクラと内分泌腺との一般的な関連性
（第6チャクラと第7チャクラが逆になり、第7チャクラが松果体、そして第6チャクラが脳下垂体と関連しているとするシステムもある）

れる可能性があります。

　チャクラは、形而上学用語でボルテックス（渦）と言います（37ページ図1・9）。車輪のように、そして渦巻きのように回転し、特定のレベルにおける活動を引き起こしたり、拒絶したりします。ある波動レベルで遭遇するものは、チャクラにすべて引き込まれ、処理され、再び送りだされることになります。

　チャクラは、分泌液でつくられるのではなく、私たち自身の精神と肉体のプログラムのパターンでつくられています。このプログラムは私たちの行動を司り、コンピュータソフトのプログラムのように、チャクラのエネルギーが肉体に流れる道を開いて、さまざまな情報を与えてくれます。したがって、文字通り「円盤」を意味するチャクラは、ハードディス上にインストールされたソフトで、生存プログラムから性的プログラム、さらには考え方や感じ方に至るまで、私たちが生きていくためのあらゆる要素を司っていると言えるのです。

　チャクラは体のコア（中核）からエネルギーを送りだし、また外からコアに入ってくるエネルギーを吸収します。ここで改めてチャクラの定義をしておきましょう。**チャクラは「生命エネルギーを受信、吸収、送信するエネルギー・センター」**です。私たちが何を発するかで、何を受信するかが決まります。よって、チャクラに働きかけることで、古くなってしまってうまく作動せず、マイナスに働いているプログラムを浄化しなければなりません。

　チャクラには、私たちが日々執拗に繰り返しているパターンが取り込まれています。なぜなら、私たちの日常生活のほとんどは、同じような行動の繰り返しだからです。繰り返される動作や習慣は、私たちの周りの世界に何らかの作用や力を生じさせる「場」を生みだします。また、親や文化からのプログラミング、体型、生まれた環境、そして前世からの情報も「場」を生みだす重要な要因となっています。こうした私たちが、日々繰り返しているパターンは、チャクラを透視していると見えてきます。

　チャクラを通してパターンを読み取れば、自分の行動に対する貴重な洞察が得られるというわけです。習慣化しているパターンは、その人の生活の**傾向**を示すものですが、決して変えられないわけではありません。自分の傾向を知れ

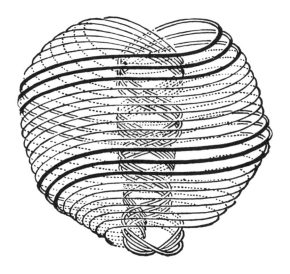

図1・9

ボルテックスの形而上学的図

(出典:Theosophical publishing House)

ば、何を注意し、何を改善すべきかがわかるようになります。

　また、チャクラのパターンは、外界との関わりで固定化することがよくあります。それが**カルマ**（行動から形成されたパターン）、もしくは因果律という概念です。私たちが、カルマに囚われるときはたいてい、チャクラの回転が鈍っているか、チャクラが十分に発達していないかなど、チャクラに何らかの障害が起こっていると考えられます。私たちは日常生活で、自分が決まったレベルにいたいために人間関係、仕事、習慣、考え方において特定のパターンに囚われ続けているものです。その結果、特定のチャクラを重視しすぎてしまい、カルマから抜けだせなくなってしまうのです。

　そこで、すべてのチャクラに働きかけて、自分に利益をもたらさない思考や行動パターンに関わっているチャクラを見つけだし、そのチャクラを浄化して、しぶとく続けてしまっている悪習が肯定的な影響をもたらすよう、また、生命エネルギーをより高いレベルへ拡張できるように変えていかなければなりません。また、チャクラは、7つの意識レベルとも関係しています。あるチャクラを開花させると、そのレベルに関係する意識状態を深く体験することができます。各チャクラの意識状態については、次に挙げるキーワードに要約できますが、このキーワードは複雑な各チャクラの意識レベルを簡略化したものです（62〜64ページの「チャクラ対応表」）。各チャクラの詳細な解説は、ページを追って説明していきます。また、チャクラに関係する元素は、チャクラの質を理解するのに必要不可欠なものですので、覚えておいてください。

- 第1チャクラ：脊椎の基部に位置し、生存に関係する。元素は大地。

- 第2チャクラ：下腹部に位置し、感情と性に関係する。元素は水。

- 第3チャクラ：太陽神経叢に位置し、個人の力、意志、自尊心に関係する。元素は火。

- 第４チャクラ：胸骨に位置し、愛に関係する。元素は空気。

- 第５チャクラ：喉に位置し、コミュニケーションと創造性に関係する。元素は音。

- 第６チャクラ：眉間に位置し、予知能力、直観、想像力に関係する。元素は光。

- 第７チャクラ：頭頂に位置し、知識、理解力、超越意識に関係する。元素は思考。

　チャクラは、開いたり閉じたり、過活動になったり不活動になったりします。チャクラの状態は、生涯変わらない人もいますが、状況に応じて刻一刻と変わっていく人もいます。また、開いたまま、もしくは、閉じたままになっているチャクラの状態を変えるのは、かなり難しいことですが、その原因を見つけて取り除いて、チャクラを正常な状態にすれば、チャクラは癒され、心と体のバランスも整います。

　チャクラが閉じたままだと、愛のエネルギーやコミュニケーションという特定のレベルに関わるエネルギーを生みだすことや、受信することができなくなります。また、チャクラが開いているとき、もしくは、過活動の状態にあるときは、自分の力や性欲を満たそうとするレベルにあらゆるエネルギーを送ろうとします。つまり、閉じたチャクラは特定のエネルギーを慢性的に抑え、反対に、過度に開いたチャクラは、慢性的偏執を引き起こすということです。

それぞれのチャクラレベルで受けるエネルギーの質と量は、そのチャクラがどれほど開いているか閉じているか、あるいは、どれほど適切なタイミングで開閉できているかによって決まります。また、私たちが効果的に物事を処理できるかは、チャクラがどのくらい活動しているかによって左右されます。

　たとえば、第３チャクラ（個人の力）が固く閉ざされている人は対立を恐

れ、開いている人は対立することに生き甲斐を感じているかもしれません。また、第２チャクラ（セクシュアリティ）が開いている人は性的パートナーが何人もいて、閉じている人は性的欲求すら抱かないかもしれません。第５チャクラ（喉のチャクラ）が過活動の人はしゃべってばかりで人の話を聞かず、不活動の人は無口になりがちかもしれません。

　各チャクラの活性、エネルギー放出、そして強化を促すための特別なエクササイズはいろいろありますが、まずは７つのチャクラを一つのシステムとして理解することが重要です。なぜなら、一度全体としてチャクラ・システムを理解してしまえば、各チャクラにさまざまな方法で適切にアプローチできるようになるからです。そのために次に挙げることを実践してみてください。

- 活性化したいチャクラに該当する身体の箇所へ意識を集中し、身体がどのように感じ、反応するかをしっかり見つめる。

- そのチャクラの理論的な作用を理解して身体に適用する。

- そのチャクラと、それに対応する意識レベルとの相互関係を、毎日の生活の中で分析する。

　実践によって各チャクラの相互関係を理解して、それをもとにして各チャクラにアクセスしたり、自分の内なるエネルギーを変容させてりすることができるようになります。たとえば、第２チャクラ（セクシュアリティ）の状態を知るには次のようなエクササイズをしてみましょう。

- 腹部や生殖器に意識を集中させます
　柔らかいですか？　活動的ですか？　痛いですか？　緊張していますか？　それともリラックスしていますか？　身体の状態から、内的プロセスを知る手がかりを得られるようにします。

- チャクラの意味と機能を分析します
  感情やセクシュアリティにどんな意味や価値があると思いますか？　感情やセクシュアリティはどんなプログラムを受信していますか？

- 生活における情動的交流と性的交流の質と量を分析します
  情動的交流と性的交流は皆さんが望んでいるものですか？　対等の関係ですか？　努力を要しないものですか？　不安で心配なものですか？

　第２チャクラの状態がわかったら、今度は次の要領で第２チャクラの質を高めます。

- 身体の聖なる領域（下腹部・生殖器）をリラックスさせ、解放して刺激する。

- 第２チャクラと結びつくイメージや色、音、神、あるいは元素であり絶え間なく動き続けて洗浄効果のある水を利用する。たとえば、たくさん水を飲む、川に行く、泳ぎに行くなどはすべて、第２チャクラに関連する水の元素に結びつくものである。

- セクシュアリティと情動に対する自分の思いや価値観に向き合い、新しく得た洞察を他者との交流に利用する。

　これらのプロセスは、いずれもあなたの情動的本質、あるいは性的本質の変化に影響を与えることでしょう。心と体は切っても切れない関係です。支配し合い、影響し合い、アクセスし合っています。７つのチャクラの関係も同じです。あるチャクラの機能が阻害されると、そのチャクラに隣接しているチャクラの活動に影響を及ぼす可能性があります。コミュニケーション（第５チャク

ラ）が正常に働かなくなると、個人の力（第3チャクラ）に問題が生じるかもしれません。また、その逆の場合もありえます。問題の根源が第4チャクラにあっても、その根が深すぎると他のチャクラに問題がでることもあります。そのようなときは、7つのチャクラをひとまとまりに考え、それぞれのチャクラに個々の理論を当てはめて解決策を考えていけば、チャクラの持つ微妙なニュアンスやパターンの違いがわかるようになり、自己の改善もできるようになるはずです。

　また、チャクラはさまざまな次元に同時に存在し、それぞれの次元への入り口にもなっています。物質的な領域では身体の部位と対応しているので、チャクラの状態によって緊張してそわそわしたり、声がしわがれたり、胸がどきどきしたり、オルガスムを感じるたりするかもしれません。身体と関係を利用すれば、チャクラを使って病気を診断し、場合によっては癒すこともできるかもしれません。

　さらにチャクラは、さまざまな活動にも対応しています。仕事に対応しているのは、生存に関係する第1チャクラです。音楽は、音やコミュニケーションに関係するので第5チャクラ。夢は内なる目が見ているものなので、第6チャクラに対応しています。時間の次元では、チャクラはライフサイクルのステージに対応しています。幼少期に第1チャクラから順に開いていき、生まれてからの1歳になるぐらいまでは、第1チャクラが優勢に働き、成長するにつれて第7チャクラへと移っていきます。そして成人になると、私たちはさまざまステージ（繁栄の創造、性的探究、個人の力の発達、人間関係、創造力、スピリチュアルの探究）で、特定のチャクラを重視するようになります。

　進化の観点からみると、チャクラは時代ごとに、その時代（社会）で主流となる意識のパラダイム（枠組み）になっています。生存こそが文化の中心であった原始的な人類は、第1チャクラが優勢でした。そして農耕や船による移動は、第2チャクラ時代の到来を示しています。新たな千年紀を迎えた今、私たちは主に力とエネルギーを表わす第3チャクラから、愛と思いやりを重視する心臓の領域である第4チャクラに意識が移りつつあります。このようなチャ

クラの推移は、突然のことではなく、歴史を通してはっきりと観察することができます。

　心の観点からみれば、チャクラは意識のパターン、つまり信念体系です。私たちは、信念体系を通じて独自の世界を経験し、つくり上げています。チャクラは、まさに私たちの人生を司るプログラムです。下位チャクラ（第1から第3チャクラ）のプログラムには生存、セクシュアリティ、行動に関係する身体の情報が含まれています。上位チャクラ（第5から第7チャクラ）は、私たちをより普遍的な意識状態にし、スピリチュアリティと人生の意味にまつわるより深い信念体系に働きかけます。私たちはときにプログラムに縛られ、それが外界との習慣的な関わり方に表われることもあります。あらゆる状況を自分の力に対する挑戦と考える人は、第3チャクラに、そして健康や金銭など生きていくための問題に絶えず苦しんでいる人は、第1チャクラに問題があるかもしれません。また空想ばかりしている人は、第6チャクラに何らかの障害が生じているかもしれません。

　ここまで見てきたとおり、チャクラはとても複雑です。そして、さまざまな活動の次元における意識の顕在化を象徴する、かけがえのない存在です。また、チャクラは完璧なシステムとして、人間と生命エネルギーの関係を理解する助けにもなります。

シヴァとシャクティ

力なくして権力者は存在しない。権力者なくして力は存在しない。シヴァこそが権力者。宇宙の太母なるシヴァこそが力。シャクティなくしてシヴァは存在しない、さもなければ、シヴァなくしてシャクティは存在しない。

アーサー・アヴァロン

　ヒンドゥ教の神話では、シヴァとシャクティが一つになり宇宙が創られたと

されています。そして、男性原理のシヴァは絶対意識と定義されています。シヴァは至福であり、瞑想にふけっている形のない存在です。また、不活化された神聖な潜在能力であり、純粋意識に匹敵します。シヴァは形のない意識ですが、意識を啓示するために形の破壊を行うことから、「破壊神」とも考えられています。シヴァの存在は、第7チャクラで強く感じられます。

　女性原理のシャクティは、生命を与える女神です。シャクティは万物であり、宇宙の母です。シャクティは天地創造でマーヤーという一般に幻影と考えられているものを生みだしました。マーヤーという語には、初期のサンスクリット語で魔術、芸術、知恵、壮大な力という意味がありました。マーヤーは顕現した宇宙の本質であり、創造の女神です。意識の投影であって、意識そのものではありません。「カルマが成熟すると、シャクティは創造を望み、自分自身をマーヤーで完全に覆ってしまう」と言われています。

　シャク（shak）の語源は、「力」もしくは「能力」です。シャクティは、命の形成に力を与える必要不可欠なエネルギーです。シャクティと一体化することでシヴァの意識が降臨し、宇宙（シャクティ）に聖なる意識を与えます。この世で女性は子どもを産みますが、男性は「種」を与えるだけで生むわけではありません。シャクティも宇宙を生みだしますが、シヴァに由来する意識の「種」があるだけで生みだすわけではありません。

　上昇するシヴァと下降するシャクティは、互いに近づこうとします。地球から押し上げられて上昇するシャクティは「人間の魂の聖なる願望」であり、下降してくるシヴァは「圧倒的な魅力を有する聖なる慈悲」、「顕現」です。永遠に抱き合い、絶えず愛を交わし、互いなしには存在できません。シヴァとシャクティの永遠の関係が、現象界と霊界を生みだしているのです。

　シヴァとシャクティは、私たち一人ひとりの中に宿っています。私たちがすべきことは、シヴァとシャクティの力を結合させ、マーヤーのヴェールを剥ぎとり悟りをもたらし、幻影の中に埋もれている意識を認識することです。

解放と顕在化

意識には表裏一体の様相がある。一つは解放（ムクティ）、つまり形態のない様相。そこでの意識は単なる至福の意識にすぎない。もう一つは宇宙、つまり形態のある様相。そこで意識は、歓びの世界（バクティ）になる。（スピリチュアルの実践で）主要な原則の一つは、解放と歓びを確実に手に入れることだ。

アーサー・アヴァロン

　シヴァとシャクティは、チャクラの上昇する流れと下降する二つの流れを表わしているとも考えられます（46ページの図1・10）。

　私は、下降する流れを「**顕在化の流れ**」と呼んでいます。顕在化の流れは、純粋意識から始まり、下に向かって流れ、各チャクラを通るごとに次第に濃い流れとなり、顕在化の次元へと入っていきます。演劇制作にたとえていうなら、まずはアイディアやコンセプトづくりから始まり（第7チャクラ）、やがてアイディアが一連のイメージになり（第6チャクラ）、一連のイメージはストーリーという形になって、仲間に伝えられるようになります（第5チャクラ）。アイディアはさらに発展し、仲間が加わって、アイディアを形にしようという人間関係が始まります（第4チャクラ）。そして、アイディアに命を吹き込み（第3チャクラ）、動きを繰り返し練習し、概念的要素と物理的要素を一つにまとめ（第2チャクラ）、ようやく物質界での顕在化（第1チャクラ）、つまり観衆の前で劇を上演するに至ります。このように、私たちは頭の中に浮かんだ抽象的な概念を、チャクラを通過させながら徐々に下ろしていき、顕在化させているのです。この顕在化の流れは人生の歓び、つまり**バクティ**によって引き起こされるとされています。

　もう一つの上昇する流れを私は、「**解放の流れ**」と呼んでいます。この解放

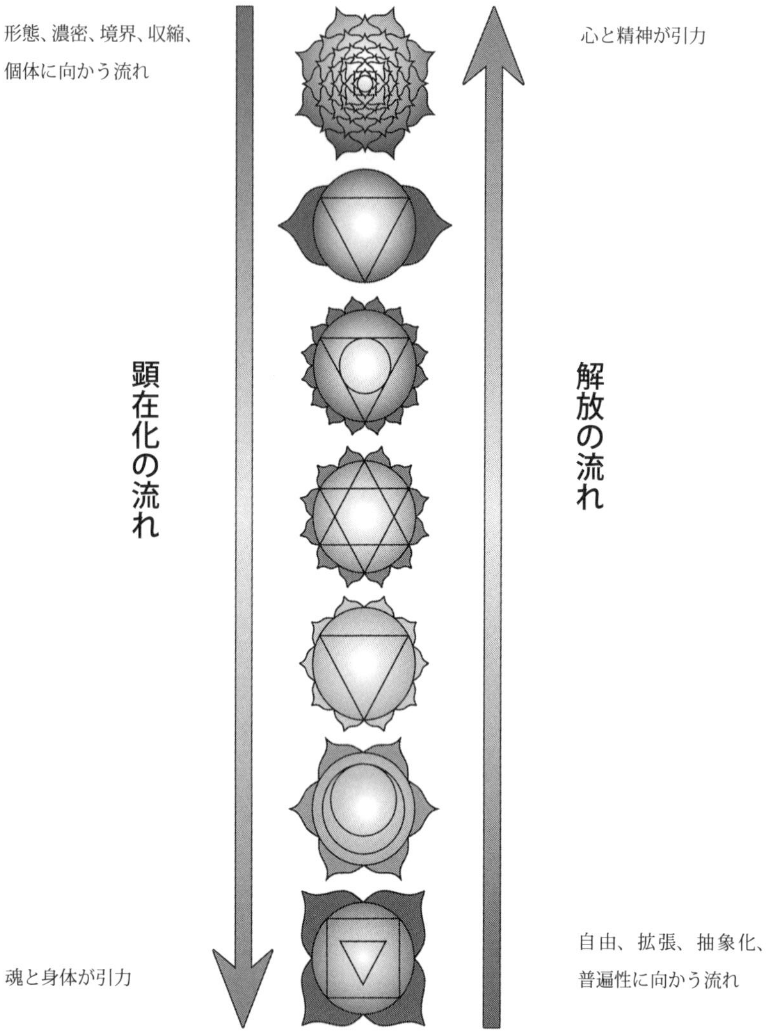

形態、濃密、境界、収縮、
個体に向かう流れ

心と精神が引力

顕在化の流れ

解放の流れ

魂と身体が引力

自由、拡張、抽象化、
普遍性に向かう流れ

図1・10
解放と顕在化の流れ

の流れは、私たちを物質界の制約から解き放ち、もっと自由で、もっと開放的な状態へと導きます。解き放たれた物質のエネルギーは、この流れに乗って上昇すると、どんどん軽くなって膨張し、変形し、制約のない純粋なる存在になります。硬い大地は、まずその硬さを失って水になり、次に火のエネルギー、膨張する空気、振動する音、放射する光、抽象化した思考へと変転していくのです。

　解放の流れは、自己解放をももたらすので、チャクラ研究では常に重要視されています。なぜなら、私たちの中で抑圧され、停滞してしまっているエネルギーが、この流れを通じて少しずつ自由度を増していくからです。解放の流れは、私たちを長い間縛りつけている習慣、つまり、マーヤーのヴェールから解放してくれます。そして、私たちは物質界の制約から解き放たれ、もっと抽象的で象徴的なレベルで、より広い視野を持てるようになるのです。解放の流れは、肉体と意識をより効率的でエネルギーに充ちた結合体にしていき、やがて、もともとの純粋なエネルギーへと分解していきます。

　解放の流れは、第1チャクラから発生するため、下位チャクラの根、腹部、欲求、願望という特性が活発になります。たとえば、偏見に苦しめられているときは、意識を顕在化させる下降の流れが必要になります。

　下降していく一つひとつのステップは、創造活動で、意識に段階的に制約を加えて自由を圧縮していきます。したがって、顕在化の流れで通過する各チャクラは、宇宙エネルギーの「圧縮器」といえるでしょう。つまり、**顕在化するには、制約が必要ということです**。境界を設定すること、具体的であること、構造と形態をはっきり示すことが必要ということです。

　解放の流れは、興奮、エネルギー、新奇性をもたらし、顕在化の流れは安らぎ、思いやり、安定性をもたらします。二つの経路を完璧にするには、すべてのチャクラが開いていて、活動的である必要があります。制約のない解放は、私たちをうわの空にしたり、散漫にしたり、混乱させたりします。素晴らしい着想や多くの知識があっても、その賜物をはっきりとした形にしていくことはできません。

一方、解放のない制約は、退屈な上に息が詰まるものです。安定にしがみついて変化を恐れるあまり、何の進歩もない同じパターンの繰り返しを続けることになります。心と体、天と地が真に一体となるには、二つの流れがともに開き、活動していなければなりません。

　チャクラは、身体の中にある小部屋です。それぞれの小部屋で二つの流れはさまざまに組み合わさり、混ぜ合わされたりしています。そして、チャクラごとに解放と顕在化のバランスは異なっていて、下位チャクラに向かうほど顕在化の流れの勢いが増し、上位チャクラに向かうほど解放の流れの影響が強くなります。この基本極性は、チャクラの全体としての機能を知る上で、必要不可欠なものです。

３つのグナ

　インド神話では、宇宙は**プラクリティ**という、西洋のプリマ・マテリア（第一原質）に似た根本原質から進化したと考えられています。そして、プラクリティは、**グナ**と呼ばれる３本の織糸で織り上げられています。この３つのグナを言葉で表わすなら、タマス（物質）、ラジャス（エネルギー）、サットヴァ（意識）に相当します。

　一つ目のグナ、**タマスは**物質、塊、怠惰から生じる重苦しい静けさを象徴しています。タマスは、プラクリティのもっとも密な形態です。二つ目のグナ、**ラジャスは**動性のエネルギーと力、怠惰の克服を象徴しています。ラジャスは、プラクリティの活動的で変わりやすい形態です。三つ目のグナ、**サットヴァは**心、知性、意識を表わし、プラクリティの抽象的な形態です。

　グナの解釈によっては、タマスは磁力、ラジャスは動的力性、サットヴァは二つのバランスをとる力とするものもあれば、サットヴァは原因界を、ラジャスは微細界、タマスは粗大界または物質界を司るものとするものもあります。

　宇宙の絶え間ない創造の中で、３つのグナは絡み合い、私たちが経験するさ

まざまな状態や存在の次元界を形成しました。

　グナは均衡という基本状態から生じます。そして、絶えず変化しながらも、この均衡状態を保っています。そうでないとき、たとえば、タマスが優勢なときは、私たちは物質を与えられます。ラジャスが優勢だと、エネルギーを与えられます。サットヴァが優勢になると、精神的もしくはスピリチュアルな経験をすることになります。3つのグナは、常にそれぞれの特質を維持しています。3つのグナが織り込まれた1本の組みひもは、一見すると1本のより糸ですが、1本1本はっきりと、それぞれのグナの特質を区別することができます。

　グナは、常に一定で、物理学で扱われるエネルギー保存の法則とよく似ています。組みひもでいうなら、部分ごとにより糸の数は変わることがあっても、全体としての組みひもの太さは一定というわけです。

　チャクラは、いずれも割合の違うグナで構成されています。3つのグナは、根本原質の本質です。一つひとつはまったく異なるものでありながら、一つになって宇宙のダンスをつくり上げています。ここでの宙のダンスとは、量子物理学の世界における素粒子の運動をたとえています。理論物理学者のフリチョフ・カプラがシヴァとシャクティのダンスをイメージして用いたものです。グナは宇宙のダンス、つまり、ダイナミックな生成変化のプロセスを表わしています。したがって、3つのグナの相互関係を研究すれば、宇宙のダンスがわかり、私たちもそのダンスに参加できるかもしれません。

　また、物質、エネルギー、意識の3つは人生のあらゆる側面に内在する性質（3つのグナの性質）を表わしています。単独で存在することはなく、さまざまな割合で互いに混ざり合っているので、実際には知的枠組みがなければ、一つひとつを切り離すことは不可能です。グナが一つになって宇宙を形成しているのと同じように、物質、エネルギー、そして意識が絡み合って、私たちが経験しているあらゆるものをつくりだしているのです。

　物質（タマス）は下位チャクラ（第1から第3チャクラ）、エネルギー（ラジャス）は中位チャクラ（第4チャクラ）、そして意識（サットヴァ）は上

位チャクラ（第5から第7チャクラ）を司っています。とはいえ、いずれのより糸も、すべてのレベルに、そして、ありとあらゆる生き物に含まれています。基本となる3本のより糸の織り具合を調整すれば、自分自身の心、肉体、精神の調和をもたらすことができます。

チャクラとクンダリーニ

彼女の輝きは、強烈な青い稲妻の輝き。彼女の甘いささやき声は、愛に逆上した蜂の大群がたてるぼやけた羽音のよう。彼女は美しい旋律の詩を生みだす……この世の生きとし生けるものすべてを呼吸で支え、第1チャクラの空洞で、輝く光の鎖のように輝いているのは彼女。

『シャット・チャクラ・ニルーパマ』

シャクティは、第1チャクラに内在していて、眠っています。シャクティは、第1チャクラでシヴァ神の象徴である**シヴァ・リンガ**の周りに三回半とぐろを巻いた蛇、クンダリーニ・シャクティの姿をしています。蛇の形態にあるクンダリーニ・シャクティは物質の潜在能力であり、原初の女性の創造力、そして人間の意識における進化力です。ほとんどの人の内なるクンダリーニ・シャクティは、休眠状態にあり、脊柱底部でとぐろを巻いて静かに眠っています。クンダリーニ・シャクティという名前は、「コイル状の」という意味の**クンダラ**に由来しています。

クンダリーニ・シャクティは、覚醒するととぐろを解いて上昇し、各チャクラを通って頭頂にある第7チャクラに到達します。そして、そこでシヴァ神が逢瀬のために降臨してくるのを待つのです。クンダリーニ・シャクティは、チャクラを貫通し、そのチャクラを覚醒させます。そのため、チャクラを開花できるのはクンダリーニ・シャクティだけとする考え方もあります。クンダリーニ・シャクティは、第7チャクラに到達して旅を全うすると、聖なる意識であるシヴァ神と交わります。その結果、悟りや至福が得られるのです。

クンダリーニ・ヨーガは、クンダリーニ・シャクティの力を覚醒し、脊柱に沿って上昇させることを目的とした古代からの秘伝の技法です。クンダリーニ・ヨーガには、熟達したグル（指導者）の手ほどきや、数年間にわたる特別なヨーガや瞑想の実践が必要です。しかし、自然発生的にスピリチュアル・エマージェンス（霊性の出現）を経験し、断続的にスピリチュアルな道とつながることができる人は多くいます。また、その中には真にクンダリーニを覚醒している人もいることから、この神秘的で強大な力については、時間をかけて調べる価値があると言えます。

　クンダリーニの経路は実にさまざまですが、もっとも一般的に知られているのは、脊柱基底から頭に向かって上昇するものです。クンダリーニが上昇するとけいれんが起こったり、異常な暑さを感じたりすると言われていますが、頭から下に向かって、もしくは身体の中間部から外側に向かって似たような激しい活動が起こったと語っている体験者もいます。クンダリーニの症状は、瞬時に現れては消えるもので、数時間か数年の間隔で生じるとされていますが、ときには症状が数週間、数カ月、または数年続くこともあります。

　一般的にクンダリーニは、深い意識の変化をもたらす、他に類を見ない強力な経験です。この意識の変化は、注意力の高まり、突然の洞察、幻覚、幻聴、無重力感、体内の純粋な感覚、超越的な至福として経験するかもしれません。クンダリーニは、脳精髄液に波状運動を引き起こして脳の快楽中枢を刺激し、神秘主義者たちが盛んに唱えている「至福の状態」をもたらすことが証明されつつあります。

　しかし、クンダリーニ体験が、いつも快楽をもたらすとは限りません。クンダリーニが怒涛の勢いでチャクラを通過している間、日常生活を送ることを困難に感じる人もたくさんいます。クンダリーニがシャクティを上昇させている間、睡眠障害になったり、摂食、セックスといった下位チャクラに関係するエネルギーに不快感を覚えたりするかもしれません（反対にクンダリーニの覚醒後、性欲が高まる人もいます）。また、蛇の女神であるクンダリーニの目を通して自分の人生を見ることで深い憂うつに陥り、不安を感じるかもしれませ

ん。シャクティは癒しの力ですが、必ずしも優しいわけではありません。なぜなら、現実から幻想のヴェールを取り去ってしまうからです。

　クンダリーニ・シャクティは、蛇の形態をしていると言いましたが、蛇は世界中で啓発、不死、神への道を表わす典型的な象徴です。蛇は創世記で、アダムとイヴに禁断の果実（知恵の樹の果実）を食べるよう仕向けました。これは、物質界に根を張りながらも、知識への飽くなき欲求を引き起こすクンダリーニの起源を表わしていると考えられます。エジプトのファラオは、第三の目の上に蛇のシンボルがついた王冠をかぶって神聖な地位を示しましたが、これはクンダリーニの上昇を表わしていたのかもしれません。現代医学のシンボルになっているカドゥケウス（53ページ図1・11）には、二匹の蛇が癒しの杖に巻きついています。その様子は、チャクラの間で交差し、スシュムナーの周りを走る中心的なナーディ、イダ、ピンガラの螺旋によく似ています（32ページ図1・6）。カドゥケウスの絡み合う二匹の蛇は、生命の情報媒体であるDNAの二重螺旋構造を象徴しています。

　クンダリーニは、悟りをもたらす強烈な力の普遍的概念です。一筋縄ではいかない力なので、取り扱いには十分な注意が必要です。まぜなら、激しい痛みや混乱を引き起こすかもしれず、世間から精神錯乱と見なされる可能性もあるからです。クンダリーニはチャクラを開き、洞察力や経験を広げてくれるかもしれませんが、刑務所の独房を一つひとつ開けていくように、チャクラの中に留まっているトラウマや悪習をことごとく解放してしまい、チャクラの活動を停止させることもあります。このように肯定的側面を伴うか、伴わないかは断言できません。

　クンダリーニは、必ず深い意識状態をもたらすために、現在の支配的な考え方や物の見方が受け入れられなくなり、生活環境に調和できなくなる可能性があります。また、クンダリーニよって浄化された身体に違和感を覚えるかもしれません。しかし、こうした不調和は避けられないわけではありません。そもそもクンダリーニは癒しの力です。痛みを感じるのは、解放する準備のできていない不安や心の汚れに遭遇したときだけです。チャクラの開き方を学べ

図1・11

現代の癒しのシンボルであるカドゥケウス。基底から頂上の翼と化した花びらに向かうチャクラとナーディの経路を描いていています。

ば、痛みを感じにくいクンダリーニの道が開かれるでしょう。

　クンダリーニは理論上、頭頂に位置する第7チャクラを開く力をもたらすとされています。しかし、脊椎エネルギーはチャクラが正常に働いていないとせき止められるため、めったに第7チャクラに到達できません。第7チャクラは古くから悟りの中心とされていますが、私としては、すべてのチャクラを一体化した存在で、悟りをもたらす意識的注意を喚起する存在であると考えています。しかし、多くの人は悟りを得られるのは、上位チャクラの意識を具体的な認識に下降させたときだけと考えているようです。

　十分にリラックスしてすべてのチャクラに意識を集中させれば、エネルギーはおのずと上位チャクラに向かって上昇します。エネルギーを無理やり上昇させようとすると、かえって身体が緊張したり、こわばったり、うわの空になったり、同じことをしていない周りの人々にいら立ちを感じさせるものです。他者にいら立ちを感じさせている人は、悟りが足りないのかもしれません。

　チャクラを説明するに当たって、クンダリーニに言及する必要はあるものの、本書はクンダリーニを上昇させることを重視しているわけではありません。なぜなら、クンダリーニが必ずしも悟りへ向かう最良の方法とは言い切れないからです。堅く閉ざしたチャクラを開くには、確かに強い力が必要な場合もありますが、本書ではチャクラの仕組みを理論的に理解しながら、無理なく段階的にチャクラを開いていくことを目指していきます。

　そして、その過程で私たちは、自分自身による抵抗や心の汚れによって痛みに直面するかもしれません。しかし、その痛みもチャクラが開いていくにつれて克服されます。

　クンダリーニについては現在、それがどのようなもので、どのように引き起こされるのかなどを解明すべく、研究が盛んに行われており、さまざまな理論が構築されつつあります。そこで、特に本書に関係の深い理論をいくつか紹介しておきます。

◆クンダリーニはグル（指導者）によって引き起こされる

　他者との交流は、すべてチャクラレベルで生じます（56ページ図1・12）。チャクラが弱っている人と交流すると、私たちのチャクラがそれに反応して弱まるかもしれません。また、クンダリーニを覚醒させているグル（指導者）に接するなど、上位チャクラを刺激する交流が起こると、その人に新しいエネルギーが流入して、覚醒する可能性があります。グルによってクンダリーニが引き起こされることを、シャクティパットと呼んでいます。シャクティパットは、チャクラを覚醒してクンダリーニ・エネルギーを流入させ、エネルギーの受け手にその素晴らしい効果を体験させるのみならず、その結果受け手の生活や身体に影響がでたとしても、その影響とうまく向き合えるようにしてくれます。

◆クンダリーニはセクシャルなものである

　タントラの実践の中には、クンダリーニを上昇させて超越に達することを目的とした性的なヨーガの実践が含まれるものもあります。その技法は、オルガスムを持続させるものから完全禁欲までさまざまです。クンダリーニとセクシュアリティは相容れないという人もいれば、表裏一体と考える人もいます。このことは第2チャクラの章で詳しく見ていきます。

◆クンダリーニは化学作用である

　第6チャクラは、松果腺と関係しています。メラトニンは、松果腺が産出する化学物質で超能力、夢、記憶力、洞察力、幻覚をもたらすことで知られています。クンダリーニで誘発される洞察力は、神経伝達物質の循環とも考えられています。

◆体内の振動リズムが同調するとクンダリーニが起こる

　背骨の振動がリズムを誘発し、そのリズムが心臓の鼓動、脳波、呼吸パターンと同調して脳の中枢を刺激します。同調は瞑想や呼吸速度に

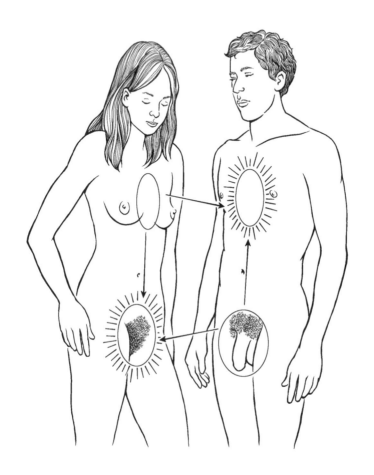

図 1・12
男性が身体的／性的レベルの下位チャクラから、女性の注意を同じ領域に向けさせるよう振る舞うと、女性はハート・チャクラから、男性のハート・チャクラを刺激するかもしれません。

よって引き起こされる場合もあれば、自然発生的な覚醒のように単なる偶然で起こる場合もあります。これについては、第5チャクラの章で波動を探究する際に詳しく見ていきます。

◆すべてのチャクラにつながり、かつ汚れや障害の少ない経路があれば、クンダリーニは自然に覚醒する

　最後は私の持論です。これまで挙げた理論の否定というより、つけ足しです。チャクラを歯車と考えるなら、クンダリーニは、エネルギーが歯車に沿って移動するときに起こる蛇行運動と考えられます。実際のところ、チャクラはクンダリーニを抑制する働きをしています。チャクラのおかげでクンダリーニは速度を落とし、ほどよく流され、また、この世の生命体を焼き尽くすこともありません。チャクラは障害物ではなく、踏み石のようなものです。しかし、チャクラ内部の解明されていないパターンが、この生命力を不必要に妨げる可能性もあります。自分のチャクラ・システムをしっかり理解すれば、安全かつ無難な方法でクンダリーニのエネルギーを利用できるようになるかもしれません。

キー・ポイント

　ここで本書の基本的理論と傾向を示しておきます。多くの点において一般的なチャクラ理論に対応していますが、異なる点も多々あります。これから挙げる理論は、チャクラに関する過去と現在の考え方と予測される未来の情報、さらには関連するさまざまな形而上学体系と心理学体系を結びつけたものです。
　そして、示したいのは理論であって、教義ではありません。宗教ではなく、アイディアです。本書の基本的理論は次のとおりです。

・微細身（サトルボディ）には７つの主要なチャクラと、いくつかの小さなチャクラがあり、肉体から意識にまたがる次元の出入り口の働きをしている。

・人間にある７つの次元界は物理的属性だけでなく、アーキタイプな意識レベルにも対応している。

・７つのチャクラは、すべてのチャクラを貫通する主要な２つの垂直な流れでつくりだされている。

・現在の発達水準にある人間には、下位チャクラ（第１チャクラから第３チャクラ）も上位チャクラ（第５チャクラから第７チャクラ）と同じ価値があり、重要と考えられる。

・チャクラは進化のパターンを示していて、現在のところ人間は、第３チャクラから第４チャクラに向かっている。

・チャクラは色、音、神、次元、その他の微細な現象に対応している。

- チャクラはパーソナルな成長のみならず、診断やヒーリングにも役立つ。

- 7つのチャクラは、虹や電磁スペクトルの色と同じく7つあるとされる次元の数と比例している。私たちは虹の色を肉眼で見えるものしか認識できないように、現在の私たちの「能力」では、7つの基本チャクラを波動でしか感じることはできない。

- チャクラは常に相互作用しているので、理論上でしか分けることはできない。

- チャクラは身体的エクササイズ、作業、瞑想、ヒーリング法、人生経験、一般的な理解を通じて、あるいは、より深い意識状態につながることで開く可能性がある。

エクササイズ

◎調整（チャクラを一列に並べる）

　チャクラを円滑に働かせるには、7つのチャクラを一列に並べる必要があります。これは背筋を伸ばし気味にすることで、ほぼ真っ直ぐに並べることができます。ただし、背筋を伸ばしすぎると、筋肉が緊張してかたまってしまい、チャクラの開花を妨げてしまうので気をつけてください。

　脚を肩幅に開いて立ち、両手を頭上に向かって伸ばすと同時に、体を伸ばしていきます。体全体を伸びきるまで伸ばしながら、一つひとつのチャクラを伸ばしていくように意識しょう。そのままの姿勢で、チャクラが一列に並んでいるのを感じてください。

　そして、もとの立ち姿勢に戻ります。そのとき、できるだけ体を真っ直ぐ

にして、骨盤、太陽神経叢、胸、喉、頭などの主要な部分の中核が、体の中心軸に一列に並ぶのを感じてください。両足を大地にしっかりつけ、スシュムナーがすべてのチャクラとつながっていると意識しましょう。

チャクラの調整は、座ったままでも行えます。椅子に座っても、床に胡坐をかいても構いません。前かがみになったり、背筋を伸ばしたりしながら、身体のエネルギーの流れが変わり、心がすっきりするのを感じてください。

◎流れの確立
◆顕在化の流れ

体の力を抜いて立つか、もしくは座ったまま背筋を伸ばし、靴を脱いで、足を床にしっかりつけます。そして、体の垂直軸に意識の波長を合わせましょう。垂直軸が体の中心で安定して楽でいられる、快適でバランスのとれた姿勢を探してください。そして、ゆっくりと深呼吸しましょう。

心の中で頭頂を突き抜けていき、その上にある空と宇宙の無限の広がりを感じてください。そして、無限の広がりに大きく息を吐きだしたら、今度は頭頂から無限の広がりを吸い込んで、頭の中に取り込みます。取り込んだ無限の広がりを顔、耳、頭の後ろ、そして肩から腕へと流していきます。

もう一度、頭の中を「宇宙」のエネルギーで満たします。今度は首から胸へと流していきます。エネルギーが流れてきたら、ゆっくり深呼吸しましょう。深呼吸するたびに、エネルギーが胸を満たしていきます。エネルギーが十分に溜まったら、今度は下に向かって流しましょう。腹部を解放し、太陽神経叢、腹部、生殖器、臀部にエネルギーを満たしていきます。そして、エネルギーを脚部から足元に送り、外へ逃していきましょう。地球の奥深くに向かってエネルギーを逃していってください。

また頭頂に戻って、同じことを繰り返します。今度はエネルギーを光、特定の色、神、泡の柱、風の流れなど具体的にイメージしても構いません。頭頂の王冠（第7チャクラ）から、足下の地球までエネルギーがスムーズに流せるようになるまで、何度でも繰り返してください。

◆解放の流れ
　顕在化の流れのエクササイズで心地よくなってきたら、今度は同じやり方で、解放の流れに働きかけてみましょう。

　イメージしてください。地球のエネルギー（赤、茶、緑色をした固体で活気のあるエネルギー）が、足元から脚部に上昇してきて、脚から第1チャクラに入ってきます。そして、エネルギーはチャクラを満たすと、生殖器、腹部、太陽神経叢に流れていきます。その後エネルギーは、心臓と胸部を満たし、上昇途中でぶつかる緊張を解放しながら、首、肩、顔、頭に流れ込み、頭頂からでていきます。この流れもスムーズに流せるようになるまで練習してください。

　二つの流れが円滑になったら、今度は二つの流れを同時に流していきます。二つの流れが途中のチャクラで混ざり、合体するとイメージしてください。（色を使いたい場合は、307ページの「色の瞑想」を参照してください。）

　あなたの中を流れる二つの流れを、日々の生活の中で感じてください。一日のいつ、あるいは、どんな活動をしているときに、どちらの流れが強くなっているか、よく観察してください。なぜなら、あなたの身体はエネルギーのバランスを取ろうとして、どちらか一方の流れを強くすることがあるからです。そのとき、緊張するようなことがあったか、もしくは、流れが妨げられている場所があったか、見逃さないようにしましょう。

《チャクラ対応表》

チャクラ	第1	第2
サンスクリット名	ムーラダーラ	スヴァディシュターナ
意味	根を支える	甘さ
位置	会陰部	仙骨
元素	大地	水
エネルギーの状態	固体	液体
心理的機能	生存	欲求
もたらすもの	グラウンディング	セクシュアリティ
同一性	身体的同一性	情動的同一性
自己の姿勢	自己保存	自己満足
悪作用	不安	罪悪感
発達時期	胎児〜12カ月	6〜24カ月
内分泌腺	副腎腺	生殖腺
身体の部位	脚、足、骨、大腸	子宮、生殖器、腎臓、膀胱、腰
機能不全	肥満、拒食症、坐骨神経痛、便秘	性的障害、泌尿器障害
色	赤	オレンジ
種子字	Lam	Vam
母音	ropeで発音される「オウ」	poolで発音される「ウー」
セフィロトの樹	マルクト	イエソド
惑星	地球、土星	月
金属	鉛	錫
食物	タンパク質	液体
鉱物	ルビー、ガーネット、ヘマタイト	珊瑚、カーネリアン、イエロージルコン
香り	ヒマラヤスギ	ダミアナ
ヨーガ流派	ハタ	タントラ
権利	持つこと、ここに存在すること	感じること
グナ	タマス	タマス

第3	第4	第5
マニプーラ	アナーハタ	ヴィシュッダ
輝く宝石	打たれない	浄化
太陽神経叢	心臓	喉
火	空気	音、エーテル
プラズマ	気体	波動
意志	愛	コミュニケーション
力	平和	創造力
自我同一性	社会的同一性	創造的同一性
自己定義	自己受容	自己表現
羞恥心	悲痛	嘘
18〜42カ月	3歳半〜7歳	7〜12歳
膵臓、副腎	胸腺	甲状腺、副甲状腺
消化器官、肝臓、胆嚢	肺、心臓、循環系、腕、手	喉、耳、口、肩、首
胃腸障害、慢性疲労、高血圧	喘息、肝疾患、肺疾患、	咽頭痛、首痛、肩痛、甲状腺疾患
黄色	緑	明るい青
Ram	Yam	Ham
fatherで発音される「ア」	playで発音される「エイ」	sleepで発音される「イー」
ホド、ネツァク	ティファレト	ゲブラー、ケセド
火星、太陽	金星	水星
鉄	銅	水銀
でんぷん	野菜	果物
琥珀、トパーズ、アパタイト	エメラルド、トルマリン、翡翠	ターコイズ（トルコ石）
ショウガ、クルマバソウ	ラベンダー	乳香、安息香
カルマ	バクティ	マントラ
行動を起こすこと	愛すること	話すこと、聞いてもらうこと
ラジャス	ラジャス／サットヴァ	ラジャス／サットヴァ

《チャクラ対応表》

チャクラ	第6	第7
サンスクリット名	アージュニャー	サハスラーラ
意味	知覚する、支配する	1000倍の
位置	眉	頭頂
元素	光	思考
エネルギーの状態	発光	意識
心理的機能	直観力	理解
もたらすもの	想像力	至福
同一性	原初的同一性	宇宙的同一性
自己の姿勢	自己内省	自己認識
悪作用	幻覚	執着
発達時期	思春期	生涯
内分泌腺	松果腺	下垂体
身体の部位	目、頭蓋底、額	中枢神経系、大脳皮質
機能不全	視力障害、頭痛、悪夢	憂うつ、疎外感、錯乱
色	藍	紫、白
種子字	Om	なし
母音	Mmmで発音される「ンー」	singで発音される「ング」
セフィロトの樹	ビナー、コクマー	ケテル
惑星	木星、海王星	天王星
金属	銀	金
食物	幻覚剤	断食
鉱物	ラピスラズリ、クオーツ	ダイヤモンド、アメジスト
香	ヨモギ	ミルラ、ツボクサ
ヨーガ流派	ヤントラ	ジュナーニャ
権利	見ること	知ること
グナ	サットヴァ	サットヴァ

Part 2
7つのチャクラ

第1チャクラ

サンスクリット名： ムーラダーラ

意味： 根を支える

位置： 会陰部、脊柱基底、尾骨神経叢

元素： 大地

機能： 生存、グラウンディング

内なるエネルギーの状態： 静けさ

外なるエネルギーの状態： 固体

内分泌腺： 副腎腺

身体の部位： 下肢、足、骨、大腸、歯

機能不全： 体重問題（肥満）、拒食症、痔、便秘　坐骨神経痛、変性性関節炎、膝の問題

色： 赤

感覚： 嗅覚

種子字： Lam

母音： rope［róup］で発音される「オウ」

花弁： 4枚

タロット： ペンタクル

セフィロトの樹： マルクト

惑星： 地球、土星

金属： 鉛

食物： タンパク質類、肉類

対応する動詞：	私は持っている
ヨーガ流派：	ハタ
香り：	ヒマラヤスギ
鉱物：	磁鉄鉱、ルビー、ガーネット、ブラッドストーン
動物：	象、（去勢された食肉・荷役用の）雄牛、（去勢されていない）雄牛
グナ：	タマス
シンボル：	4枚の赤い花びら、黄色い四角形、下向きの三角形、クンダリーニが三回転半巻きついているシヴァ・リンガ、白い象、外向きの8本の矢。ビージャ（サンスクリット語で「種」）の上方に、子どものブラフマーとシャクティ・ダーキニー。
ヒンドゥ教の神：	ブラフマー、ダーキニー、ガネーシャ、クベーラ、ウマー、ラクシュミー、プリスニー
その他の神：	ガイア、デメテル／ペルセフォネ、エルダ、エレッシュキガル、アナト、サーディウェン、ゲブ、ハデス、プイス、ドゥムジ、タームズ、アトラス
大天使：	ウリエル
主な動作力：	重力

ムーラダーラ（基盤のチャクラ）

意識のエネルギーの活発な活動によって、宇宙の根本原理であるブラフマンはひとかたまりになり、そこから物質が生まれ、物質から命と心と世界が生まれる。

ムンダカ・ウパニシャド　1．1．8

　脊柱を上昇していくチャクラの旅は脊柱基底部、つまり、第1チャクラから始まります。第1チャクラは、7つのチャクラの基盤（すべてのチャクラの土台）になる、極めて重要なものです。元素である大地（地）に関係し、私たちの肉体、健康、生存、物質的存在や金銭的存在といったこの世にある堅固で確かなものと、私たちの本能的欲求を顕在化させる能力に関係しています。そして、それらの具体的で堅固な最終形態が意識の顕在化です。意識を顕在化には、健康で穏やかな生活を送ることや制約と規律がとても重要になります。

　7つのチャクラにおいては、大地は形と堅固性、物質が凝縮した最たる状態、そして、チャクラの柱の「一番下」を象徴しています。第1チャクラは鮮やかな濃い赤で視覚化されます。赤は始まりの色で、可視スペクトルでは、最長波長と最低周波数を持つ色です。

　第1チャクラのサンスクリット語名はムーラダーラ（Muladhara）と言い、「根を支える」という意味があります。仙骨神経叢から脚部を通る坐骨神経は、体内で最大（親指ほどの太さ）の末梢神経で、神経系の根に似た働きをしています（69ページ図2・1）。大地と接する両足には、第1チャクラの要素である地球と私たちの神経系をつなぐ働きがあります。私たちはいつも両脚で何気なく歩いていますが、実は両足から生体維持に必要なものを、地球や周りの環境から取り込んでいるのです。また、私たちは重力に対して運動感覚で反応していますが、私たちを引っ張り続けているこの地球の力（重力）があるからこそ、地球につながれ、物質的存在としていられるのです。

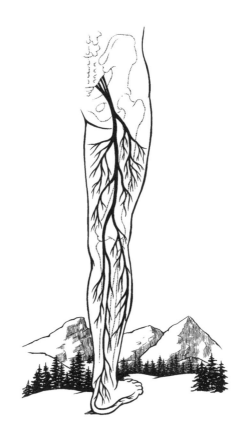

図2・1
根っこのような坐骨神経

第1チャクラのシンボルは、4枚の花びらを持つ蓮の花びらで象徴され、その花の中には四角形が描かれています（71ページ図2・2）。四角形は東西南北の四方向と物質界の堅固な基盤を表わしています。第1チャクラは、カバラのセフィロトの樹でベース・セフィラにあたり、「王国」の名称を持つマルクトに関係しています。4枚の花びらも物質界の4大元素（地、水、火、風）を反映しています。

　四角形の中には、スシュムナーを象徴するエネルギーの柱の先に、小さな逆三角形があり、これは大地を重視するチャクラの下降するエネルギーを表わしています。三角形の中には、直立したシヴァ・リンガに巻きついているクンダリーニ（蛇）がいます。三角形の下には、アイラーヴァタという名の7本の鼻を持つ象がいて、第1チャクラの重くて物質のような性質と、7つのチャクラに対応する7つの道を象徴しています。また、7本の鼻の像は、障害を司る神で象の頭を持つガネーシャとも関係していると考えられています。太鼓腹でがっしりした体格のガネーシャと身体的特徴が似ているからです。四角形の中には他にも神がいます。5つの顔を持つ子どもの姿をしたブラフマーと女神ダーキニーです。ブラフマーは、不安を払いのける神。ダーキニーは、シャクティがこの第1チャクラに顕現した姿で、手に槍、剣、椀、頭蓋骨を持っています。四角形の中央には、第1チャクラの精髄を含む種子字Lamが描かれています。こうしたイメージや音は、第1チャクラの瞑想のシンボルに使われます。

　第1チャクラは、体内で脊柱基底、正確にいえば、肛門と生殖器の間にあたる会陰部に位置します。脊柱の尾骨と呼ばれる部分と尾骨脊髄神経節、さらに、この神経節が生じる下部腰椎と対応しています（72ページ図2・3）。第1チャクラは、堅固なものと相互関係にあることから、骨や（固形物質が通過する）大腸など、身体の堅固な部位や全身と関係しています。膝や足には脊柱の下にある地面からの感覚を伝達する小さなチャクラがいくつかあり、運動活動に関わる情報を送っています。これらは第1、第2チャクラのサブチャクラで、全体としての身体のグラウンディング用のコンセントになっています。

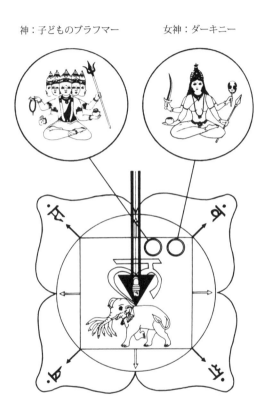

図2・2
ムーラダーラ・チャクラ
(出典：Timeless Books)

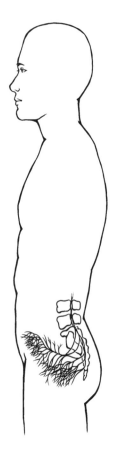

図2・3

尾骨脊髄神経節と下部腰椎

チャクラはエネルギーの渦です。第1チャクラの渦は、どのチャクラよりも回転が遅く、それはタマスの本質（休息、不活発）によるものと考えられています。

たとえば、あなたが激流を歩いて渡ろうとしても、あらゆる方向からもの凄い勢いの水流があなたに向かって押し寄せてきたら、動くことすらできないでしょう。なぜなら、あらゆる方向からたくさんの力が一気に中心に集まると、中心の密度が非常に濃くなり、堅固なエネルギーの場が生じるからです。第1チャクラには、こうした堅固さにつながる濃密さがあります。

第1チャクラの堅固なエネルギーは、肉体を通り抜けできないという観点からみれば、肉体には有効ですが、知性という高次な非物質的活動には有効とは言えません。なぜなら、私たちは原子の大部分がほぼ空間であることを知っているからです。そのため、ガラスがどんなに厚くても、私たちはガラス越しに物を見ることができ、壁越しに音を聞くこともできるのです。

そして、この堅固性こそが、私たちの意識を現実のものにしてくれます。物質は不変のものであり、また、物質に不変の堅固性がなければ、私たちの生活は成り立ちません。家に帰るたびに、家の形も場所も変わり、子どもの姿が毎日見る影もなく変わっていたら、混乱するに決まっています。

現在の進化レベルでは、物質は現実であり、必要なものです。物質である私たちから物質（肉体）を切り離すことはできません。肉体がなければ、私たちは生きられませんし、肉体を否定することは、死を意味することになります。また、私たちが住む地球とのつながりも否定することはできません。なぜなら、地球は私たちの未来を支える重要な役割をしているからです。自分の基盤への関心を否定することは、不安定な土台をつくることにつながります。だからこそ第1チャクラの目的は、あらゆる土台を堅固にすることなのです。

第1チャクラの意識は、主に肉体的生存、つまり、心理学でいう「戦うか、逃げるか」という人間の本能的な反応を重視しています。そのため、大地というこのチャクラの元素をないがしろにすると、個人的生存や社会生活が脅かされます。私たちの生存が脅かされないためには、第1チャクラを活性化さ

せてから他のチャクラに進まない限り、私たちの成長は地に足がついていないものになり、真の成長に必要な安定性が欠如することになります。

　私たちは、生存が脅かされると不安を感じるものです。不安は第1チャクラの悪作用で、理論上このチャクラがもたらすとされる安心・安全の感覚を妨げることになります。不安の度合いが高いときは、第1チャクラの基盤に損傷があるかもしれません。第1チャクラを覚醒するには、まずは不安と向き合い、それを取り除く必要があります。

　あらゆる精神哲学には、一つの共通する考えがあり、それは、「私たちは肉体に『囚われて』いて、この束縛からの解放を待ち望んでいる」というものです。ただ、この考えは肉体の軽視し、心と体の分離を支持するものであり、身体が膨大な数の細胞に蓄えている壮大な美と知性にアクセスすることを否定するものです。

　もしそうであるならば、物質界は私たちを捕える罠にすぎないでしょう。しかし、4つの階層（物質界、幽界、霊界、神界）から成る魂やエネルギーの巡る広大な世界における物質界の役割を知れば、物質界ともうまくつき合えるようになるはずです。

グラウンディング

　高次な意識に向う解放の流れは、チャクラと関係の深い経路です。顕在化の流れに沿ってエネルギーを地球に向かって下降させるこの流れは、最近までさほど言及されることはありませんでした。なぜなら、顕在化の流れは精神的なものではないため、注目するのも、時間をかけて理解するのも無駄だと考えられていたからです。そのため、ほとんどの精神修養法は、グラウンディングを重要視していない傾向があるようです。

　グラウンディングは、地球と力強くつながるプロセスで、制約や限界を伴います。私たちは、グラウンディングのおかげで今こうして現実に存在し、地球

からもたらされる活力で強く生きていられるのです。私たちの足は毎日、ほぼ機械的に大地に触れていますが、大地につながる両足の感覚が切り離されたら、大地とのつながりは虚しいものになるはずです。なぜなら、グラウンディングによって下位チャクラが開かれ、私たちは重力と一体化し、身体という乗り物の奥に入っていくことができるからです。

　グラウンディングをしないと、自分を失ったり、怒ったり、何かに心を奪われたり、空想の世界にふけったり、不安定になったりします。つまり、抑制したり、所有したり、耐える能力が失われるというわけです。活気も消え失せ、エネルギーを充電することもできなくなります。自分の存在の拠りどころである大地を失うと、意識が現実から離れ、「精神錯乱」のような状態になることもあります。すると、悪循環のように無力感を覚え、今ここに存在するのが嫌になるかもしれません。

　大地は、第1チャクラの名前の由来である「根っこ」をしっかりと支えてくれるものです。私たちは、大地から栄養、力、安定性を得て成長しています。このつながりがなければ、自然界からも生物学的な源からも切り離され、生き方を見失ってしまいます。自分の進むべき道が見つからない人は、地に足がついていないのかもしれません。そして、足が触れている大地を見ないで、上ばかり見ているのかもしれません。

　私たちの根っこは、過去、人種的及び文化的継承、存在という壊すことのできない枠組みの記憶からプログラムされた本能的な感情でできています。スイスの精神科医であり心理学者のユングは、この本能的基盤を集合的無意識と説明しています。したがって、根っこを取り戻せば、自分自身を強化し、本能的領域にある膨大な知恵を利用できるようになるのです。

　大地に接していれば、私たちは謙虚になり、地球に近い存在でいられるだけでなく、神の恩恵を受けて簡素に生きることができます。また、日常生活のストレスを「大地に放出」することで、基本的な生命力を高め、平静、堅固性、明瞭さを享受できるのです。

　大地に身をあずけていれば倒れることなく、内面の安定感が得られます。

また、意識はグラウンディングによって顕在化の流れに乗って下降していきます。そして、この下降する流れによって、アイディアは第1チャクラの次元で現実のものになります。地上界はいわば、とてつもない想像の産物から物質界の複雑な要求に至るまで、私たちの強い思いを試す場所なのです

　私たちは、大地との触れ合いを失うと、あらゆる生命との複雑なつながりも失います。そして、私たちはあらゆる生命とのつながりを失うと、自然界ではなく孤立し断片的で非現実的なものに支配されてしまいます。

　疎外され「地についていない」生活は、肉体の喜びをよしとしないために、苦痛を生じさせます。一日中、仕事や運転をしていたら、肉体は痛むものです。さらに、競争によるストレスや不健康な生活は、肉体を休ませて再生し、その痛みを癒す暇すら与えてくれません。苦痛が生じたら、グランディングによる大地との一体化が必要なのに、皮肉なことに私たちは、痛みが生じるにつれてグラウンディングを拒否するようになります。なぜなら、大地に接するということは精神と肉体が「つながる」こと、つまり肉体の痛みを心も感じることになるからです。グランディングは、まさに精神と肉体が切り離された自分の状態を一つにし、癒すための最初の一歩なのです。

　私たちの基盤をつくるグラウンディングには、実は制約が伴います。つまり、精神エネルギーは上位チャクラでは無限ですが、下位チャクラでは制約を受け、はるかに限られたものになるということです。しかし、制約が悪いことばかりではありません。言語は思考を制約するからこそ、思考を表現することができるように、精神エネルギーはチャクラを下降していくごとに圧縮されるからこそ、より単純になり、より明確になっていくのです。

　私たちが何かを成し遂げるためには、自分の活動を制約しなければなりません。つまり、制約は何かを創りだすために必要なものなのです。誤解しないでいただきたいのですが、制約は否定的なものでなく、エネルギーを構築して物質にまとめる容器をつくるものなのです。だからこそ、意識を顕在化させるには制約を受け入れる必要があるのです。グラウンディングすることは、自然界の制約を受け入れることです。意識の発達は瞑想やエネルギーの上昇と同じく

らい重要なものです。制約について、易経に次のような言葉があります。

> 制約は成功を手にする……無制限の可能性は人間に相応しくない。そんなものがあったら、人間の人生は無限の中に溶け込んでしまうだけだ。強くなるために、人間の人生には義務で定められ、かつ、自発的に合意した制約が必要だ。
> 　　　　　　　　　　　第60掛：ウィルヘルム・バインズ版

　また、グラウンディングは身体を守る作用です。私たちの意識が入り込んでいる肉体は、実質上、今まさにこの場所にしか存在しませんが、私たちの思考はもっと自由で、時間と空間の外へと広がっていくものです。空想にふけり、来年の夏休みは高原の避暑地に行こうなんて思いを巡らしていると、高原すがすがしい空気や太陽の光の暖かさまで感じてくるものですが、私たちの肉体は実際のところどこにも移動はしていません。机の前にいて、窓の外では雪が降り、目の前には領収書が積まれたままになっているのです。現実逃避ではないですが、空想にふけってばかりいると、仕事はできません。そんなときこそ現実に戻るためにも、グラウンディングが必要なのです。

　私たちの肉体は、さまざまなエネルギーを受信したり、送信したりできるよう微調整された電子機器のようなものです。さまざまな周波数を受信するには、私たちも電波受信機のように、まずはコンセントを差し込まなければなりません。それがグラウンディングです。グラウンディングは自分というコンセントを地球や周囲の世界に差し込み、さまざまな生命エネルギーを受信するためのチャンネルをつくる回路を完成させるプロセスなのです。

　避雷針が過電圧を地面に逃して建物を守るように、グラウンディングも日常生活の緊張や問題が、私たちの身体に「過度な負担」をかけないよう守ってくれます。私たちはグラウンディングによって、ストレスの影響を地球に逃しているのです。小さな子どもが大きな音を聞いたときに、母親の肩に顔を埋めるのを見たことがありませんか？　そうした子どもの行為もある意味で、グラウ

ンディングといえるでしょう。自分が受けた影響を母親の身体に逃しているというわけです。

　人間は、地面に立って地球に接続し、身体の電位を安定させているという研究報告があります。地球の周りには、約7・5ヘルツの共振周波数を有する静電場があります。チェコの思想家であり、医療エンジニアのイツァク・ベントフは心臓、細胞、体液の断続的な振動から成る身体の波動について考察し、身体の波動は、6・8〜7・5ヘルツの周波数で振動することを確認しています。身体の固有周波数は地球の電離層と共振するのは確かなようです。私たちは、大地の上を歩いたり、横になったりして身体的に地球とつながることで、より深く地球と共振することができるのです。

　このことからも、グラウンディングはストレスの対処法として有効なのです。顕在化の流れは、送信回路を与え、精神的過負荷を引き起こさないように守ってくれます。また、物質界は安全で安定しているので、グラウンディングをすることでお気に入りの椅子、美味しい料理、慣れ親しんでいる環境など身の回りのものから安心感や安定感を得ることができます。私たちは、安定感が得られると、さらに高い次元に働きかけることが可能になります。意識は、身体が安全な環境にあり、十分に栄養が行きわたり、健康な状態にあると感じると、より高いレベルに飛ぶことができるのです。

　チャクラは、周辺環境からのエネルギーをろ過します。チャクラの回転パターンは、ある一定の割合で振動し調和する振動だけを意識の中枢に取り入れるので、調和しない振動は勢いを失い、やがて顕在意識から完全に消えてしまいます。また、周囲に不快なエネルギーが多すぎると、チャクラは危険なエネルギーが微細身（サトルボディ）に侵入しないよう閉じてしまい、過負荷がかかったチャクラは開きにくくなります。グラウンディングはそのような過剰な緊張を解放する手段にもなります。

　グラウンディングは、静止によって明確さをもたらします。どんな行動にも反応がつきものです。悪循環をもたらすさまざまな反応を「静止」させることができれば、私たちはカルマの世界から抜けだし、悪循環を止めることができ

ます。泥水をグラスに入れたまましばらく放っておくと泥が沈殿し、水がきれいになるのと同じことです。

　下位チャクラが不安的なときに上位チャクラが開きすぎて、周りから次々とサイキック・エネルギーを浴びてしまうと、たいていの人は調子がおかしくなってしまう可能性があります。それが極限に達すると、重篤な精神疾患を引き起こす場合もあります。そして、大地とのつながりだけでなく、合意的現実という、私たちが普通に現実と見なしている世界とのつながりをも失ってしまうのです。こうした場合、グラウンディングによって精神的過負荷を軽減させることで安定性を与えることができます。たとえば、激痛を抱えている人に軽く触れてあげるだけでグラウンディングと同じ効果をもたらし、痛みを和らげることもあります。他にも運動や、手を使って何かをつくることや、この章の終わりに紹介しているグラウンディング・エクササイズも障害を軽減させる効果が期待されます。

　グラウンディングはカメラのレンズのように、対象に焦点を合わせて鮮明に見せてくれます。グラウンディングされている、つまり地に足がついていると決断が楽にでき、未来への不安は消え、今を生きる新たな喜びに輝き、意欲が湧いてくるだけでなく、意識をより高めることもできるのです。

　グラウンディングは、あらゆる基礎をつくります。医学を学びたい人が大学で自然科学の基礎を学ぶのもグラウンディングであり、新しくビジネスを始める人が資金援助を得ようと、起業に詳しい人に基礎知識を教わるのもグラウンディングといえます。第1チャクは私たちの基礎であり、私たちがやることすべての源です。そして、私たちの周りにある世界は、自分の意思がつくりだした世界の縮図です。今していることも築いている基礎も、未来に向かって生きるために必要不可欠なものなのです。

　また、毎日の仕事は、多くの人にとってグラウンディングの活動となっています。私たちは、仕事をすることで金銭という生活手段を得ています。しかし、それだけではありません。毎日の仕事を退屈に思うこともあるかもしれませんが、規則正しいスケジュールで繰り返し行われている仕事は、私たちに生

活を支える基本習慣をもたらしているのです。さらに、規則正しく行われる仕事は、生きて行くための制約という意味でも役に立っているのです。集中し、繰り返すことでエネルギーは濃くなり、仕事や目標を達成できるようになるからです。私たちは、繰り返すことで常に新しい基礎を積み重ねているからこそ、一定のレベルを維持することができるのです。したがって、物質的であれ、観念的であれ、ある分野の専門家になって目標を達成するには、ひたすら集中して繰り返すしかないのです。

　そうはいうものの、チャクラにはバランスが重要です。グラウンディングによって安定性は得られますが、この安定性に執着しすぎると悪影響を及ぼしかねません。物質界はゴールではなく手段にすぎません。ところが、物質的快楽（物欲や禁欲）には、私たちの意識を支配する力があるため、私たちは多くの物質的快楽を得ることが生活の安定と思い込み、それを生活基盤にしてしまっているのです。しかし、こうした物質や安定に対する過度な執着は、意識の成長を阻害し、困難な状況に陥れる罠であることを忘れてはいけません。

　グラウンディングは、単調な作業ではありません。力強く活気あふれる作業です。私たちは、精神的ストレスがあると無気力になりがちですが、そうした精神的ストレスが生じるのは、心と体がバラバラになっているからです。グラウンディングして、すべてを統合すれば活力は戻ってくるものです。

　グラウンディングの必要性を頭で理解するのは簡単ですが、その経験を言葉で表現するのは難しいものです。グラウンディングは技術の積み重ねです。たとえば、グラウンディングによる瞑想は、1回のセッションで少しは効果を得られるかもしれませんが、ある程度の時間を経て初めて真の効果を実感するものです。グラウンディングは、これから私たちが行うであろうすべての基礎になるものです。したがって、あらゆる状況を利用して、時間をかけてでもグラウンディングを行う価値は十分にあると言えるでしょう。

生存

　第1チャクラの意識は、生存を重視しています。生存は、私たちの身体の健康を守り、日常を維持管理するプログラムです。第1チャクラは、飢え、不安、休息の必要性、温もり、保護といった本能的レベルで機能します。

　生存要求は、私たちの意識を覚醒させます。生存に対する脅威は、副腎を刺激して、「戦うか、逃げるか」という状況で必要となるエネルギーを放出します。身体が、危機的エネルギーで満たされると、気づきが高められます。そのとき、私たちが生存するためにすべきことは、考えて素早く行動すること、そして新しい解決策を取り入れることです。

　第1チャクラで、生存欲求エネルギーを強化するには、まず私たちの生存のための要求が健全かつ直接的な方法で満たされているか、私たちの意識が生存の要求に支配されていないかを確認しなければなりません。健やかに生存していたいという要求が無視されると、否応なく生存したいという意識レベルに引き戻されてしまい、「意識から離れる」ことができなくなってしまいます。

　ユングの言う集合的無意識の根源には、私たちが地球、空、季節、動物と深いつながりがあった古代の記憶が残っています。古代では、私たちも捕食していた動物と同じように、他の動物に捕食されていました。つまり、私たちも、私たちが生きるために食べていたものの一部になっていたのです。そのため、生存は昼夜問わず古代人の関心事だったのです。

　今や状況はすっかり違います。生存は間接的な問題になり、食べ物はいつでも手に入るようになり、お腹を空かした野生動物から食べ物を守るために、寝ずの番をする必要はなくなりました。

　とはいえ、今もなお私たちの中には、その頃の生存本能は残っています。失業したり、病に倒れたり、住居が脅かされるといった生存の危機に陥ると、第1チャクラがフル稼働し始め、チャクラ内に生存エネルギーを流し始め

す。私たちが、生存の危機にパニックを起こすのは、こうして流れてきたエネルギーを、どのように対処していいのかわからないからです。そのようなときは、身体に備わっている「戦うか、逃げるか」の本能でなく、もっと意識的な方法で自分の安定性を求めるべきかもしれません。

　第1チャクラが危険や急迫した状況によって活性化されたときの反応は、ハードディスクの情報を読み取るコンピューターに似ています。私たちのあらゆる情報は、第1チャクラの円盤に保存されています。身体の「オペレーティング・システム」は、顕在意識に危険情報が入るとすばやく身体を反応させます。すると、脊柱は両脚を介して地球につながり、アドレナリンが血流を駆け巡って心拍が上がり、血液供給量が増え、感覚が劇的に鋭くなり、まどろんでいた意識が覚醒します。そして、意識が高まり始めると、第1チャクラでとぐろを巻いているクンダリーニが上昇し始めるのです。

　もちろん、生存に関する情報が即座に必要でないときも、チャクラは機能しています。チャクラがのすべてが正常に働いているか、私たちの生命維持の助けになっているか、内部及び外部環境を定期的にチェックしているのです。そして、もしも脅威を見つけたら、第1チャクラの事前にプログラミングされたソフトを起動させ、意識は身体の要求に支配されることになります。

　第1チャクラが、ひとたび優勢になったら、無理にその勢いを止めようとすると、身体を傷つけてしまうことになります。そんなときは、休息を取らなければ、身体がどんどん不調になるでしょう。

　また、絶えず健康問題に悩まされているか、お金の不安を抱えてばかりいる人は、第1チャクラに囚われているといえます。身体的、精神的、もしくはそれらの付随的なものであれ、何らかの未解決の葛藤によって、意識を第1チャクラに閉じ込めてしまっているのです。そのため、生活の中で健康やお金の問題に関係ないときでも不安が広がり、パニックを起こしそうになることもあるのです。苦しい状況から抜けださない限り、意識を高いレベルに引き上げるのは難しいかもしれませんが、グラウンディングや第1チャクラに働きかけるエクササイズで対処できることがたくさんあります。

でも、その前に、第1チャクラの副次的な意識についても理解しておきましょう。それは、ここに存在する権利です。まずは次の質問を自問してみてください。

- ここに存在したくないと思う理由は何ですか？

- 自分を癒すために、誰の許可が必要ですか？

- グラウンディング、安定すること、自分の二本の足で立つことに、どんな不安がありますか？

- あなたの生存の責任者は誰ですか？

- 非現実的な夢が思考の何割を占めていますか？

- あなたはどうやって、誰のおかげで、いくらお金をもらって、子ども時代を無事に過ごしましたか？

- 自分の身体とつながり、身体の声に耳を傾け、身体が必要としているものを与えていますか？

- あなたには今ここに存在し、生存に必要なものを所有する権利はありますか？

快適なレベルで生存を維持する能力は、ものを所有する能力にも関係しています。存在すること、所有すること、この二つは第1チャクラの権利です。

所有する能力は後天的なものです。恵まれた家庭に生まれ、金銭的には何不自由なく育てられた人は、店で最高級のものを買い、レストランで最高級の食

事を注文することでしょう。たとえ一時的に収入が減ったとしても、生活レベルを落とすことはありません。なぜなら、繁栄を求めていれば、繁栄を築くことができることを知っているからです。

しかし、私たちの多くはそのように恵まれてはいません。新しい服を買うのにも悩み、楽だけど給料がすごく安い仕事を受けようか否かで迷い、仕事を一日休むのさえ不安になるものです。結局のところ「所有する」能力がないということです。これは豊かさよりも不足という基礎の上に、第1チャクラがプログラムされているからです。

私の知り合いに、ご主人に新しい靴下を買い、自分は買わずにご主人のおさがりをもらうという人がいます。また、お金を好きに浪費できるにもかかわらず、休暇を取ろうとしない人や、愛情や喜びを受け入れられない人もいます。いずれの人も、お金、時間、愛、喜びの恩恵を受けていない、つまりそれらをうまく所有できていないというわけです。

何かを所有する能力を育てるには、まずは自分の価値を高める必要があります。おかしなことに、あえて自分に身分不相応な高いものを所有させることで、自分には価値があると思えてくるものです。自分に価値があると思えるようになれば、金銭、愛情、自分の時間、休息、喜びなどから、自分が何を所有すべきかを客観的に判断できるようになります。そして、自分の価値を高めるために自分に所有させたいものと、実際に自分が所有できるものとの違いがわかれば、自分にとって何が大切なのかがわかるようになるのです。

今ここにしっかりと存在するには、自らの存在を主張し、この世における自分の居場所を求め、自分の生存を確保しなければなりません。そのために「所有する」能力を高める必要があります。しかし、注意しなければならないのは、無意識が「自分にふさわしくない」と主張すると、それを克服するための顕在意識の働きが妨げられてしまうので注意が必要です。

私たちの生存の基本は地球です。しかし、地球は今、生態系の破壊、核の脅威といった厳しい状況にさらされています。実際に地球に波長を合わせ、地球とより深く交信すると、地球が未来に不安を抱いているのが伝わってきま

す。生態系の危機に晒されている地球は、私たちが生存の危機に晒されると気づきを高めるように、今まさに地球自体が、気づきを高めています。この地球の気づきが人々を覚醒させる転機になるかもしれません。

　私たちは、上位チャクラの精神的なレベルにたどり着いたら、物質的存在である私たちの精神的な面を改めて知ることになります。私たちが住む地球は、物質が表現する美、調和、精神性の最たる存在といえます。そのことを理解できるようになれば、物質的存在である私たちは、内なる美をさらに築き、その美を表現できるようになるでしょう。

　生存は、大地（地）、肉体、地球といった自分の土台を考察することにより気づきを高め、「覚醒する」ことです。そして、第1チャクラの目的は、存在することです。7つのチャクラをめぐる旅が始まるのも、旅を終えて癒しを求めて戻って来るのも、この第1チャクラであることを忘れないでください。

肉体

ここにある肉体には聖なる川があり、太陽と月、あらゆる巡礼地があります。私は自分の肉体ほど喜びに満ちた寺院に出会ったことはありません。

サラハ・ドーハ

　家が肉体の住み家であるように、肉体は精神の住み家です。意識は、果てしなく遠い次元まであてもなくさまよいますが、私たちが生きている限り必ず肉と骨の塊（肉体）に戻ってきます。私たちの肉体は、一生の間に変化していくものの、一つしか存在しません。一生を通じてただ一つしかないものです。そして肉体は、世の中と影響し合い、それぞれの人の人生の縮図になっていくものです。

　第1チャクラを極めるには、肉体を理解して癒すことから始めなければなりません。私たちの目の前にある課題は、肉体を受け入れ、感じ、認め、愛する

ことです。第1チャクラは、形態という特性を持っています。肉体は、私たち一人ひとりの形態が物理的に表現されたものです。外見、感触、動き、内なる感覚をたよりに形態を調べれば、肉体からの声がわかり、自分のもっと深い部分を見だせるようになります。

チャクラは私たちに、それぞれのチャクラの情報を与えてくれます。肉体は、それらの情報を受信するハードウェアであり、私たちの内にあるすべてのデータとプログラムの「ハードコピー」でもあります。肉や骨の配置に刻み込まれているのは、痛みと喜びです。神経インパルスには需要、習慣、記憶、才能、そして遺伝子には発達過程、細胞には摂取した食物の化学的性質が暗号化されています。また、心臓は規則的にリズムを打ち、筋肉は日常の活動を表現しています。

肉体を理解するには、私たち自身が肉体に「なる」必要があります。つまり、肉体の痛み、楽しみ、不安、喜びになるのです。精神的な存在を別物と見なすことは、私たちを自分の本質や確信などから切り離すことであり、結果的に精神と肉体がバラバラになり、肉体から伝わる情報に疎くなってしまうことを意味します。

「あなたは、あなたの肉体ではなく、それ以上のものです」とする哲学を否定しているわけではありません。私たちは肉体であり、そう理解することで肉体以上のものになれるのです。そして、地に足がつくようになり、自分の内側で生じているすべてに共感できるようになるだけでなく、精神や感情を私たちの肉体の一部として思う存分に味わえるようになるのです。

私たちの肉体は、膨大な数の細胞がさまざまな奇跡によって結合し、一つの複合体になったものです。つまり、第1チャクラが、重力場のように物質やエネルギーを引き寄せ、さらにさまざまな意識レベルが、その引き寄せたものを正しく動作させるための統一体にまとめ上げているのです。このようにつくられている肉体を受け入れることは、自分を一つにまとめる中心となる構造を受け入れることです。つまり、肉体とは魂の容器なのです。

肉体は、私たちに今の身体の状態を教えてくれます。肩が重いと感じた

ら、それは、あなたが負担を抱えすぎているという肉体からのサインです。膝が立たないときは、人生で適切なサポートを受けられていないか、柔軟性に欠けているのかもしれません。慢性的に胃が痛む場合は、何か我慢できないことがあるということです。

　私は整体を施す前に、クライアントとあるエクササイズを行います。それは、身体の部位についてコメントを書くというものです。やり方は、首が痛かったら「私は痛いです」、膝ががくがくしていたら「私はがくがくする感じがします」と、部位を明らかにせず、ただ「私は〇〇〇です」や「私は〇〇〇の感じがします」とだけ書いていきます。そして、書き終えたら、すべてのコメントを全身からのメッセージとして読み返します。すると、そのとき自分が自分自身をどう思っているかが見えてくるのです。

　今の自分の肉体を素直に認めるということは、肉体と一体化することです。私は胸部に痛みを感じれば、自分の感情的な心が痛いと認めます。第1チャクラで自分の意識レベルを統合するには、とにかく肉体と仲良くならなければなりません。そうすれば、肉体の中も安らかになります。私たちは、第1チャクラを通じてしか肉体の同一性が得られません。肉体の同一性は、人間としての堅固さをもたらす要因になります。

　肉体を大事にする秘訣は、自分を慈しむことです。休息が必要ならば休み、よく食べ、運動し、肉体を喜ばせる。これらのどれも第1チャクラを満足させるのに効果的です。マッサージ、熱いお風呂、美味しい食べ物、心地よい運動はいずれも自分を慈しむことで、「物質（肉体）を超える精神」というパラダイム（枠組み）から生じる精神と肉体の分裂を癒す手段にもなります。二つの極性が互いに競っていたら、統合されて一つになることはできません。競うのではなく、肉体を通じてその中にある精神を体験し融合させるのです。

　食べること、つまり硬い物質を肉体に摂取することも、第1チャクラの活動です。私たちは、食べることで地に足をつけ、栄養分を得て、肉体構造を維持しています。食物を通じて、第1チャクラの元素である地球（大地）からの産物を自分の体の中に取り込んでいるのです。私たちという存在の物質的部分を

研究するなら、物質的な肉体をつくっているのは何かを、まず考えなければなりません。

私たちが消化する食物は、エネルギーに変換される物質なので、私たちが食べるものは、私たちのエネルギー消費量に影響を与えることになります。つまり、汚染されていない、栄養価の高い食物を摂取することが、第1チャクラの健全な基盤をつくる第1ステップとも言えるでしょう。

そのために、私たちがすべきことは、自分が食べるものを意識することです。肉体と第1チャクラをより健全にするには、過度に加工されているもの、精糖が多く含まれているもの、栄養価のない「エンプティ・フード」を避けることから始めてください。健康食品の店で買ったものだけを食べていれば安心というわけではありません。偏食は栄養不足になることもあります。また、自然食品がバランスのよい食事を意味するわけではありません。

栄養に関する本を読むことも、第1チャクラの助けになるでしょう。食べることは、私たちの生活の基本であるのに、その必要性を考えない人が多いのには驚くばかりです。

食物とチャクラ

文化と意識は必然的に進化し続けているため、私たちの身体的状態も変化してきています。身体的状態が変われば、当然ながら食生活も変わっていきます。

残念ながら、意識を広げる決め手になる食べ物はありません。重要なのは何よりもその人の体格や需要に合った食事を摂ることです。一日中ずっと工事現場で働く体重90キロの建設作業員と、座ったまま事務仕事をする体重45キロの秘書とでは、食事に対する需要がまったく異なります。

感受性を発達させ、意識を「より高い」状態にもっていくためには菜食が推奨されていますが、菜食は誰にでも合うわけでなく、栄養バランスが保たれな

ければ、害を及ぼす可能性さえあります。

　食物には栄養のみならず、それぞれ固有の波動エネルギーがあり、家族が愛情を込めてつくった料理は、仕事を嫌々しているレストランの店員がつくった料理よりも、はるかに利益をもたらします。食物と各チャクラの対応は次のようになっています。

◎第1チャクラ：肉類とタンパク質

　肉類は、私たちが口にする食物の中で、もっとも肉体向きの食物です。肉は、他の食物よりも消化に時間がかかり、消化管に長く留まります。そのことが、結果的に下半身のエネルギーを費やすことになり、上位チャクラに流れるエネルギーを制限します。

　肉類とタンパク質は、グラウンディングに適していますが、摂取しすぎると身体がだるくなり、不惰性や活発なタマス状態に陥ります。また、脱力感があり、頭がぼんやりして白昼夢をよく体験する人は、肉質のものを摂ると地に足がつくようになるでしょう。

　しかし、地に足がつくようになるために、必ずしも肉類を食べる必要はありません。第1チャクラに関係する構造組織が何よりも必要とするのはタンパク質です。適切なタンパク質を含む菜食は、第1チャクラを満足させる「基本食」になります。豆腐、豆類、ナッツ類、卵、乳製品などを摂取することが重要です。

◎第2チャクラ：液体

　水と関係のある第2チャクラには、液体が向いています。液体は固形物よりも素早く体を通過し、体をきれいにし、肝臓に毒素が溜まらないようにする働きがあります。天然果汁100％のジュースやハーブティーは浄化プロセスの助けになります。健康を保つためにも、十分な水分を摂ってください。

◎第３チャクラ：でんぷん

　でんぷんは、エネルギーに変換されやすい食物で、第３チャクラの火の要素と関係しています。加工された小麦粉のでんぷんよりも、全粒紛のでんぷんの方がゆっくりとよく体に吸収されます。単糖や刺激物など素早く吸収される食物もエネルギーを供給しますが、長期間摂取すると第３チャクラの健康が全般的に衰える可能性があります。「カロリー食品」に依存するときは、第３チャクラが不安定になっているかもしれません。砂糖への依存は、第３チャクラがアンバランスになっていると同時に、アンバランスを引き起こす原因にもなります。

◎第４チャクラ：野菜

　野菜は、人間の体ではできない光合成の産物です。野菜には太陽の気だけでなく、土、風、火（太陽）、水の気がバランスよく閉じ込められています。野菜は第４チャクラの特性であるバランスを反映しています。中国の陰陽五行でも、野菜は陰でも陽でもなく、中庸を表わしています。

◎第５チャクラ：果物

　果物が食物連鎖の最上位と言われるのは、熟すと大地に落ち、収穫のために植物や動物の命を奪う必要がないからです。果物はビタミンＣが豊富で、天然糖を多く含んでいます。どの固形物よりも素早くチャクラを通過し、上位チャクラに向かうエネルギーを解放します。

◎第６チャクラと第７チャクラ

　第６、第７チャクラは肉体的なプロセスでなく、精神状態に関係しているので、２つの高次チャクラ向けの食物を挙げるのは難しいことです。食に関していうならば、この２つのチャクラにもっとも効果的なのは断食です。

ポイント:肉類だけを食べていれば、おのずと地に足がつくわけではありません。大切なのは、チャクラ間のバランスです。食事のバランスは、チャクラ同士のバランスを取る助けになります。先に挙げたものは、既存のアンバランスを正すガイドラインを示したにすぎません。

物質

物質界は幻にすぎません。でも……非常に美しく秩序ある幻です!
アノデア・ジュディス

　本書では、チャクラのことを、渦のような回転している気の交点と表現してきました。気は、摩擦のない虚空を進む直線運動(線形ベクトル)として始まります。チャクラは、下降する顕在化の流れと上昇する解放の流れという二つの気の流れがあり、それぞれ濃縮と拡張のような作用があります。顕在化の流れは、求心性があり、内側へ、中心へと向かいますが、解放の流れは、遠心性があり、中心から離れて行きます。二つの力が衝突し、抵抗や反発し合って副次的に円運動、あるいは渦が発生し、チャクラになると考えられます。

　たとえば、球体にひもをつけて回すときのことを考えてみてください。ひもは制約(重力のような求心力)に相当します。回すたびにひもを短くしていくと、だんだん回転が速くなり、軌道が小さくなっていきます。回転する球体がつくりだすエネルギーの場の密度はどんどん高くなり、ついには回転しているプロペラの羽のように硬そうに見えてきます。ひもを短くすることは、重力場を強めることに似ています。物体の質量が大きいほど、重力場は強くなり、より多くの物体を引きつけるようになります。

　物質化現象は、似通った性質の力と顕在化をもたらす限界質量に達する動きがあるときに生じます。限界質量とは、ある結果を得るために必要な量のことです。物質化現象はあらゆるものに見られ、たとえば、水流が流れ込んで海に

なるのも、志を同じにする人々が共通の利害で集まるのも、それに当てはまります。エネルギーの焦点が増大すると顕在化が顕著になり、エネルギーを引きつけます。これは正のフィードバックの渦といえます。この焦点の中心は、ヒンドゥ教のビンドゥと呼ばれる点によく似ていて、ビンドゥは顕在化の種になる無次元のエネルギーが湧きでる中心点とされています。

頭頂（第7チャクラ）から下降する気は、第6チャクラ以降のチャクラを通過するごとに濃密になっていくため、チャクラの柱の一番下に位置する第1チャクラでは、もっとも堅固なものになります。一方、上昇して分散する気は、第1チャクラでは、十分に発達していません。なぜなら、私たちが目にしている物質界は、内側に重点的に向かっていき、外側にはほとんど向かわない求心力が絡み合ってつくりだされているからです。

つまり物質化とは、類似性のあるものが、中心点に引き込まれ結合することです。特定の結合力に反応するものを引き寄せることが、物質化の基本構造なのです。したがって、限界質量に達していれば、お金はお金を引き寄せるような現象を生みだします。

重力は、意識とエネルギーを圧縮して物質化する第1チャクラの本質と言えます。質量でも、お金でも、何でも持てば持つほど同類のものを引き寄せやすくなります。この本質によって私たちは、地に足がつき、安全と顕在化がもたらされるものの、意識が閉じ込められ、広がらなくなる可能性もあります。なぜなら、意識は大きく濃密になると不活発、つまり、タマスの状態になって、変化できなくなるからです。大きな家を購入して、好みの家具をたくさん買い込んだのはいいが、簡単に引っ越せなくなってしまうのと同じです。身につけるものが少ないほど、自由に動くことができるのです。

また物理的領域は、堅固で不変と思われています。しかし、現実では、私たちが堅固性を認識する基準にしている原子は、ほぼ空っぽの空間に存在しているのです。たとえば、ある小さな原子の一つを1000億倍にしてみると、その縦と横の大きさはアメリカンフットボール場（約110m×約49m）ほどになります。そして、原子核の大きさはトマトの種くらいになり、私たちにも見え

る大きさになります。しかし、原子核の周りを運動している電子は、まだまだ小さいもので、ウィルスくらいの大きさしかありません。小さな電子（またはウィルス）が、中央にトマトが置いてあるアメリカンフットボール場を埋め尽くしていると想像してください。電子が動き回っている核と電子の間には、何もない空間しか見えないはずです。原子がこうした状態にあるにもかかわらず、私たちは、物資的領域に堅固性という幻を見ているのです。

　ちなみに電子（または光子）は、物理学者たちによれば、エネルギーの拡散場であり、適切な装置で観察すると、離散粒子としてのみ「存在」するとされています。観察という行為で、拡散場を離散粒子に化してしまうのは意識そのものです。このことを物理学者のアルベルト・アインシュタインは、次のように述べています。

> **ゆえに、物質は場が非常に密度の高い状態にある空間領域によって構成されていると考えられる……。この新しい物理学では、場と物質の両方が存在することは許されない。なぜなら、場だけが唯一の実在だから。**

　アインシュタインは、物質は凝集エネルギーだと証明しました。エネルギーは高濃度になると、時空の構造を包み込み、物理学者の言う重力井戸をつくりだします。そして物体の質量が大きいほど、重力井戸は深くなり、物を引っ張る力も強くなるのです。

　ヒンドゥ教徒たちは、物質界をマーヤーからつくられたもの、つまり、幻（錯覚）と考えています。一方、21世紀に入ってからの物理研究の世界は、物質の堅固性を擁護する幻のヴェールを破ろうとしています。そして、物理学者たちは、巨大な素粒子加速器を使うことで、原子よりも微小な領域を証明することが可能になり、物質界に関するニュートンの概念を揺るがす真実を発見し続けています。しかし、不思議なことに、こうした科学における新たな発見は、初期の科学を甚だ不十分なものと証明する一方で、依然として東洋におけるさまざまな宗教の信条と密接に関係し続けているのです。そして、今や科学

も宗教もともに、宇宙はエネルギーと意識がさまざまな点でダイナミックに相互作用している場と結論づけているのです。つまり、私たちがいる世界の裏側に一体化する場があるとしたら、それを感じ取るのは間違いなく私たちの意識と言えるのではないでしょうか。

第1チャクラのエクササイズ

◎グラウンディング瞑想

　座り心地のよい椅子に、背筋を伸ばし、両足を床にしっかりつけて座ります。姿勢が整ったら、深呼吸しましょう。呼吸とともに体が膨んだり縮んだりしているのを感じてください。次に脚部と足、さらに、足を置いている床を感じてください。しっかりとしたつながりが伝わってきますか。そして、体の下にある椅子を感じてください。椅子にかかる自分の体重と、あなたを引っ張っている重力がわかりますか。あなたを優しく引っ張っている重量を感じてください。

　意識を足に向けましょう。足でほんの少しだけ床を押し、地球と触れ合っているのを感じてください。床を強く押しすぎると、足の筋肉が硬くなるので気をつけましょう。そして、微細なエネルギーの流れが、第1チャクラから地球の内部に流れていくのを感じてください。この流れを維持しながら、上半身のグラウンディングに移っていきます。

　自分の体の重さが感じられるようになると、次第に脊柱の基底にある重心が自覚できるようになります。そして、今あなたの体は重心の上に載っています。重心はあなたを引っ張る錨です。重心に意識を集中させましょう。重心という錨に固定されているのが感じられたら、他の部位のグラウンディングに移っていきます。

　今度は胴体に注意を向けましょう。体のエネルギーが走るセントラル・チャネルを意識します。セントラル・チャネルは背中寄りにありますが、脊柱のことではありません。それは、重心の上に一列に並ぶチャクラの柱のことです。

頭頂、喉、心臓、胃、腹部にあるすべてのチャクラが、一番下にある第1チャクラの上に一直線になるように、ゆっくりと並べていきましょう。大きく深呼吸しながら、すべてのチャクラが第1チャクラの上に落ち着き、バランスが保てるようにしていきましょう。

　さあ、これでエネルギーの垂直の柱ができ上がりました。この柱を太い、真っ赤なひもだとイメージしてください。真っ赤なひもがあなたの遥か頭上から、下に向かって体の中心を通り、椅子と床の間の空間を通過して大地に通り抜けています。このひもが第1チャクラの中心点を通過し、地表のみならず、もっと深い部分まで通っていることをゆっくりと確認してください。地球の重力に引っ張られ、ひもが地球の中心まで伸びているとイメージするといいでしょう。

　ここでしばらく、すべての部位を確認する時間を取りましょう。足は床を軽く押していますか？　すべてのチャクラがきちんと一列に並んでいますか？　エネルギーの赤い柱は下に向かって引っ張られていますか？　重力と調和していますか？　肉体（フィジカルボディ）も微細身（サトルボディ）も固定されていますか？

　少しずつ胴体を前後、左右、そして第1チャクラを軸にして円を描くように動かしていきます。体は動いても、脊柱の基底のポイントは動かないよう意識してください。目標は、動きながらグラウンディングし続けられるようになることです。このエクササイズで体にグラウンディングの技術を覚えさせましょう。

　足を床に軽くつけたまま、必要以上の緊張を地に流しだしてください。そして、もう一度、静寂の中に帰っていきましょう。

◎ヨーガのポーズ

これから紹介するハタ・ヨーガのエクササイズは、ムーラダーラ・チャクラのエネルギーを刺激し、解放するのに効果的です。

◆ニー・トゥー・チェスト（アパナサーナ）

このポーズにはいくつかのパターンがありますが、その中でも簡単にできるものを紹介します。

床に仰向けに寝て、膝を曲げます。足はお尻からおよそ60センチ離した位置に置きます。

片方の足を床から離し、膝を胸に引き寄せて両腕で抱えます。両腕は膝下の向こう脛辺りで組んでください（図2・4）。

図2・4
ニー・トゥー・チェスト（アパナサーナ）

息を大きく吸い込みます。次に、息を吐きだしながら、膝をさらに強く抱えます。その姿勢のまま、植物が鉢から抜かれて余計な土を落とされたときのように、脊柱の基底の根が大きく膨らんでいくのをイメージしてください。鼠蹊部(そけい)を十分にリラックスさせ、第１チャクラが脚と胴の付け根にわたって膨らんでいくのを感じ取ってください。その後、両肩の力を抜き、脊柱全体を床につけたままの状態を維持します。

　もう片方の脚で同じことを繰り返します。

　それぞれ両方の脚をやり終えたら、今度は両脚を同時に胸元へ引き寄せ、抱えてみましょう。

◆橋のポーズ（セートゥ・バンダアーサナ）
　脚と脊柱が力強くつながり、同時に地ともつながることができるポーズです。

　仰向けに真っ直ぐ寝ます。手のひらを床につけ、両腕は体の横に伸ばします。手の指先にかかとが少し触れるくらいに両膝を曲げ、両脚をお尻の幅くらいに開いて平行になるように置きます。

　体が浮かない程度に両足で床を押し、地球のエネルギーが脚にもたらしてくれる安定した堅固さを感じてください。

　次に、両足で床をさらに強く押し、背骨を持ち上げていきます。真珠のネックレスの真珠を一粒だけつまんで持ち上げていくように、背骨の一つひとつの骨を徐々に持ち上げていき、最終的には両足と背骨の上部で体を支えるようにします（できれば、背中の下で手を組み合わせ、肩甲骨を寄せながら、胸を持ち上げてみましょう）。膝と肩を結ぶ線が直線になるようにする

のが理想的です（図2・5）。

　その姿勢を維持したまま、脚部と足が体の支えになっていることを意識しましょう。この支えのおかげで脊柱がつながり、活性化されているのを感じてください。そして、深呼吸します。3回ゆっくりと深呼吸する間、ポーズを維持してください。

　背骨を床に下ろしていきます。持ち上げるときに背骨の一つひとつの骨を徐々に持ち上げていきましたが、今度は背骨を一気に下ろします。そして、お尻の力を抜き、足と脚部をリラックスさせます。もう一度ポーズを行えるように、脚を曲げたままにしていてもかまいませんが、脚を床の上に伸ばし、緊張のほぐれが下位チャクラに伝わっていくのを感じてください。

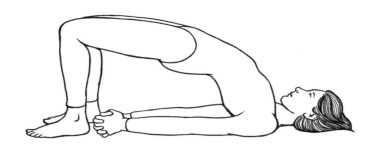

図2・5
橋のポーズ（セートゥ・バンダアーサナ）

◆片足で行うバッタのポーズ(ハーフ・ローカスト)

　床にうつ伏せになります。両腕が体の下くるようにして、手のひらを前太ももに当てます。

　膝を曲げないように気をつけながら、右脚をできる限り真っ直ぐ床の上に伸ばします。それから、右脚を足の付け根からおよそ5〜15センチ持ち上げます。そのとき、つま先もしっかりと伸ばしてください(図2・6)。このポーズができるよう第1チャクラが働きかけているのを感じてください。

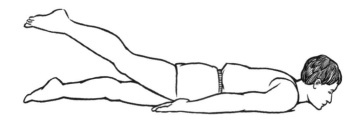

図2・6
片脚で行うバッタのポーズ(ハーフ・ローカスト)

しばらくポーズを維持してから（体力に応じて）、脚を下ろし、左脚で同様のことを行います。

簡単すぎる場合は、両脚で行うバッタのポーズ（フル・ローカスト、シャラバアーサナ）に挑戦してみましょう。同様の方法で、両脚を同時に上げるポーズです（図2・7）。

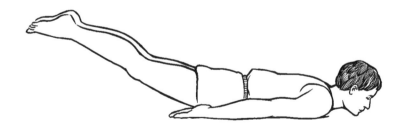

図2・7
両脚で行うバッタのポーズ（フル・ローカスト、シャラバアーサナ）

◆頭を膝につけるポーズ（ジャーナ・シールシャアーサナ）

　両脚を前に伸ばし、背筋を伸ばして座ります（ダンダアーサナ）。右膝を曲げ、足のかかとを会陰部に当てます。

　鼠蹊部から骨盤を起こすように胸を張り、伸ばした左脚の上に胸骨がくるように体の向きを整えます。そして、息を吸います（〈図2・8〉この図は両足を伸ばした状態で行っているものです）。

　息を吐きながら、腰と胴体を前に倒していきます。両腕を前に伸ばして左脚に触れ、背中はできるだけ真っ直ぐになるようにします。このポーズは、ハムストリングと膝裏、さらに脊柱を伸ばすのに効果的です。

図2・8
頭を膝につけるポーズ（ジャーナ・シールシャアーサナ）

心地良いと辛いの境目で深呼吸し、息を吐きだすごとに少しずつ上体を深く倒していきます。15〜20秒、もしくは気持ちよくできる限りポーズを維持しましょう。

　息を吸いながら上体を起こし、背筋を伸ばします。脚を入れ替えて同じ動作を繰り返しましょう。

◆ディープ・リラクゼーション
　ハタ・ヨーガの実践は、意識のリラクゼーションとも呼ばれています。基本的には、グラウンディングと体の各部位をリラックスさせることを同時に行っていきます。ポーズの指示をよどみのない、催眠術をかけるような声でテープに録音するか、誰かに読んでもらうことをおすすめします。でも、簡単にやりたい場合は、特に指示を聞かずに自分のリズムで行ってもかまいません。

　仰向けに寝てくつろぎます。寒くない、と自分に言い聞かせてください。このエクササイズは身体をリラックスさせるので、寒く感じることがあります。薄い毛布が欲しくなるかもしれません。

　深呼吸を始めましょう。瞑想している間はずっと安定したリズムで、楽に呼吸を続けてください。

　まずは左脚を5〜15センチほど持ち上げましょう。息を数秒止め、脚の筋肉を緊張させてください。次に勢いよく息を吐きだして、すべての筋肉をリラックスさせます。そして、脚を軽く揺すり、床の上に一気に下ろします。左脚を床に置いたまま、右脚で同じ動作を繰り返してください。

右腕に移っていきましょう。こぶしをつくり、腕の筋肉をできるだけ硬く緊張させます。しばらくその状態を維持した後、力を抜いて筋肉を緩めます。そして左腕で同じ動作を繰り返してください。

　首の筋肉を伸ばしながら、頭を左右に動かします。頭を床から少しだけ持ち上げ、その状態を維持したまま筋肉を緊張させ、その後、力を抜きます。

　次は顔に移ります。鼻をすぼめ、口をとがらし、目を細める、この動作を同時に行ってください。そして、その状態を維持して顔の筋肉を緊張させてから、力を抜きます。次に口を開けて、舌をだし、顔を伸ばしましょう。そのまましばらく顔の筋肉を緊張させ、その後、力を抜きます。

　今度は、体の部位を一つひとつ思い浮かべながら、すべての部位が完全にリラックスしているかどうか確認していきます。つま先、足、くるぶし、ふくらはぎ、膝、そして、太もも、お尻、腹部、胸部、すべてリラックスしていますか。体の部位が確認できたら、数回ゆっくりと深呼吸しましょう。次に、頭部へ移っていきます。首、口、舌、頬、額はリラックスしていますか。

　ゆっくりと静かに深呼吸しなから、全身がリラックスしていくのを観察しましょう。同時に思考も観察してください。頭の中で思考を自由めぐらせてください。体を変えたいと思っているなら、今が最適です。体にそっと命令するか、断言してください。ただし、「私は弱くならない」ではなく、「私は強くなる」というように、肯定的に語りかけるようにしてください。

　現実の世界に戻る準備ができたら、手の指を曲げ、次に足の指を曲げ、脚と腕を小刻みに動かします。目を開けて、すっきりした気分で現実に戻りましょう。

◎動きのエクササイズ

地球とつながりを持つことは、すべてグラウンディングと言えます。最初のステップは、足にエネルギーを送り込むことです。その目的に最適なのが、次に紹介する生体エネルギーのエクササイズです。

両腕を体の横に垂らし、楽な姿勢で立ちます。かかとを浮かせて足の指で立ち、次に体重を移動させながら、今度はつま先を浮かせてかかとで立ちます。膝を曲げてバランスを取りながら行ってください。体の浮き沈みに合わせて、（バランスを取るように）手を上下に動かすと、効果的に顕在化の流れを高めることができます。この動作を数回続けるとよいウォームアップになります。

◆グラウンディングの基本姿勢

腰幅か、もう少し広く足を開いて真っ直ぐに立ちます。つま先をかかとよりも内側に向け、脚が少し内股になるようにします。膝を軽く曲げます。

両足の下にそれぞれラグマットがあるとイメージし、2枚のラグマットを足で引き離すような感じで床を踏みしめます、床から下半身に堅固性と強さが伝わってくるのを感じてください。

その姿勢をしばらくの間、維持します。苦しい状況で足を踏ん張っている姿をイメージしましょう。

脚部にもっとエネルギーを取り入れたい場合は、息を吸いながら膝を曲げ、息を吐きながらゆっくりと膝を伸ばしていきます。このとき、決して伸ばしきってはいけません。この動作を数分間続けます。くれぐれも膝を「無理に伸ばさないでください」、グラウンディングの回路が遮断されてしまい

ます。

◆象のポーズ
このポーズの目的は、さらに多くのエネルギーを脚にもたらすことです。

両足を平行にして腰幅かもう少し開いて立ちます。膝をわずかに曲げたまま体を前に倒し、手のひらを床につけます。つかない場合は、両手を床に向かって伸ばしてください（107ページ図2・9A）

息を吸いながら膝を約45度曲げます。息を吐きながら、ほぼ真っ直ぐになるまで膝を伸ばしていきます。このときも伸ばしきってはいけません（107ページ図2・9B）。

脚に震えやエネルギーの流れを感じるまで繰り返します。正しくできていたら、数分でエネルギーを感じることができます。

脊柱を湾曲させ、腹部をリラックスさせたら、体を起こしていきます。このエクササイズは深呼吸しながら行ってください。自然に発せられる音は、だしてもかまいません。

膝を数回ほぐし、脚部を軽く揺すります。楽な姿勢で立ち、効果を味わってください。

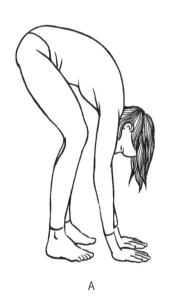 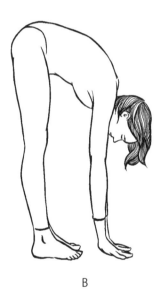

          図2・9
          象のポーズ

必要に応じて何度繰り返してもかまいません。

◆プッシング・ザ・フィート

これも生体エネルギーのエクササイズです。

仰向けに寝て、脚を持ち上げます。膝は伸ばしますが、伸ばしきってはいけません。

つま先が頭の方向に向くように足を曲げたまま、かかとに力を入れ、空気の中に脚を押し込みます（図2・10）。

脚に振動が伝わってくる場所があったら、そこで動きを止めてできるだけ

図2・10
プッシング・ザ・フィート

振動を受け、脚と腰にエネルギーを与えてください。

◎グラウンディング・エクササイズ

◆スタンピング（床を踏み鳴す）

朝起きてすぐに行うと効果的です。スタンピングをしたあとにマッサージをすることをおすすめします。マッサージは「フットローラー」やテニスボールを使っても、パートナーにやってもらってもかまいません。

片足で数回、床を踏み鳴らし、その後、もう反対の足で行います。こうすることで足のチャクラが開き、私たちの真下の堅固なものとつながることができます。

◆飛び跳ねる

このエクササイズは、重力に逆らったり身を任せたりすることで、地球とつながります。脚にエネルギーを与えるのにも効果的です。脚への衝撃を考慮して、舗装道路や床よりも、地面で行うことをおすすめします。

子どもになった気分で飛び跳ねましょう。体を緩め、力を抜いてください。着地するときは必ず膝を曲げて、地球に身を沈めるようにしてください。

◆キック

キックは、硬いものを蹴らない限り、脚の緊張を取り除いてくれます。

ベッドに横になり、リズミカルにキックします。膝を曲げて行うキックと、膝を伸ばして行うキックの両方を行い、効果を味わってください。

◆ジョギング

　ジョギングは足、脚部、胴にエネルギーを与え、新陳代謝を高めて呼吸数を上げます。

　より効果的なグラウンディングにするために、できるだけ土の上をジョギングすることをおすすめします。

◆ライディング

　都市環境に最適なグラウンディング・エクササイズです。

　バスや電車の中で、立ったまま行います。つり革などにつかまってはいけません。膝を曲げ、体を低くしてバランスを取ります。その姿勢で、自分の重心がどこにあるかを確認してください。

◆休息

　あまり知られていませんが、あくせくしないこと、椅子に座ること、リラックスすること、何もしないことで大きな恩恵を受けられます。また、そうすることがもっとも一般的なグラウンディングとされています。

◆マッサージ

　どんなマッサージでも緊張を緩和し、精神と肉体を再び結びつけてくれます。特にフット・マッサージはグラウンディングに効果的です。

◆食事

　地に足をつけようと食事を摂る人がいますが、確かに効果的と思われます。しかし、食べ過ぎると、身体とも大地ともつながれなくなるので気をつけ

てください。

◆睡眠

　睡眠は、身体に休息と静寂をもたらしてくれます。まさに一日の終わりのグラウンディングといえるでしょう。睡眠は翌日も元気に生きるために、私たちを再生してくれます。

# 第2チャクラ

サンスクリット名：	スヴァディシュターナ
意味：	甘さ
位置：	下腹部、生殖器、子宮
元素：	水
機能：	欲求、喜び、セクシュアリティ、生殖
内なるエネルギーの状態：	情動
外なるエネルギーの状態：	液体
内分泌腺：	生殖腺
身体の部位：	子宮、生殖器、腎臓、膀胱、腰、循環器系
機能不全：	勃起不能、不感症、子宮や膀胱や腎臓の障害、腰痛
色：	オレンジ
感覚：	味覚
種子字：	Vam
母音：	pool［púːl］で発音される「ウー」
花弁：	6枚
タロット：	カップ
セフィロトの樹：	イェソド
惑星：	月
金属：	錫
食物：	液体

対応する動詞：	私は感じる
ヨーガ流派：	タントラ
香り：	ダミアナ、ニオイイリスの根茎、クチナシ
鉱物：	珊瑚、カーネリアン、イエロージルコン、ムーンストーン
動物：	マカラ、魚、海洋生物
グナ：	タマス
シンボル：	6枚のオレンジ色の花びらの中に白く輝く三日月。三日月の中にマカラという海獣が描かれている。マカラは、ワニのような頭部と魚のような体を持ち、欲望と快楽を象徴している。第2チャクラの神は、共に4本の手を持つヴィシュヌとシャクティ。ヴィシュヌは、法螺貝、円盤（チャクラ）、棍棒、蓮の花を持ち、シャクティは、三つ又鉾、蓮の花、太鼓、斧を持っている。種子字は、波動を象徴するVam。
ヒンドゥ教の神：	インドラ、ヴァルナ、ヴィシュヌ、ラキニ（スヴァディシュターナにおけるシャクティの名称）
その他の神：	ディアナ、ジェマヤ、ティアマット、マリ、コンヴェンティーナ、ポセイドン、リル、ガニュメデス、ディオニュシオス、パン
大天使：	ガブリエル
主な動作力：	対極同士が引き合う力／反対物が引き合う力

変化のレベル

1と1で2になるから、1の研究が終われば、2について何でもわかった気になりがちだ。そして、「と」の研究をしなければならないことを忘れてしまう。

アーサー・エディントン（天文学者）

チャクラを上昇する私たちの旅は、最初に地球や静止と堅固性へ向かうことから始まるため、自分の肉体やグラウンディングに関係する第1チャクラについて学びました。これで、新しい次元に進む準備は完了です。さあ、一つが別のもう一つと出会うことで、二つになる次元である第2チャクラに進んで行きましょう。

第1チャクラで経験した一体化が、第2チャクラでは二元性を帯びていきます。そして、二つに分かれることで方向性が生まれますが、最終的にまた一本の線になっていきます。元素は大地（地）から水に変わり、固体は液体になり、静止は運動になり、形態は定形から不定形になります。

また、私たちの意識は、一体感からさまざまな相違の認識へと変わっていきます。自己理解には、他者に対する気づきが含まれてきます。他者とつながることで欲望と感情が湧き起り、セクシュアリティが生まれます。そして、相手と触れ合い、一つになることで分離を克服し、成長しようとします。これらはすべて第2チャクラの意識の特徴であり、その中に変化という要素が含まれています。

変化は、意識における基本的な要素の一つです。変化は、私たちの注目を集め、注意を喚起し、そして私たちに疑問を抱かせます。極端な例ですが、眠っているときに大きな音を耳にしたら目を覚まし、何の音だったのかと疑問に思うのと同じです。このように私たちは、常に変化に反応しているのです。変化がなければ私たちの精神は鈍ってしまいます。つまり、意識は変化によって成

長しているのです。また、変化がなければ成長も、運動も起こらず、生命も存在することができません。

　易経は中国哲学における知恵と易断のシステムで、陰と陽という二つの極性力による変化の概念にもとづいています。陰と陽は、それぞれ女性と男性、地と天、受容力と想像力を象徴しています。陰と陽の二つの力は、ほぼ均衡状態で変動し、常に作用し合うことで変化をもたらします（図3・1）。

　第2チャクラの意識も易経と同じように、両極性のもの同士の躍動が刺激になります。私たちは、上位チャクラで二元性を超越した意識レベルに達しますが、第2チャクラでは二元性が動きと変化の原動力になります。しかし、その二元性は、第2チャクラにおいて再び一体化しようとします。なぜなら、対極同士は引き合うからです。また、極性は、相互の引力によって運動を生みだします。私たちが、堅固な大地から無限の意識まで意識を変化し続けていくのであれば、必ずそのプロセスのきっかけとなるものがあるはずです。そして、そ

図3・1
陰陽のシンボル（太極図）は、陰陽のそれぞれのバランスと、他方に包含される程度を表わしています。

のきっかけとなるのが、第2チャクラなのです。第1チャクラの静止とは、まさに対極関係と言えるでしょう。7つのチャクラの中で第1チャクラは、固定して構造をつくること目的としていましたが、第2チャクラは、身を任せて流れをつくることを目的としています。流れには、一つのものを別のものに力強く結びつける力があります。それが点と線の違いなのです。

　私たちが知る宇宙では、素粒子の運動が存在し、運動はあらゆるエネルギー、物質、意識の基本的な特性になっています。素粒子の運動がなければ、宇宙は静止したままになり、時間は消滅してしまいます。堅固な物質という錯覚をつくりだす場もなく、あるのは空間だけになります。イギリス人の神秘家、ダイアン・フォーチュンは、このことを次のように語っています。

> 理論上、宇宙を生みだしたのは純粋な運動です。やがてこの運動は、反発する力が閉じ込められた焦点（臨界点）を生みだしました。あらゆる顕在化の基礎になる原子の動きは、まさにこの運動なのです。

　私たちは皆、運動の継続的なプロセスの一部であり、さまざまな次元を同時に移動しています。つまり、物理的な空間を移動するように、感情、時間（一つの瞬間から次の瞬間へ）、意識（一つの思考から次の思考へ）の中を動きながら、常に変化しながら移動しているのです。運動は、生命力に欠かせないものであり、また、生と死、生物と無生物を区別する本質です。第2チャクラの元素である水の流れに身を任せ、第2の生命の輪がどのようにして運動や喜び、そして、変化や成長をもたらすのかをみていきましょう。

スヴァディシュターナ（水のチャクラ）

> この世で、情熱なしに成し遂げられた偉大なことなど何一つないと断言できよう。
>
> ゲオルク・ヴィルヘルム・フリードリヒ・ヘーゲル（哲学者）

　第２チャクラは、下腹部の臍と生殖器の中心に位置していますが、広くは臍と生殖器の間のすべての部位を含んでいます（118ページ図3・2）。第２チャクラは、仙骨神経叢と呼ばれる神経節と対応しています。この神経叢は坐骨神経とつながり、身体の運動の中心になっていて「命の中枢」と呼ばれています。このチャクラを武道でいう丹田と結びつけている人がいますが、私としては、丹田は第２と第３チャクラの中間にあると考えています。

　第２チャクラは、膵臓の上に位置するという説もありますが、それだと他のチャクラと一直線上に並ばなくなります。また、透視能力者は、膵臓で感じ取るエネルギーを主要なチャクラの一つとしていますが、私はその確証を得ていません。男性は解剖学上、生殖器が第１チャクラに非常に近いため、第１、第２チャクラの違いがわかりづらく、混同されることもあります。一方、女性は解剖学上、子宮が第２チャクラに相当し、男性の第２チャクラよりも独立したチャクラとして捉えやすくなっています。第２チャクラ膵臓説（そのほとんどは、今世紀初めの神智学者に由来するもの）は、男性の身体を基準にしていて、また、性的に抑圧されていた当時の価値観に大きく影響されていました。そのため当時、第２チャクラはあまり注目されていませんでした。膵臓は情動の変化に影響されやすいとされていますが、膵臓と本書で解説している第２チャクラとを混同してはいけません（本書は、第２チャクラ膵臓説を採っていません）。

　第２チャクラの元素は水です。そのため、このチャクラは、水と関係する身体の機能（血液循環、排尿、セクシュアリティ、生殖やそこから発展して流

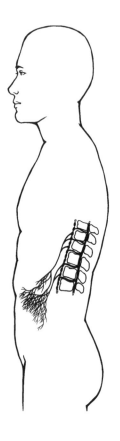

図3・2
仙骨神経叢と神経節

れ、無定形、流動性、身を任せること）に対応しています。

　第2チャクラは、セクシュアリティ、感情、感覚、快楽、動き（運動）、慈しみの中心地です。そして、生命の樹（セフィロトの樹）の水と月のセフィラであるイェソドと対応しています。惑星では月に関係しているとされています。月は、潮の満ち引きという律動的な二元性の運動で海の水を引っ張っているからです。

　第2チャクラは、サンスクリット語でスヴァディシュターナ（Svadhisthana）と言い、語基のsvaが「自分の」を意味することから一般的に「自分の場所」と訳されています。また、svadという語基には、「甘い味がする」または「快楽を経験する」「楽しむ、喜ぶ」の意味があります。植物は、しっかりと根づき、十分に水を与えられると、美しい花を咲かせ、甘い果実を実らせます。第1チャクラで基礎を築いた私たちも植物と同じように、快楽という甘い水の中で喜びを吸収することで、第2チャクラを開かせることになります。

　第2チャクラのタントラ・シンボルの色は、一般的にオレンジ色とされていて、6枚の花びらを持ち、花びらの中には2つ蓮の花があります（120ページ図3・3）。中央の蓮の底部には三日月が輝き、三日月の中にはマカラと呼ばれるワニに似た生き物がいます。マカラにはとぐろを巻いた尾があり、その尾はクンダリーニのとぐろを彷彿させます。マカラは水に生息する生物で、私たちが第2チャクラを通過して先に進むための原動力となる、激しい欲望と情熱を象徴しているとされていますが、私としては、マカラを無意識の深みに潜む動物的本能と考えています。

　第1のチャクラのところで触れましたが、各チャクラをつないでいるのは、体の中心を真っ直ぐに走っているスシュムナーという非物質的な経路です。また、スシュムナーに沿って、イタとピンガラという2本の代替経路が、チャクラの周りを8の字に回りながら走っています（32ページ図1・6）。どちらもサンスクリット語で「流れる水」を意味するナーディと呼ばれる何千本もある微細なエネルギー経路の一部です。イダとピンガラはそれぞれ、月と太陽の特徴を象徴しています。

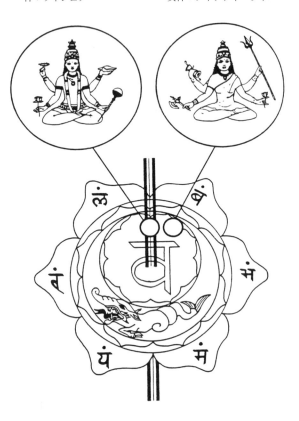

図3・3
スヴァディシュターナ・チャクラ
(出典：Timeless Books)

脳に関しては、片鼻呼吸法（ナディショーダナ）によってイダとピンガラを特に刺激することで（219ページ「片鼻呼吸法」参照）、左右の大脳皮質が刺激されます。左右の大脳皮質はさまざまな思考に関係していたり、安定した理解力には左右の大脳皮質がともに不可欠であることが研究で明らかになっています。身体の右半身を司っているのは左脳で、左脳は言語や合理的思考に関係しています。左半身を司っているのは右脳です。右脳は左脳よりも直観的で創造力に優れています。

イダとピンガラの二つの経路は、いったん第1チャクラで合流したあと分かれ、第6チャクラで再び合流することになります。合流点である第6チャクラの特性は透視で、それには左右の脳のバランスが不可欠とされています。第2チャクラでは、イダとピンガラはチャクラの両側を取り囲むように進み、上下で交差しています（122ページ図3・4）。イダとピンガラの両方のエネルギーの恩恵を等しく受けるには、極端に偏ってバランスを失うことなく、第2チャクラの特性である二元性、つまり両極性もの同士の躍動を高めることが重要となります。

また、イダとピンガラの動きと流れは、チャクラを回転させています（123ページ図3・5）。エネルギーが、ピンガラを上昇して鼻孔に向かって流れることで、各チャクラの周りに方向性のある流れが生じます。しかし、それと同時に、各チャクラは逆向きの流れである下降するイダの流れの影響も受けています。つまり、二つの流れがチャクラを挟んで上下反対方向に動くことで、チャクラを回転させているというわけです。また、イダとピンガラは、チャクラとチャクラの間で交差するために、上下のチャクラは逆方向に回転することになります。このように上下のチャクラが反対方向に回転するおかげで、チャクラは歯車がかみ合ったように動き、脊柱を上下する微細なエネルギーのしなやかな動きがつくりだされているのです。

さらに、陰と陽の概念もチャクラに当てはめることができます。チャクラの始まりであり、土台となる第1チャクラと奇数のチャクラは陽に相当し、第2チャクラと偶数のチャクラは陰に相当します。そして、陰である第2チャクラ

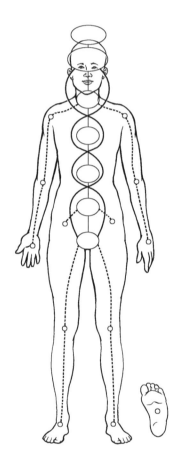

図3・4
主要チャクラと小さなチャクラ、及び主な経路

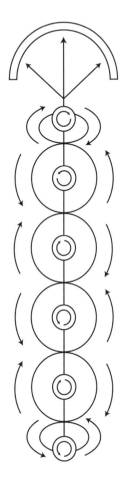

図3・5
極性の流れによるチャクラの回転
イダとピンガラ

は受容力、感情、慈しみと結びつく「女性的」性質を含んでいます。新しい生命を生みだす活動は、第2チャクラ（子宮）の領域が中心となる極めて女性的な活動といえます。また、第2チャクラの元素である水には受容力があり、どんな形態の物でもありのまま受け入れながら流れていきます。そして、流れながら力と勢いを増していきます。

第2チャクラは、月とも関係しています。月が潮を引くように、私たちの欲求と情熱はエネルギーの大海を動かします。月は意識、神秘的なこと、目に見えないもの、暗闇、そして女性的なものを司っています。私たちが、世の中に変化をもたらそうと動きだすと、月は独自の力をチャクラに与えてくれます。

快楽の原則

完璧な動きには必ずや快楽が伴う。だから、そうしろと言えるのだ。

アンドレ・ジッド（小説家）

人間の身体にも、他の生物にも、生まれながらに痛みを遠ざけ、快楽に向かう性向が備わっています。フロイトは、この性向を快楽原則と呼びました。これは生存本能と同じく先天性の生物学的傾向で、第1チャクラの生存本能と密接に関係しています。痛みは、生体が何かに脅かされていることを示し、快楽は注意を他に向けていても概ね安全である状況を示しています。

しかし、快楽原則は、単なる生存の領域をはるかに超えて適用されています。生存に直接関係のない快楽はたくさんあります。他者から見れば、つまらないものや活動にお金を浪費したり、有害な薬物を摂取したりするなど実害を与える快楽もあれば、身体という寺院に奥深く入ることができ、満ち足りた気分にし、上位チャクラの特徴である力、愛、創造性、禅定（瞑想的精神の集中）の基礎になる快楽もあります。

快楽は、第2チャクラが持つ二元性の恩恵ですが、快楽のせいで意識が第2チャクラに閉じ込められてしまうこともあるので、諸刃の剣となります。快楽

に溺れるのみならず、快楽を避けることも、意識が第2チャクラに閉じ込められる原因になります。第2チャクラだけでなく、どのチャクラもバランスを保つには、過度に執着することなく、その特異なエネルギーを受け入れることが大切なのです。

快楽と感情的な感覚は、脳の下部にある大脳辺縁系で処理されます。大脳辺縁系はホルモン値、心拍、血圧、呼吸など自律神経機能を調整している視床下部を司っています。視床下部への刺激を和らげると、自律神経の作用をうまく調整し、緩和する効果があり、健康で長生きする助けにもなります。

現代人が自己破壊的で暴力的な傾向になったのは、仕事や勉強などで脳に大きなストレスがかかって疲れが溜まり、大脳皮質（意識的思考の中心）と大脳辺縁系の連携がうまくとれなくなったからと言われています。

大脳皮質と大脳辺縁系がうまく連携していれば、身のこなしは優雅になります。また、精神と肉体の分離がなければ、動作はもちろん、心と体を過度に抑制や覚醒する刺激を「チェック」することができます。心と体の分離は他の動物には見られない人間独自のものです。

快楽によって私たちの意識は拡張し、痛みによって縮小します。よって私たちが物質界で今ある存在から、無限の意識を持つ存在へと成長していくに当たって、快楽は、その道へ向かう第一歩になるかもしれません。快楽は、意識を全神経系統に行きわたらせるだけでなく、他者と接触させようともします。快楽に身を委ねることは、精神的覚醒に必要なプロセスなのです。

また、快楽によって精神と肉体の伝達がより円滑になります。私たちは快楽によって心と体の緊張をほぐし、くつろぐことを身につけます。衝動は抑えられることなく生体を自由に流れるようになると、次第に神経系全体を静めるような規則的で理路整然としたものになっていきます。

さらに、快楽によって私たちは、知覚に注意を払えるようになります。しかし、仏教やヒンドゥ教の信念体系の中には、快楽も知覚も人を誤らすものとしているものもあります。つまり、刺激を受けて感じる感覚のせいで本質を知ることができないと考えているわけです。もしも、知覚のせいで本質を知ること

ができないとしたら、知覚を持ち合わせない方が幸せなのでしょうか？　感じられるよりも、何も感じられない方がいいのでしょうか？　私は、そうとは思いません。

　知覚は、まさに知ろうとする意識の延長上にあるものです。私たちが、自分の内側の次元を知ることができるのは、より微細な感覚によるものであり、肉体的な感覚が鈍ったり、抑制されたりしたら、私たちの内にある次元を知ることはできません。超感覚知覚でさえ、刺激を受けて感じる感覚なのです。

　イギリスの哲学者アラン・ワッツは、個人の欲求や肉体的な快楽を撲滅しようとする禁欲的精神について、次のように述べています。

禁欲的な精神性は（快楽や知覚を疎み、それらを失くすために）知覚を矯正しようとするものだが、実はそうした禁欲的な精神性こそがまさに病気の兆候と言えるだろう。

　肉体的な感覚は、あらゆる意識レベルにとって価値ある情報源です。肉体的な感覚からの生データは、やがて情報となり、脳に貯蔵され分析されることになります。したがって、肉体から伝わる感覚を無視することは、脳に情報を送り、肉体に心的エネルギーと生理的エネルギーを送る貴重な感情や情動を切り離すことになります。肉体的な感覚は、感情と情動の基礎になる要素です。感情も情動もなかったらエネルギーも送られず、私たちは死んでいるのも同然と言えるでしょう。

　快楽と肉体的な感覚は、第２チャクラに欠かせない特性です。欲求が動作の種ならば、快楽は欲求の根源であり、肉体的な感覚は快楽の伝達手段と言えます。快楽は、肉体の健康、精神の活性化、また、個人的ないし社会的関係を癒すのに不可欠なものなのです。

　ところが、現代社会において私たちは、快楽に心を奪われないようにすること、快楽の必要性を抑制すること、さらに、抑制によって肉体の自然な衝動を抑え精神と肉体を切り離すことを教え込まれています。余分に睡眠をとる、

のんびり散歩するといった、ささやかな快楽を楽しむことさえもままなりません。しかし、こうした厳しい抑制を促すのは精神であり、肉体はむしろ何も求めていないのです。だから情動が大きく反発するのです。

情動

　情動（emotion〈英〉、ラテン語で「動く」を意味するmovereと「外側へ」を意味するeが結合した語）は、肉体を通じて意識の進化を促します。私たちは情動を表わすとき、無意識からのエネルギーを肉体を介して顕在意識に移動させています。そして肉体は、この意識の流れに満たされ、浄化され、癒されることになります。情動は、私たちを変化させる生命力の動きなのです。情動は、まさに第2チャクラの基本要素（動きと変化）と言えるでしょう。

　まだ言葉を覚えていない幼児は、自分の心の内を示す手段として、感情で表現します。自分の感情がうまく伝わると、情動の同一性が形成されます。私たちが、自分や他者のさまざま感情が識別できるのは、情動の同一性があるからです。

　情動と動作は、本来結びついています。私たちは、動作を抑制することで情動を抑え込んでいますが、反対に言えば、動作を行えば情動の抑制が解かれ、慢性的な緊張が消えるということです。情動の源になるのは、痛みを伴うものから離れ、快いものへ向かいたいという欲求です。また、情動は、快楽と痛みに対する複雑かつ本能的な反応と考えられています。情動は、無意識から生じ、動作を通じて意識に入ってきます。そのため、情動を遮断しようとして動作を抑制していると、情動が無意識の中に取り残されてしまい、それに気がつかないまま人生を台無しにしてしまうかもしれません。人をトラブルに巻き込む原因は、たいてい無意識の動機による行動です。

　情動を抑制するには、気力を要します。したがって、うまく情動を解放することができれば、緊張が解けるはずです。緊張がなくなれば身体に調和の取れ

た流れが生じ、より深いレベルの快楽がもたらされ、他者とより深くつながることが可能になります。

　基本的な快楽を抑制するとかえって快楽を貪るようになり、そうなると快楽は苦痛に変わってしまいます。したがって、苦痛は、私たちが間違った方向へ進んでいる証拠と言えるでしょう。快楽の抑制は、身体に不相応な意識を要求するばかりで、満足が得られなくなった身体は、意識の欠乏状態に陥ります。また、身体が満足を得られなければ、気づきをより高いレベルに進化させることもできません。

　快楽と情動は、欲求の根源と言えます。私たちは欲求から動作を生みだし、動作から変化を生みだします。そして、意識は変化で成長します。それが第2チャクラの本質であり機能なのです。

セクシュアリティ

最初に存在したのは欲求で、それは精神の原初の種であり、芽であった……。賢者は己の心をのぞき込み、存在するものと存在しないものの類似を見だした。

リグ・ヴェーダ

カーマもしくは「愛」として知られている欲求を極致と考えるのは危険である。実のところカーマは始まりにすぎない。心がカーマの修行で満たされたとき、正しい愛の知識が生じる。

ラサカダムヴァカリカ

　セクシュアリティは、互いの相違を祝福して結びつくための、神聖で侵してはならない儀式です。生命力を拡張する原動力であるセクシュアリティは、バランスを取り、元気を取り戻し、生まれ変わり、繁殖するための活発な動きです。新しい命、つまり、未来の命のいわば生産拠点となるものです。私たちの

内なる生命の原動力であり、癒し手であるセクシュアリティは、すべての生物学的生命内で脈動する深遠なリズムと言えるでしょう。

　ところが、私たちが生きている社会は、生命力であるセクシュアリティの要素を抑え込み、その価値を不当に扱う傾向にあります。つまり、子どもに殺人や犯罪のテレビ番組を平気で見せても、裸体やセックスの場面はカットし、勤勉や出世ばかりを重視して、日々の他愛もない快楽に耽る人を怠け者、弱者、勝手気まま呼ばわりするのです。

　そして、その一方で、社会は人々の抑圧されたセクシュアリティを刺激しようと膨大なお金を広告に費やして、快楽の必要性を売り物にしているのです。そのため、人々はアルコール、薬物、性依存症、暴力、レイプ、無修正ポルノ写真といった有害なものに欲求のはけ口を求めることになります。また、生命力であるセクシュアリティが奪われてできた心の隙間は、悪い者たちに狙われ、支配の道具にされるかもしれません。簡単に手に入る快楽で心の隙間を誤った方法で埋めたとしても、私たちは全体性（ホールネス）を取り戻せるわけではありません。

　アメリカの神経心理学者、ジェームズ・プレスコットは、現在と過去、合わせて文化や習慣の違う49の共同体で、性的抑圧と暴力の発生率を比較研究しました。すると、セックスをタブーとして厳しく避ける文化ほど暴力的で、反対にセックスを許容している文化ほど犯罪率が低いという結果がでたそうです。この研究からもわかるように、セクシュアリティは身体の健康のためにも、文化の健全性のためにも理解され、保護されるべきものなのです。

　また、セクシュアリティは、チャクラとクンダリーニの観点からみても重要なものと考えられています。なぜなら、高い意識とセクシュアリティが密接な関係にあることを示す症例が非常に多く見られるからです。

　ヨーガの哲学では、百粒のビンドゥ（物理的な物質を構成する無限小の点で、精液と関係する場合もある）が昇華して、一粒のオージャスに変わるとされています。そのため、厳格なヨーガの規律やチャクラに関する既成概念には、ビンドゥをオージャスに変化させる手段として禁欲を指示するものが多く

みられます。禁欲は神秘主義の宗派に広がっていますが、その是非については時間をかけて検討する必要があります。

　宗教史を見ると、初期ヒンドゥ教はそもそも穀物や動物など物質的豊かさを得るための魔術体系であったとしています。この魔術体系は、さまざまな儀式を発展させ、その中には生贄として大量の動物を虐殺することも含まれていました。そして、その反動が現在の道徳観に表われているようです。中でもジャイナ教徒は、人はいかなるもの（草木や野菜でさえも）の命を奪ってはならないという極端な宗教体系を創りだしました。そして、命あっての命ということから「極端な禁欲として知られる修行僧の禁欲規則」を実践し、中には衣服か食物のいずれか、もしくは両方を拒絶する者さえいるほどです。こうしたことは、すべてカルマから逃れ、解脱するために行れていることなのです。

　ヒンドゥ教では宗派によって、火の儀式の生贄を内在化しようと禁欲を実践し、タパス（苦行）を行って、情熱の炎を燃え上がらせるものもあります。なぜなら、情熱の炎は「呪術宗教的な力」の表われを感じさせ、手放した快楽よりもはるかに価値のあるものとされているからです。そこから、のちに快楽を犠牲にすることが、人間や動物を生贄にする代わりとなったのです。

　家族生活と個人の精神生活を異なる時間軸に割り振るインドでは、性行為は個人の精神的な道を変えさせるものと考えられています。なぜなら、性行為によって子どもが生まれると子育てが必要になり、家族の時間軸で生活することになるからです。一般の人は、性行為に難色を示さないものの、僧侶の道を選んだ者には修行の妨げになります。こうした理由から、僧侶のセックスが禁止されているのです。

　また、悟りに至る道とされる禁欲は、男性の生理学にももとづいていて、精液の鬱滞（うったい）は、完全な菜食主義者と小食傾向にある人の体力保持に役に立つという生理学的根拠があるそうです。よって、このことは女性に関しては、まったく当てはまらないかもしれません。

　ヒンドゥ教の神話には、至るところにセクシュアリティが存在しています。シヴァは、インド中で見られるシヴァ・リンガという男根象に象徴さ

れ、崇拝されています。クリシュナは、愛の冒険で名を馳せ、インドのあらゆる寺院にその性的な彫像が刻まれています。そして、シヴァとシャクティは、永遠に愛を交わし続けています。このようにセクシュアリティは、神々の間では聖なるものとされているのに、なぜ人間ではそうならないのでしょうか？

セクシュアリティに関係する化学反応の存在を示す研究結果があります。もしかしたら、そうした化学反応が、クンダリーニの上昇や精神的能力の開花に影響を与えているかもしれません。第6チャクラ（透視）に関係する松果腺には、メラトニンと呼ばれるセロトニン誘導体が豊富にあります。この化学物質は10－メトキシハルマランという化合物に変化しやすく、その化合物が幻覚を起こさせ、内なる眼をもたらすと考えられます。

また、松果腺には光受容体があり、第6チャクラの意識レベルで大きな役割を果たすものになります。

メラトニンと松果腺は、一般に哺乳類の雌雄両方の生殖腺を抑制することが明らかになっています。また反対に、テストステロン、エストロゲン、プロゲステロンといった性ホルモンがメラトニンの生合成を抑制するのも事実です。したがって、性的活動を盛んにして性ホルモンを刺激すると、第三の眼を開く妨げになるかもしれず、また反対に、高次チャクラの活動を盛んにしすぎると、性欲を抑制できるかもしれません。

禁欲によって、変性意識状態（トランス状態など、日常的な意識以外の意識状態）への入り口が開かれ、スシュムナーにエネルギーを上昇させることができるようになるかもしれません。しかし、ヨーガ、武道、瞑想によって意図的に高次元の世界とつながるチャネリングの技術を訓練していないと、このエネルギーは実践者にとって間違いなくストレスになり、利益どころか緊張と不安をもたらすことになります。したがって、禁欲は適切な環境で行わなければなりません。つまり、エネルギーを適切に受け入れる技術を知らない場合は、既に何度かこのエネルギー上昇を経験している指導者のもとで学び、安全に実践する必要があります。

また、禁欲によって自分の中で古くなり、不利に働いている思考、行動パターン、習慣などと決別できるかもしれません。しかし、セクシュアリティとして表にでてきていない性エネルギーは、別のはけ口を見だそうとします。そうしたエネルギーについてヨーガ修行者は、第2チャクラに側路をつけることで脊柱に沿って上昇させることができると考えています。この技法は、ハタ・ヨーガやクンダリーニ・ヨーガの実践者、または、経路を開いてエネルギーを扱う準備ができている人には可能かもしれません。

　しかし、ヨーガの修行をしていない人には、かなり難しいことです。さらに、私がこれまで多くのクライアントや学生を診てきた経験から言うと、禁欲主義者よりも、健全なセクシュアリティを生活の一部にしている人の方が意識状態も高く、幸せで、バランスが取れているようです。セクシュアリティを抑制すると生命力そのものが弱まり、素晴らしい快楽を得ることも、男女関係の経験から学ぶこともできなくなります。

　第2チャクラの詰まっている経路を開こうと禁欲を実践した場合は、経路が開けたら、それ以後は禁欲を続ける必要はありません。なぜなら経路は、いったん開くと、セックスするしないに関係なく、詰まりのない状態が続くからです。禁欲は、古くなったパターンを壊すだけです。いわば断食して不健全な食生活を断つようなものです。

　適切な環境で禁欲が実践されても、個人的成長の助けになるとは限りません。なぜなら、実践者の中には、習慣的に自分の周りに壁を築く人もいるからです。しかし、そうした人こそ気づきを得るために性的関係に励むべきなのです。男女関係は（必然的に第2チャクラだけでなく、それより上位にあるチャクラも関わりますが）、個人の成長にも大きな弾みをつけるものだからです。

　また、相手と結びつくことで見聞も広がります。私たちは、チャクラの柱を上昇するにつれて、さまざまな境界がどんどんぼやけていき、すべては一つと実感するようになります。気づきに至る道とは、分離という錯覚を打ち破ることです。禁欲は分離を強めますが、セクシュアリティは境界をなくす手段となることがでるのです。

禁欲には利点もありますが、欠点もあります。仙骨は情動の中心であり、体内の動きの起爆剤であり、生命感と幸福感をもたらしてくれます。セクシュアリティに不安を覚えると腰痛、こむら返り、腎臓の病気、血行不良、腰回りの凝りにつながります。また、仙骨の凝りが原因で体の重心が重力の中心点から逸れ、膝痛を引き起こす可能性があります。また、凝りが体全体に広がるにつれ、次第に精彩を欠くようになるかもしれません。こうした悪循環を変えるのは非常に難しいものです。なぜなら、第2チャクラを開くと、これまで抑えてきた情動的苦痛に直面する可能性があるからです。

肉体関係や性的解放を拒絶することは、肉体が受けるべき最大の快楽を拒絶すること、つまり、生物学的快楽の原則に反することです。快楽を拒絶していると、下位チャクラに宿っている微細な感情や情動が切り離されてしまいます。私たちは地球、全体性（ホールネス）、内なる満足と平安から切り離されてしまうのです。

精神分析学者のヴィルヘルム・ライヒは、身体の生体電流の研究において、エネルギーを健全に身体に流すにはセクシュアリティが肝要としています。ライヒの考えによると、心身の健康に不可欠な生体電流の「完全な回路」はオルガスムによってのみつくられるということです。そして著書『オルガスムの機能――W・ライヒ著作集１』（太平出版社）において「興奮を全身に完璧に逆流させることが満足をもたらす」と述べています。さらにライヒは、次のように性エネルギーがせき止められると、主に心臓部や横隔膜部周辺に、不安が生じることを発見しました。

> **性器に快楽として現れる同じ興奮が、心臓血管系を刺激した場合、不安として現れる……。セクシュアリティと不安は、自律神経の興奮が真逆に現れたもと言えるだろう。**

「心臓部と横隔膜部」に生じる不安は、この領域にある第3チャクラと第4チャクラを駆け抜けるクンダリーニが湧き起こる感覚に似ていて、チャクラを通

過するこの感覚を不安の現れと考えるか、クンダリーニのエネルギーと考えるかは意見が分かれるところです。精神的に熟成しているか、もしくはサイキック・エネルギーに取り組む準備ができているか否かによって、セクシュアリティや禁欲がもたらす効果が違います。さらに、そのいずれかの経験によってもたらされる意識を拡大させる効果も変わってきます。

皆さんには、本書の理論に従って各チャクラを開いて活発にし、エネルギーを精神にも肉体にも健全に流していくことをおすすめします。セクシュアリティは異なる人を結びつけ、祝福するものです。肉体を癒し、心をつなぎ、生命の動きであるセクシュアリティは、その下にある大地を動かし、その上にある火を和らげる水の生命の輪といえます。

タントラ

性的結合は喜びのヨーガであり、あらゆる官能的快楽を通じて解放へ導いてくれます。まさに解放に至る道なのです。

カウラーラハシャ

チャクラは、タントラの哲学から生まれたことを忘れてはいけません。タントラ教の教義は、パタンジャリの『ヨーガ・スートラ』にある二元論的な本質、さらには、他の禁欲的な規範も受けて、肉体は神聖であり、感覚は気づき、恍惚、喜びをもたらすものと説いています。そのため西洋では、タントラを性的な実践と見なす傾向があります。しかし、タントラ哲学の範囲はかなり広く、さまざまなヨーガとヒンドゥ教の哲学を結びつけたものが含まれているため、性的な結合はそのほんの一部にすぎません。

タントラ哲学の要素には神々への崇拝があり、既に述べた通り、シヴァとシャクティの結合は、至福をもたらすとされています。ゆえに私たちは、男性と女性、精神と物質、光と闇、自分と他者といった相補う糸を織り合わせることで、二元論的な思考の分離を逃れ、より全体論的な悟りに入っていけるとい

うわけです。タントラは、拒絶でなく抱擁を求めていて、解放された意識が解脱智（究極の悟り）に至ることを目指しています。

tantra という語は、サンスクリット語で「伸ばす」という意味を持つ語基の tan に由来します。文字通りの意味は「織物」もしくは「織機」です。サンスクリット語では、「本質（エッセンス）」「基本的原則」または「教義」の意味を持つようにもなっています。同じ語基は「家族の一員であること」という意味の tanaya、「身体の」という意味の tanusu など、サンスクリット語で家族や誕生を示す単語にもみられます。

それゆえタントラは、存在の根源となる織物を織ることを象徴しています。手を伸ばし、手を差しだすことで人は、互いに出会い、聖なる織物を織りなすのです。シヴァとシャクティは、純粋意識と顕在化として永遠に愛を交わす聖なる糸です。この神々の力をうまく使えるようになったとき、織物は完成します。

しかし、二元性に気がつくことは、苦痛と疎外感のもとになると考えられています。タントラは、二元性を結合させる、つまり分離したものを再び一つに戻す神聖なダンスです。そのダンスを踊ることで自分やパートナー、そして、私たちを取り巻く宇宙との一体化による恍惚状態を経験することができるのです。

性的な行為に耽っているカップルの間にエネルギーが流れるのは、単に性器を交えているときだけではありません。カップルは、向かい合うことで、お互いのチャクラがすべて一列に並びます。性的興奮が激しいと、それぞれのチャクラが激しく振動し、それによって二人の身体に流れるエネルギーは強まり、すべてのチャクラで織り交ぜられます。その後、このエネルギーを肉体、精神、もしくは第4チャクラのレベルに集中させるかどうかは、二人の選択の問題になります。

インドの美術や神話は、性的な象徴であふれています。シヴァ・リンガは、女神（ヨーニ）の有無に関係なく、古代の人々から熱烈に崇拝されていました。女性は、解放を得るための聖なる手段と高く評価されてはいました

が、悟りの対象になっていたのは男性でした。

　古代の人々が、女性は既に悟りを開いている存在であると考えられていたのか、それともまったく悟っていない存在と考えられていたのかは定かでありません。現在でも、寺院に出向いて精神的な生活を送ろうとする人のほとんどが男性で、さらには「悟りを開いた」達人も、気づきを求める修行者の精神的指導者もほとんどが男性です。そして、男性の指導者は、決まって精神的な道を追求するために禁欲生活や苦行を指導し、また、適切な指導者なしでは解放は起こり得ないと説いているのです。もちろん、女性やタントラ・ヨーガの実践者であるタントリカが指導者とされている場合もあります。

　そして、女神については、「最高権威ではなくても不可欠な存在と考えられていて、女神であるシャクティは、シヴァの身体の要求をすべて果たすもので、純粋意識の本質であり実体のないシヴァは、シャクティの創造的エネルギーの支えがなくてはならないもの」とされています。また、「シャクティがいなければ、恋人は屍にすぎない」という説もあります。シヴァとシャクティは、私たち一人ひとりの中に宿っているので、タントラを実践しているパートナーたちは、どちらかの神を体現しようとしているのです。

　タントラの目的は、ヨーガと同じように脊柱にエネルギーを上昇させることで、限られた意識から解放されることです。パートナーの魂と一体化する超越体験は、私たちを変性意識状態へと導きます。変性意識状態にあると、より高次の世界にアクセスしやすくなります。

　タントラの実践では、性エネルギーの覚醒で生じる力を利用して、女神クンダリーニを目覚めさせ、脊椎を上昇させようとします。しかし、瞑想やヨーガなどチャクラを開いて覚醒させる指導や訓練を受けていない人には、この解放を成し遂げることは無理だと考えられています。禁欲を行うなど精神的な道を理解していない限り、超越経験はもたらされません。

　しかし、指導者なしにタントラのセクシュアリティで自発的に覚醒する例が多く見られるのも事実です。それがクンダリーニによるものなのか、単にパートナーとの一体化による興奮によるものなのかはわかりませんが、タントラの

セクシュアリティは誰にでも成し遂げられる宗教的な経験なのです。

　タントラでは、男性も女性も肉体は崇拝すべき場所（礼拝所）と考えられています。したがって、常に肉体を清め、健康を保ち、性的快楽をもたらさなければなりません。タントラの実践者は、規則正しくヨーガのアーサナ（ポーズ）と呼吸訓練を行い、適切な食生活を維持し、精神的な道を学んでいかなければなりません。また、パートナーも同じように肉体を敬っていないと、真のエネルギーの結合はあり得ません。

　タントラの技法を正しく実践すれば、神秘の子どもの創造につながり、そして、神秘の子どもによって、シッディという魔術的な力が得られるかもしれません。神秘の子どもは、物理的な存在ではありません。高次元のエネルギー源として経験されるサイキックな「オーラ体」のことです。このサイキックなエネルギー体は、治療、仕事の実践、自己防衛といった特殊な状況で利用できる可能性があります。これらの点については、神々を結合の貫通する力として用いて、施術を受ける者に超自然的な力を与える西洋の性魔術と非常によく似ているかもしれません。

慈しみ

優しく、愛情深く、思いやり深くなるために、人は幼い頃から、まさに生まれた瞬間から、優しく愛され慈しまれなけらばなりません。

アシュリー・モンタギュー（人類学者）

　慈しみは、セクシュアリティの総括であり、肉体、精神、魂がもっとも必要とするものです。慈しみとは、世話をし、エネルギーを与え、愛し、触れ合うことです。慈しみは、私たちにとって最初に出会う幸せな超越体験である母性、優しさ、温かさ、安心の本質です。

　触れ合うということは、身体が健康に機能するために極めて重要な行為です。肌は、神経系の外層であり、私たちの肉体の境界でもあります。その境界

は、触れ合うことで少しずつ壊れていきます。また、肌を通じて相手の感触が伝わることで、私たちの内部システムが刺激され、強化されます。

　ラットによる臨床検査によると、小型の哺乳類は触れられることも、食べ物を与えられることもなかったら、食べ物よりも触れられることを強く求めるようになるとのことです。また、冷たく扱われたラットよりも、かわいがられたラットの方が学習も成長も早いそうです。

　人間の場合、母親に世話され、たくさん触れ合って育った子どもは、そうでない子どもよりもずっと情緒が安定しています。触れ合いが少ないと、心と体の相互作用が未発達のままになる可能性があります。

　慈しみは、大脳辺縁系を刺激して成長をもたらすホルモンの生成を調整します。それにより、自律神経が調整している心拍と呼吸数も緩和されます。刺激は、幼児の知能と発達の進行を高める要因であり、快い刺激は子どもの発達に安定と信頼をもたらします。

　自分以外の生き物とふれ合うことで深い影響を受けるのは、幼児だけではありません。慈しみ、快楽、性的解放感、そして情動的な満足感や達成感は、あらゆる生命体を癒すものなのです。

　他者に働きかけることを身につけるには、互いに内なるエネルギーを高めることから始めてください。その体験がさらなる成長、調和、平穏への道を切り開いていくことになります。触れ合う、手を差し伸べて落ち着かせるといった簡単な行為は、第2チャクラの癒すという特徴を表わしています。そうした行為によって相手に「ここにいますよ」と伝えているのです。

　そして、自分の心と体の分離を乗り越え、自我を捨て、この惑星で円満に生存してくために必要なつながりを感じるのです。このような意味でも、第2チャクラは、とても重要な役割を担っているということです。したがって、このチャクラを抑圧すると、拡張する意識の流れを高めるどころか抑制することになってしまいます。

　慈しみは、誰にでもできることです。そして、誰もが慈しみを求めています。乾いた植物に水を与えるように、私たちは生命の流れや動き、そして無限

の快楽や神秘のダンスに反応しています。そうすることで生命は再燃し、保たれているのです。

透感能力（超感覚能力）

透感能力（超感覚）とは、「より高次の」意識の芽生えであり、他者に対する高い感受性の発達でもある第2チャクラのサイキックな感覚のことです。

透感能力は、他者の情動を感じ取る能力で、感知とも言われています。先に述べた情動レベルと同じように、この感じ取る能力である「感知」は、必ずしも脳の認知特性に認識される情報になるとは限りません。もっと微細な感覚として捉えられ、まるで自分の感情のように思えるものだからです。自分の情動にも認識できないものがあるように、超感覚のある人が皆、他者から傍受した情動を認識しているわけではありません。しかし、身体や行動は常に反応しているようです。また、情動を認識していても、その源が自分以外にあるとわかっていない人もいるようです。

透感能力を持つ人としてよく挙げられるのは、自分の子どもと精神的に同調している母親の例です。母親は、子どもが学校など離れたところにいても、子どもが急に戸惑いを抱くと、それを感じ取るようです。そして、不安の原因を意識的に認識しているにせよ、していないにせよ、その影響を受けるのです。

多くの人は、ある程度の透感能力を持っていますが、透感の現象は、上位チャクラの特徴である透視やテレパシーの能力を持つ人たちに強く見られるようです。しかし、こうしたサイキックな能力を自覚できるほど上位チャクラが開いていない場合は、何かと不快な影響を受けてしまうかもしれません。

つまり、意識が常に自分の中心軸から逸れてしまい、自分の声よりも他者の苦労ばかりが聞こえくるようになってしまうのです。また、「やりたくもないのに、なんでこんなことやっているのだろう？」といったように、自分や自分の行動や動機に戸惑うようになるかもしれません。こうした感情のほとんど

は、他者の気分や願望が原因で起こっている可能性があります。

　透感能力は、貴重な情報源となり、サイキックな能力を発達させます。しっかりと自覚していれば、害をなすものではなく、助けになるものです。また、周りのごたごたを無意識に感じ取り、精神的苦痛を受けている人は、グラウンディングをしてください。先にも述べましたが、グラウンディングは、私たちが精神的過負荷を引き起こさないように、不必要なエネルギーを大地に流し、私たちに明確さをもたらします。したがって、グラウンディングによって自分のエネルギーと他者のエネルギーが識別できるようになります。

　そして、自分の心が必要としているものと、他者の心が必要としているものの違いがわかれば、周りの不必要な情報や感情を意識的に無視できるようになります。しかし、透感能力を持つ人の多くは、他者の心が必要としているものを精神的に傍受し、それに反応しなくてはならないと感じているようです。

　他者の意識と自己の意識は、自己を認識することでバランスを取る必要がありますが、バランスを取るには、相当の判断力（常識）が必要です。また、どのようにバランスを取るか、自分の内側から判断できるのは自分だけなのです。けっして他者に委ねないようにしてください。

第2チャクラのエクササイズ

　第2チャクラを開くエクササイズは、主に腰と下腹部に働きかけます。単にチャクラを開くだけでなく、この領域を刺激してエネルギーを送るエクササイズも含まれています。

　全身のエクササイズには、マッサージや性行為など、触れ合いや慈しみも含まれます。簡単にできるセルフナーチャリング（自分を慈しむ活動）として、熱い風呂にゆっくりつかる、シャワーを浴びる、水泳をするなども忘れてはなりません（すべて水に関係する活動です）。自分を慈しむことは他者を慈しみ、また、他者から慈しみを受ける最初のステップなのです。

◎水の瞑想
◆第1ステップ

　水は、内面も外面も清めてくれます。先ずは、大きめのグラスに水を注ぎましょう。そして、静かに座ってそれを飲み干していきます。水が喉を通り、体内に流れていくのを感じながら飲んでください。さらに水の冷たさ、湿り気、胃にしみわたる感覚を味わってください。水が身体の中（静脈、筋肉、消化器系）を巡っているとイメージしましょう。指先を湿らせ、その指で顔をなで、水の冷たさ、爽やかさを感じてください。

◆第2ステップ

　次に、あなた自身を清めます。これは水による浄化の儀式なので丁寧に、かつ楽しみながら行ってください。入浴でもシャワーのときでも、湖や小川など好きな場所で行ってもかまいません。ただし、身の回りは必ず清潔にしておく必要があります。また、劣悪な環境では、浄化を感じることができません。

入浴やシャワーのときに行う場合は、お気に入りのタオル、石鹸、ローション選び、近くに置いておきましょう。小川で行う場合は、川から上がった後、横になって体を乾かせるように、滑らかで平らな場所を選んでください。

　水に浸かって「手よ、きれいになりなさい。足よ、きれいになりなさい」と言いながら、全身を清めていきます。水と一体になる気持ちで、全身を清めていきましょう。それが終わったら、今度はあなたの人生でマイナス要素になっているものを、洗い流してくれるとイメージします。そのとき、マイナス要素をイメージさせる何かを、実際に水の中に投げ入れると効果的です。ただし、小川や湖には環境破壊につながるものは投げ入れなでください。建物の中で行えない場合は、マイナス要素をイメージさせる液体をトイレに流してください。

　湯船に入り、ゆったりとお湯に浸りながら、自分の人生の浮き沈みを頭に思い浮かべます。距離を置いて、別の次元から自分を見つめてください。人生の中で、自分がどのような思考や行動パターンで動いているのか、見えてきましたか？

　今、自分の人生から取り除きたいもの（習慣、性癖、痛み、不安）を頭に浮かべてください。それらがすべて、川の水が海に流れていくように、グラウンディングを通じて自分の外へと流れていきます。そして、雨が降り、川は再び新しい水で満たされていきます。

　今度は、自分の人生に取り入れたいもの（新しい思考や行動パターン、人、物事）を思い浮かべてください。あなたが今イメージした恵みが、頭上にある滝から降り注がれてきます。その恵みを取り入れましょう。そして、全身に流れていくのを感じてください。

イエマーニャはアフリカの海の女神であり、偉大なる母です。アフリカ系アメリカ人作家、ルイーサ・ティッシュの言葉を借りると「イエマーニャは愛情深く、かつ、人を悩ませる、水晶のように汚れのない、怪しいまでも不可解な女神で、たいていは黒く輝く肌の体の大きな美しい女性として描かれています」。彼女は慈しみであり、慰めであり、癒しであり、とても大きなお腹をした母なる存在です。浴槽の中で、あなたはこの偉大な海の女神に揺られ、育まれています。女神の子宮の中にいて、まさに生まれようとしているとイメージしてください。

そして、女神がどんな目的であなたを生むのか聞いてみましょう。無事にこの世に生まれでられるよう、女神に助けを求めましょう。彼女の慈しみを受け入れましょう。女神の慈しみを受け入れたら、その恵みを他者と分かち合うことを想像してください。そして無事にこの世に生まれたことを、女神に感謝しましょう。

一連のイメージが終わったら、清潔な服を着てください。そして、もう一度グラスに水を注ぎ、静かに飲み干します。水が身体の中を循環し、自分の身体が水の流れに馴染んでいくのを感じてください。できれば早いうちに、海や湖など大きな水源に行くことをおすすめします。

◎女神のポーズ

床に仰向けに寝て、脚、骨盤、下腹部をリラックスさせます。膝を曲げ、足はお尻に近づけておきます。

脚の重さを利用して、膝を左右にゆっくりと開き、太ももの内側を伸ばします（144ページ図3・7）。痛みを感じたら、それ以上無理に開かないでください。必ずリラックスして行いましょう。ポーズを2分以上維持します。

次に膝をお尻の方へ閉じていきます。リラックスし、息を深く吸い込みながら、ゆっくりと滑らかに閉じていきます。この動作で、自分が性的に脆い部分がわかるようになります。

　同じ姿勢のまま、今度は脚をゆっくり開いて、ゆっくり閉じます。開くときに息を吸い、閉じるときに息を吐きます。この動きで脚と骨盤を振動させます。

図3・7
女神のポーズ

◎腰回し

立ったままの姿勢で、膝を軽く曲げ、骨盤を前方に落としながら重心のバランスを取ります。

膝を柔軟に曲げたまま、骨盤を軽く回します。だんだんと骨盤の回転を大きくしていきましょう（図3・8）。頭と足の位置は動かさず、骨盤だけを回します。できるだけスムーズに回してください。

図3・8
腰回し

◎骨盤振動1

　膝を曲げたまま仰向けに寝て、呼吸に合わせてゆっくりと骨盤を上下に揺すります。胸とお腹に大きく息を吸い込み（図3・9）、その後、息をしっかり吐きだします。息を吐き切ると同時に、少し足を踏ん張り、腰のあたりに隙間ができる程度、骨盤を床から持ち上げます。背中全体を持ち上げてはいけません（147ページ図3・10）。

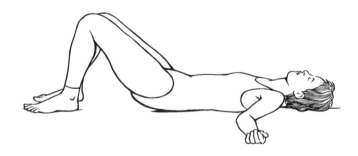

図3・9
骨盤振動1

第2チャクラ

◎骨盤振動2

　マットレスなど柔らかいもの上で骨盤振動1の動作を行って骨盤を持ち上げます。その姿勢から、できるだけ力を入れて素早く骨盤を上下に動かしてください。(146ページ図3・9／図3・10)。

このエクササイズは、エネルギーのつまりを解消するのに効果的です。

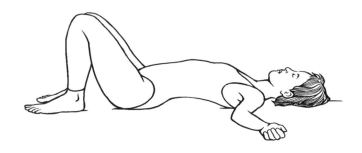

図3・10
骨盤振動2

◎シザース・キック

骨盤を通じてエネルギーを上位チャクラに送るエクササイズです。これは強烈な効果もたらすクンダリーニを引き起こすとされる、かなりハードなエクササイズです。無理をして筋肉痛を起こさないよう気をつけて行ってください。

仰向けに寝てリラックスします。両脚を床からおよそ15～30センチ持ち上げます。次に右脚は上に向かって、左脚は下に向かって、横から見ると開いたハサミの形になるように上下に両脚を開きます。

いったん脚を閉じ、今度は左右の脚を逆方向に上下に勢いよく開きます（図3・11）。閉じたり開いたりの動作を5回ほど繰り返し、疲れたら休憩しましょう。

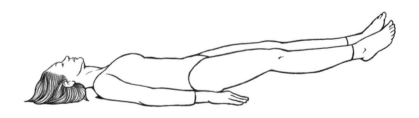

図3・11
シザーズ・キック

しばらく休憩したら、今度は膝を伸ばしたまま両脚が床に垂直になるまで持ち上げ、その位置でハサミの形になるように両脚を開きます。その後、脚を閉じて床に下ろします。この動作を疲れるまで繰り返します。脚を持ち上げるときに息を吸い、脚を下げるときに息を吐きましょう。

◎骨盤ウォーキング

ジャズ・ダンスのように腰を動かして歩きます。

膝を曲げて骨盤を柔軟にした状態で、重心を下に落として、大きく腰を左右に振りながら歩いてください。全身を自由に動かしながら歩いてもかまいません。

◎情動の解放

情動を表にだされ、解放させるためのエクササイズには、呼吸法、マッサージ、ヨーガ・ポーズなどさまざまな手法を取り入れたものがあります。いずれも強力な作用があるので、経験を積んだセラピストと一緒に行うことをおすすめします。代表的なものは生体エネルギー療法、ヴィルヘルム・ライヒの学説に基づく整体術のライヒアン・ボディーワーク、誕生を再体験するリバーシングの三つです。

エクササイズを行っている間に生じた情動は、すべて処理されなければなりません。泣いたり、わめいたり、蹴とばしたり、誰かに抱きしめてもらうと、第2（もしくは、すべての）チャクラの障害を克服するのに役立ちます。一緒にエクササイズができ、必要なときに慈しみを与えてくれる友だちを見つけましょう。

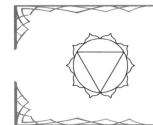

第3チャクラ

サンスクリット名： マニプーラ

意味： 輝く宝石

位置： 臍から太陽神経叢まで

元素： 火

機能： 意志、力、自己表現

内なるエネルギーの状態： 生命力

外なるエネルギーの状態： プラズマ

内分泌腺： 膵臓、副腎

身体の部位： 消化器官、肝臓、胆嚢、筋肉

機能不全： 潰瘍、糖尿病、低血糖、消化器疾患、慢性疲労、高血圧

色： 黄色

感覚： 視覚

種子字： Ram

母音： father [fáːðɚ] で発音される「ア」

花弁： 10枚

タロット： ワンド（杖）

セフィロトの樹： ホド、ネツァク

惑星： 火星、太陽

金属： 鉄

食物： でんぷん

対応する動詞：	私はできる
ヨーガの流派：	カルマ
香り：	竜血、ビャクダン、サフラン、麝香、シナモン、ショウガ
鉱物：	琥珀、トパーズ、アパタイト、黄水晶、ルチルクォーツ
動物：	（去勢されていない）雄羊
グナ：	ラジャス
シンボル：	10枚の青い花びらの中に、逆三角形とヒンドゥ教の太陽万字（スヴァスティカ）、底部に走っている羊が描かれている。
ヒンドゥ教の神：	アグニ、スーリヤ、ルドラ、ラキーニ
その他の神：	ブリギット、アテナ、ヘリオス、アポロ、アマテラス、ベレノス、アピス、ラー
大天使：	ミカエル
主な動作力：	燃焼

そして車輪は燃える

　火のように身体の中を流れているこの命は何であろうか。どのようなものだろうか。生命は熱い鉄のようなもの。いつでも流れでることができるもの。鋳型を選んだところで、生命はそれを焼き尽くすだろう。

マハーバーラタ

　大地から水、そして火へ！　肉体を回復した私たちの内なるダンスは情熱を増し、情動と欲求を通じて意志と目的、そして、行動を見だすことになります。また、どんどん力を増していき、その力が腹の底から湧き起ってくるだけでなく、第6チャクラからも下降してくるのを感じるようにもなります。そして、その二つの力が第4チャクラで解放される喜びを知ることになります。

　さあ、最初の第1チャクラと第2チャクラを合わせたレベルから上昇して第3チャクラに入り、上位チャクラから勢いよく下降してくる意識の流れを受け止めましょう。

　第3チャクラでは、元素である火が意識の光を灯します。私たちは、意識のない肉体レベルから抜けだし、意志を持ち行動を生みだす精神と肉体の結合のレベルに入っていきます。湧き起る自分の力を活性化することで、自分の活動をより高い次元へと向わせます。

　第3チャクラに入る前に、まずは第1チャクラと第2チャクラが結びついて、私たちを第3チャクラに導いたプロセスを確認しておきましょう。第1チャクラは堅固性、安定、中心、形態をもたらし、私たちは精神と肉体の一体化を経験しました。そして、第2チャクラへと移っていき、相違、変化、動作を経験し、極性を受け入れ、情動や欲求という情熱を知りました。私たちは単なる生存本能から発展し、快楽や他者と結合したいという欲求へと向かっていきました。

物質（第1チャクラの特性）と運動（第2チャクラの特性）が組み合わさると、第3の状態であるエネルギーが生みだされます。実際に二本の棒を擦り合わせると火花が散り、やがて火が点きます。これを物質界では燃焼と呼んでいます。燃焼は身体的には新陳代謝、そして、心理学的には力と意志を燃やす熱意、行動については活動力に関係しています。その燃焼の働きをするのが、第3チャクラです。

　第3チャクラの特性は、変形です。火が物質を熱と光に変形させるように、第3チャクラは、大地と水という受動的な元素を、活動的なエネルギーと力に変形させます。受動的な大地と水は重力の影響を受け、もっとも抵抗の少ない道を下に向かって流れますが、火は形を破壊しながら上に向かって進んでいきます。そして、物質の未処理のエネルギーを新しい次元（熱と光）に運んでいきます。

　私たちが、7つのチャクラを一つひとつ上昇していくにあたり、その上昇を推し進めるのは意志という火です。私たちが習慣的な思考や行動パターンから自分自身を解放し、新しい行動を生みだすのも意志の力によるものです。安易な選択をしないようにするのも、依存的となってしまった悪習を断ち切り、他者に期待するのをやめるのも意志の力によるものです。難しくてもやりがいのある行動を取り、新しいことに向かっていくのもまた、意志の力によるものです。私たちは積極的に行動を起こすことで、自分を変え始めます。まずは、これまでの思考や行動を破壊することから始めましょう。

　今までの思考や行動を破壊するということは、第3チャクラの最初の課題である惰性を克服するということつながります。物理学でいう惰性は、他の力が作用しない限り、物体がずっと同じ状態のまま、つまり動いたままか静止したままであるということです。第3チャクラでは、意志が静止と運動、大地と水といった互いに形成し合う力を結びつけます。静止しているボールを打つゴルフクラブの勢いがボールに運動をもたらすように、意志は静止と運動を結びつけ、行動に目的を与えて、私たちの世界を形づくる力となるのです。

　しかし、惰性を克服することはとても難しいことですが、ひとたび克服し始

めれば、加速度的に克服していくので、あとはエネルギーを与え続ければいいだけです。工場で生産性を維持しようと、休みなく機械を動かすのと同じです。エネルギーを楽に生産できる程度まで惰性を克服すれば、第3チャクラが「作動」し、わずかな努力と意志で力を生みだせるようになります。

　運動している物体は、他の物体と相互に作用すると熱が発生します。そして、その熱が運動を刺激し、新しい結合体を生じさせます。つまり、粒子が衝突して結合すると、物質の状態が変化したり、別の粒子と結びついたり、固体が液体になったり、液体が気体に変化したりするというわけです。火は、まさに、形を壊してエネルギーを放出させることができる変形力なのです。

　太陽は変形力を持つ火の代表で、まさに大宇宙の第3チャクラといえるでしょう。太陽や太陽に似た星は、もともとは（より重い元素の形跡がある）水素ガスの希薄な星間雲でした。現在の理論によると、近くの超新星からの衝撃波が水素の雲に影響を与え、自ら崩壊させたということです。それにより何千もの渦が生じ、そのいずれも太陽系をつくるのに必要な物質を引き寄せるだけの重力場を持っていました。太陽系になるはずだった水素の渦が崩壊すると、内部摩擦によって熱が生じ、結果的に熱と重力が結合して、太陽を輝かせている一連の変化を引き起こしたのです。

　太陽は、核融合により熱と光を生みだしています。太陽熱は超高温なため、水素原子核は互いに反発し合い、電荷に打ち勝つ力で飛び回り、勢いよく衝突して核融合を起こし、質量の少ないヘリウム原子核に変わります。そして、核融合で失われた質量は、純粋なエネルギーに変換され、さらに熱と運動を生みだします。こうしたプロセスが繰り返されて現在に至っているというわけです。また、核融合には容器の働きをし、自己生成に至るまでの十分な密度をつくりだす強い重力場も必要です。つまり、この太陽の例からもわかるように、重力（第1チャックラの原動力）、運動（第2チャクラの原動力）、エネルギー（第3チャクラの原動力）は、互いに作用し合う一つのサイクルになっているのです。

　7つのチャクラは、それぞれが独立した意識の統一場ですが、互いに知的に

作用し合って活動しています。

　運動とエネルギーを切り離せないように、エネルギーと質量も切り離せません。つまり、物質界では質量、運動、エネルギーの三つを切り離すことはできないのです。同じように第1チャクラ、第2チャクラ、第3チャクラも切り離すことはできません。この三つの下位チャクラは、まさに私たちの肉体やあらゆる物質を調整する三つの基本原理の象徴であり、原因と結果の循環を繰り返すことで、私たちの活動に必要なエネルギーを与えてくれているのです。私たちはエネルギーの供給がなければ、力を失います。しかし、エネルギーだけが力になるわけではありません。エネルギーの方向を定める必要があります。

　そこでエネルギーを目的に導くのが、顕在化の流れです。意志を具体化し、活動を指図する意図を形成するのは知性です。下降する顕在化の流れは、私たちに形をもたらし、上昇する解放の流れはエネルギーをもたらします。そして、二つの流れが結合したときに力が生じます。

　第3チャクラのレベルに入るということは、身体的エネルギーと意識的な知性の統合によって生じる内なる力を受け入れることです。そうすることで、私たちは効果的に変形をもたらす主体になれるのです。

マニプーラ（輝く宝石）

マニプーラ・チャクラは朝の太陽のようだ。視線を鼻先に据えてマニプーラ・チャクラを瞑想すれば、世界を喚起できるだろう。

ゴーラクシャ・シャタカ

　第3チャクラは、体内では副腎の上にある太陽神経叢に位置しています。第3チャクラに自信と力強さを感じられないとき、私たちはそわそわと落ち着きがなくなるものです。落ち着きがなくなると、私たちのエネルギーの流れは下降から上昇に変わります。そして、その流れの刺激を受けて私たちは覚醒し、神経が過敏になります。このようになったとき、しっかりとグラウンディ

ングしていれば、この刺激によって力と活力を得られるかもしれません。しかし、しっかりとグラウンディングしていない場合、あらゆる方向からエネルギーが一気に押し寄せて、身体にダメージが与えられるかもしれません。

第3チャクラは、太陽神経叢に位置している、まさに火のごとく燃える太陽のチャクラです。私たちに光と温かさ、そしてエネルギーと力を与えてくれます。さらに、何かをやろうとする熱意、行動、意志、生命力を象徴しています。第3チャクラは、胸骨の下から臍にかけてチャクラがあるために、別名「臍のチャクラ」（157ページ図4・1）とも呼ばれています。

また、力と関係づけられるのは、主要なナーディ（精神的な流れ）がすべて臍から始まると考えられているからです。第3チャクラは、出生前の栄養とエネルギーが湧きでるポイントです。したがって、精神的な経路が、主要なナーディに沿って構築されているのも当然と言えるでしょう。

火を燃焼と同じであると考えると、第3チャクラは、新陳代謝に対応しています。そのため第3チャクラは、新陳代謝を司り、代謝エネルギーを調整して全身に分配する役割を果たしています。新陳代謝は、物質（食物）を燃焼してエネルギー（行動と熱）に変えることでもたらされるため、消化器系は新陳代謝のプロセスに重要な要素であり、第3チャクラの健康のバロメーターといえます。糖尿病、低血糖、胃潰瘍などの病気は、第3チャクラに直接関係するものです。

第3チャクラの健康状態は、自分の体つきから判断することができます。太陽神経叢付近の体つきをチェックしてみてください。腹部が堅く張っていたり、太鼓腹になっていたり、横隔膜が窪んでいたら、第3チャクラが不調になっている可能性があります。

第3チャクラ付近を手で触ったりしながら、しっかりと観察してください。第3チャクラ付近の体つきは標準よりも太めですか？　それとも細めですか？　腹部が大きめの人は必要以上に権力や支配を求め、人をコントロールしたがっているかもしれません。第3チャクラが衰弱していると、力を持つことを恐れたり、内にこもったり、目立つことを嫌がるようになります。また、体

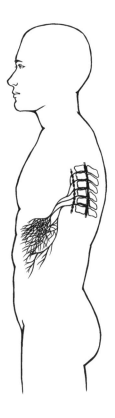

図4・1

臍のチャクラ（太陽神経叢）

重過多は体が食物という物質を燃やしてエネルギーに変えることができていないことなので、第3チャクラが誤作動を起こしている可能性があります。

また、第3チャクラの火と要素という点から、自分を分析することもできます。「あなたは寒がりですか？」「温かい飲み物と冷たい飲み物では、どちらが好きですか？」「香辛料の効いた辛い料理をよく食べますか、あまり食べませんか？」「汗をかきやすいですか？」「熱っぽいですか、寒気がしますか？」「活動的な性格ですか、のんびりな性格ですか？」。こうした質問に対する答えは、体内における火の過不足を示すものになります。

第3チャクラは、サンスクリット語で「輝く宝石」を意味するマニプーラ（Manipura）と呼ばれています。なぜなら、太陽のように光り輝き、白熱の光を放っているチャクラだからです。第3チャクラのシンボルは、10枚の花びらを持つ蓮の花です。蓮の花の中には下向きの三角形が描かれていて、その三角形の各辺にはそれぞれT字形「スヴァスティカ」（火を象徴するヒンドゥのシンボル）が配置されています（159ページ図4・2）。10という数字には、さまざまな象徴があります。たとえば、10本の指を持つ私たちの手には、自分の周りの環境を操る力があると考えられています。また、10枚の花びらを持つ第3チャクラに入るということは、新しい気づきの始まりであることから、10という数は新しいサイクルの始まりとされています。

蓮の中には羊が描かれています。羊は力強く精力的な動物で、ヒンドゥ教の火の神であるアグニと関係しています。チャクラに描かれている神はヴィシュヌとそのパートナーであるシャクティ・ラーキニーです。シャクティ・ラーキニーは、3つの顔と4本の腕を持ち、不安を払拭し、恩恵を授けてくれる女神です。蓮の中の種子字はRam。このチャクラを思い浮かべて瞑想すると、世界を創造する力と破壊する力の両方が授けられるとされています。

火は、生命の火花で、意志に火をつけ行動を起こさせます。火はシヴァとシャクティの間で輝く火花であり、両極性の間に介在する力です。体内にある火が私たちを温め、活動的にし、エネルギーを与え続けてくれるから、私たちも「変化させる者（トランスフォーマー）」になれるのです。人間は温もりを

図4・2
マニプーラ・チャクラ
(出典：Timeless Books)

必要とし、また、温もりを与えられる存在です。

　第3チャクラの力は、命の力であり、生命力であり、つながりの力です。コントロールや支配の冷たさではありません。火は、燃焼と結合という一つのプロセスであるため、体内のエネルギーと火の関係は、周りの要素と結合する能力を表わしています。

　火は光を放つことから、第3チャクラは活動的な陽のチャクラとされています。心配や力不足を感じていると内にこもり、不活発な陰になります。私たちは、自分の動作や感情を自分でコントロールしたりして、自分の力や自分を表現することを妨げていると、内にこもり、控えめで、冷淡な感じになってしまいます。

　自分をコントロールすることは、無駄なエネルギーを使うばかりで、エネルギーを生みだすことはありません。最終的には、私たちのエネルギーを枯渇させてしまいます。そうなると行動しようとする自然な熱意は失われ、何かをするには、あえてエネルギーを「生産」しなければならなくなります。

　社会生活から離れ、引きこもってしまうと、チャクラは閉鎖的になります。そして、私たちの外側に表われるのは怒りや自己批判といった内向きなものばかりになり、余計に精神をすり減らすことになります。火が燃えるには燃料が必要です。しかし、私たち自身が閉鎖的になってしまえば、いずれ燃料も尽きてしまいます。そうならないように、私たちは社会との交流という活動的な状況をつくり続けるしかありません。社会と交流することで、私たちは動き続けられ、つながり続けることで、火と生きることへの熱意に燃料を供給し続けられるのです。

　不安と引きこもりの悪循環を断つには、愛情深く素直に自分のすべてを受け入れ、再び自分とつながることです。しかし、肉体と大地（第1チャクラ）、情熱と快楽（第2チャクラ）にきちんとつながっていないと、火（第3チャクラ）に与える燃料は得られません。そして、欲求は意志に熱意を与え、より活動的にしてくれることを忘れないでください。

　自分を愛さなかったり、休息を取らなかったり、人生を探求しなかっ

り、いつでも正しことばかりしようと思って余裕がなかったりしたら、第3チャクラ（火）を開かせるのに必要なエネルギー（酸素）が不足してしまいます。つまり、私たちは精神とつながっていないと、第3チャクラにエネルギーを送ることも、開かせることもできません。第3チャクラが不活性なときは、自分の内に中心軸を置いていないため、自分の内側に力があるとは思えなくなり、自分の外側にいつも何かを探し求めてしまっているということです。

　第3チャクラは、結合する能力、一つにまとまる能力、自分の周りから栄養を摂る能力に左右されます。また、力や自信に伴う満足感にも左右されます。さらに、第3チャクラは、自尊心とも関係しています。自尊心は意志に強さをもたらします。強い意志を持っていれば、それだけ自尊心は高まっていきます。自尊心が高まると、自分を燃え立たせ、刺激し、生まれ変われるように導くことができ、結果として自分の望むような人生を送ることができます。しかし、これらはいずれも第3チャクラの統合と発達を必要としています。

力（パワー）

開放的なシステムの力は人が所有できるものではなく、人がアクセスできるようにするプロセスです。

ジョアンナ・メイシー（仏教哲学者・社会活動家）

　既に述べたように。力は、目的を定められたエネルギーです。では、個人の力とはどのようなものなのでしょうか？　協調と和を求めるがために、個人を発揮することをよしとしない今の世の中で、私たちはどうやって個人の力を生みだし、維持していかなければならないのでしょうか？　社会に適合することを強要するあまり、創造的な考えを持つ人が社会から追放されるべき異端者とみなされたら、それは社会にとっていいことなのでしょうか？　親は少なからず子どもが従順で、行儀よくなるようしつけますが、私たちは自分の意志の協力がなければ従順にはなれないのです。

社会に協調することは確かに必要です。しかし、社会の力によって個人が従属を強要されるのであれば、もはや「協調」とは言えません。それは「服従」というものです。服従は私たちの力を鈍らせ、意志を機能不全にするだけでなく、自尊心までも傷つけるのです。

　第3チャクラのレベルで自分を癒して成長していくには、一般的に「支配する力」と呼ばれる力（支配と被支配という関係を生みだす力）を含む力の概念を見直す必要があります。なぜなら、私たちは力を「支配する力」ではなく、生命力と結びつく「内なる力」へと変化させることができるからです。そもそも力は、何かをしたり、変化やアイディアを促進したりするためにあるものです。だから、私たちは「支配する力」を「何かをするための力」に変えていかなければならないのです。

　そこで力に対する概念を定義し直し、第3チャクラの生命力と結びつくために、私たちは、自分自身を今よりもっと向上させ、強くし、自立させていかなければなりません。また、人類の生存や天然資源の枯渇についての問題、人々の間にある信頼や協調性を脅かす問題など、既存の力に対する構造改革も必要です。そして、私たちは力を、個人と文化を同時に強化するものと認識しなければなりません。どちらか一方だけを犠牲にしてはならないのです。では、どうすればこうした変化をもたらすことができるのでしょうか？

　現代の世界観を支配しているのは、分離を重視する考え方です。その世界観は、科学の世界にも表われていて、科学者たちは自然界を還元主義的観点から調べています。つまり、物質をより小さな構成要素に分解して研究しているというわけです。実際に西洋医学では、肉体を病気の状態にある個々の構成要素の集合体として治療し、心と体を全体として診ようとしません。同様に、現代社会に生きる私たちの多くは、人も国も土地も文化も人種もすべて切り離された別々の構成要素とみなし、自然の秩序ではなく支配によって維持され、調整されるものと考えているのです。

　また、「支配する力」は、常に努力と警戒を必要とします。なぜなら、地位や立場は決して不動のものではなく、私たちは手に入れたらひたすら守ってい

くしかないものと考えています。そのため、地位や立場を守るために、内なる力が枯渇すると、自分以外のところから必要なものを盗もうと越権行為をしてしまうのです。そして、心が弱いが権力を持つ者の目には、こうした行為がまるで自分が優位に立っているかのように見えてしまうようです。「支配する力」が増すことで、自分の力が増すと思っているのかもしれません。

　このような状況を7つのチャクラを通してみると、周りで起きている愚かな争いや支配は何の意味もなく、結合と一体化の方がいかに大切であるかがよくわかります。いずれのチャクラの結合と一体化のエネルギーも、まずは下位にあるチャクラと結合することで生じます。そして、顕在化の流れによってすべてのチャクラがつながり、活性化されることで、すべての意識レベルに理解をもたらしているのです。必要なのは一体化と全体性（ホールネス）です。分離からは何も見だすことはできません。

　また、自分の世界が社会に支配されると、私たちは自分の声がどんどん小さくなって聞こえなくなり、支配している社会を通じてしかものが見えなくなります。そうなると、個人はいとも簡単に社会に支配されてしまうものです。就職の例でみれば、無意識のうちに社会に支配された個人は、往々にして、会社のような大きな組織に仕えることを選択しているようです。そして、本当の自分の望みを隠して、自分の能力とは関係ない仕事にせっせと励みます。なぜなら、自己犠牲と引き換えに、働いても働かなくても毎月入って来る給料という権利を得ていることが、その大きな理由だと思われます。しかし、仕事をしていても心が伴っていない方が多いようです。

　心が離れていると、私たちから「内なる力」（結合、一体化、融合の力）という概念が消えてしまいます。そして、活気がなくなり、やがて熱意も、意志も、欲求までも失うことになります。自主性を失うと、新しい物事を取り入れようという意欲も起こらないため、解放されることも、自由を見だすこともできなくなってしまいます。私たちに必要なのは、未知なるものに足を踏み入れる自信です。それがなければ、私たちはいつまでも単調さや安定にしがみつき、新しいレベルに到達することはできません。そのためにも、一体化と全体

性（ホールネス）は必要なのです。

　今、私たちは、「服従的なパラダイム」に生きています。それは幼い頃から、両親、教師、宗教家、会社の上司などに従うようにと教わってきたことが要因になっているかもしれません。確かに、社会の協調と和のためにはある程度の服従は必要です。ですが服従の過程で、多くの人が自分の内なる意志を失ってしまっていることは問題です。

　また、服従のパラダイムでは、私たちはついつい自分の外側に力を求めようとしてしまいます。しかし、外側に力を求めるということは、他者に指示をあおぎ、他者の慈悲にすがることです。その結果、他者の気を引き、他者に認められることばかりに必死になってしまい、社会に役立つ能力のためでなく、自分のエゴを満たすために力を求めるようになるかもしれません。覚えておいてください。はっきりした目的のない力は、本当に求めている力とは違います。場合によっては。目的のない力は危険とさえ言えるものなのです。

　生存は物質に、セクシュアリティは運動に左右されるように、力はエネルギーに左右されます。力（power）の語源となるラテン語の podere には、シャクティ（Shakti）の語基 shak と同じく「できる」という意味があります。シャクティは、私たちの根源的な生命エネルギーの場です。シャクティは、シヴァの火花で火が点くことで、形態が与えられます。この根源的な生命エネルギーを真の力として活用できるようにするには、意識でもって生命エネルギーを方向づける、つまり、目的を与える必要があるのです。力を得るためには、意識することが重要になります。

　また、私たちは万物の関係も理解しなければなりません。そして、最大限の効果を引きだすために行動をコントロールできるように、新しい情報を知覚し、吸収する必要があります。さらに、時空を超えてさまざまな事象をイメージし、創りだすことが可能でなければなりません。私たちに必要なのは、知識、記憶、推論能力を身につけることなのです。

　つまり力は、第7チャクラ（意識、情報）、第5チャクラ（創造性）などの上位チャクラにも左右されるというわけです。意識や精神的な世界に対する理

解を深めていくにつれ、私たちは実際に力に対する概念を進化させていくでしょう。その進化は、私たち一人ひとりの内側、中核、根源、直観から、さらには、ヴィジョン、創造性、知性によってもたらされます。私たちの未来はまさに力に対する概念の進化にかかっているのです。

意志

> 私は意志の力を、どれほどの抵抗、苦痛、苦悩に耐え、それを利益に変える方法をどれほど知っているかで判断している。
>
> フリードリヒ・ニーチェ（ドイツの哲学者）

何かを実現させたいとき、あなたはどうしますか？　じっとしたまま、ひたすら願い続けますか？　周りが何かしてくれるまで待ちますか？　効果的な変化をもたらしたければ、それではだめです。あなたに必要なのは、意志を働かすことです。意志は、意識的にコントロールされた変化といえます。第2チャクラが二元性を解放すると、私たちは選択に迫られることになります。そして、そうした選択をするときに生じるのが意志なのです。

意志は、下位チャクラの惰性を克服する手段であり、力の炎を点火するのに欠かせない火花でもあります。意志は、心と行動の結合体であり、欲求の意識的な目標になるものです。つまり、私たちは、意志によって未来を創りだすのです。意志なくして個人の力などあり得ません。したがって、意志を引きだすことが、第3チャクラを発達させる重要な鍵になっていきます。

私たちは、人生のさまざまな岐路でしばしば不愉快な出来事を経験しがちです。そのような場合、たいてい第2チャクラの情動的レベルで、自分が環境の犠牲者になっていると感じています。また、犠牲者然として無力感を覚えるかもしれません。しかし、こうした無力さや痛みを感じることこそ、自分を変化させえるための重要なステップなのです。なぜなら、無力さや痛みを感じることで、自分の内なる必要性とつながることができ、それが意志の燃料になる

からです。

　しかし、第3チャクラに入っていくには、自分を犠牲者とみなすことをやめ、自分が努力しない限り永続的な変化はもたらすことはできないと自覚しなければなりません。他者を責めている限り、他者が変わってくれるよう願うことでしか進歩が望めなくなります。そのようにならないためにも、まずは自分の責任を取り戻すことです。そうすれば、変化は自分の意志のもとで起こるようになり、自分がつくりだしている犠牲的環境を乗り越えられるようになるでしょう。

　「いかなる難題も自分が持つ最高の潜在能力を覚醒させる機会だ」と考えられるのは、自分の意志だけです。起こってしまったことを否定するのではなく、それを肯定して受け入れ、未来へのステップにするのです。自分に起こることをいつでもコントロールできるとは限りませんが、それにどう対応するかは自分でコントロールできるものです。

　意志の一番の仕事は、惰性を克服することです。既に述べましたが、惰性は安静時にも運動時にも生じます。無気力や怠惰は、安静時の惰性といえるものです。人は起き上がって動きだせば、心臓が血液を送りだし、筋肉に酸素が送られ、力が湧いてくるものです。たとえば、ジョギングしている人たちは、走った日はエネルギーを消費したにもかかわらず、いつもより体調がいいそうです。つまり、エネルギーは動くことで、新たなエネルギーを生みだしているのです。そして、そのプロセスを始めるのが意志です。逆に、できれば避けたいと思うようなことに巻き込まれそうになったら、その状況から逃げだし、かかわりを持たなくすることで、状況を改善させることができます。

　カバラの生命の樹では、意志は第3レベルから生じる力と形態の意識的な結合体とされ、ホドとネツァクに関係しています。ネツァクは、まばゆいばかりの美しさとエネルギーを与えてくれます。一方、ホドは、さらに知的な状態で、知性と形態を与えてくれます。これは解放の流れと顕在化の流れが、第3チャクラで合流したときの役割と同じです。知性的で計画性のある意志はもっとも効果的に働き、力だけで何かをやろうと無駄なエネルギーを浪費すること

はありません。つまり、がむしゃらにやるのでなく、頭を使って取り組めばさらに要領よくできるということなのです。

　第3チャクラは力と形態が結合して、意志はより高次で効率的なレベルへと進化していきます。第3チャクラの火は一度灯りさえすれば、その炎を維持するのは難しくありません。理解の光は一度現れたら、さらなる理解への道を照らし続けます。クンダリーニは、第3チャクラに上昇すると、火を燃え立たせ、無知やカルマ、そして身体の不純物を破壊するという症状が現れます。クンダリーニが燃え始めるのは、この第3チャクラからなのです。

　意志を発達させる第一歩として、自分には意志があり、その意志が常に機能していることを自覚することから始めてください。周りを見回してください。あなたの目に映っているものはすべて、あなたが自分の意志でつくり上げたものです。無力感を覚えるのは、意志が欠如しているからではありません。無意識に使っている意志を認識し損ね、その意志とつながることができていないからです。

　自分に意志があると認識し損ねるのは、珍しいことではありません。あなたは一日に何度、自分がやるべきことに対して、「これをやらなければならない」と言いますか？「仕事に行かなければいけない」「お皿を洗わなきゃいけない」「子どもともっと遊んであげないといけない」と自分に言い聞かせていませんか？「そうすることが自分の義務だ」と受動的に考えると、やる気が削がれるものです。そう考えずに、自分から積極的にやると能動的に考えるのです。「私は皿洗いをやらなくていいけど、キッチンをきれいにしておきたいからやろう」「仕事に行かなくてもいいけど、給料をもらいたいから、または、契約を守りたいから行こう」。そんなふうに物事に対する姿勢を少し変えるだけで、意志を味方にすることができるのです。

　意志について語るとき、(通常の)意志と真の意志は常に区別されます。真の意志については、イギリスのオカルティスト魔術師であるアレイスター・クロウリーが次のように定義しています。

意図して湧くものでなく、一番奥底にある自己と宇宙が互いに影響し合って生じるもので、個人の人生における運命であり、また、自然との完全調和によって生じる行動の進路である。

たとえば、誰かに何かするよう頼まれたとしましょう。そのとき、本当はやりたくないのにやってあげたとしたら、その行動は意志を鍛えることにはなりますが、心の奥底にある真の意志によるものではありません。つまり、自分の意志を相手に譲ってしまったことになります。自分の意志を取り戻すには、今やっていることやこれからやろうしていることは、自分で決めたのだときちんと認識し、その選択理由、つまり「相手を喜ばせようとしているのか？」「結果を恐れているのか？」「自分とつながっていないのか？」「この問題にどう対処できるだろか？」などを検討しなければなりません。

次に挙げる質問に答えることで、自分の意志が何のために働いているかがわかります。

・意志が働いているのは、あなたの体裁を繕うためですか？

・あなたが好かれるためですか？

・心の安らぎを保つためですか？

・責任を避けるためですか？

・誰かを避けるためですか？

意志が働く目的がわかったら、今度はその目的のために何かが犠牲になっていないか、次のように自問してみましょう。

- 体裁を繕うためにやっていることは、あなたの必要性に反していませんか？

- 心の安らぎを保とうとして、直面すべき悪しき状況を長引かせていませんか？

- 他者を喜ばせて、自尊心を損ねていませんか？

　これらの質問に対する答えを意識していれば、意志の目的のために誤った選択をすることはなくなるはずです。

　真の意志は、自己と深くつながること、自分の意志を信頼すること、そしてリスクを背負うことを恐れず、また、進んで責任を受け入れることを求めます。あえて意志を使うことで強い自己意識が生まれ、そのプロセスによって意志はさらに発達します。筋肉と同じで、意志も使うことなく強化することはできません。ですが、真の意志を発揮しているにもかかわらず不本意なことをしているようであれば、非難や嘲笑を受け、見放される危険があります。意志でも何でも、賢く使ってこそ自分のためになるものです。

　真の意志は、より高次で神聖な意志が表現されたものであると考えられています。真の意志は、より大きなものと調和することで生じ、自我を超えて拡大し、より高次の目的を含んでいます。そして、報酬を得るために活動するのではなく、行動の正義のために活動します。アレイスター・クロウリーは、著書『法の書』（国書刊行会）の中で真の意思について、次のように語っています。

結果ばかり求める欲求から解放され目的に満たされていない真の意志は、あらゆる点で完璧である。

　結果を求める自我の欲求から解放されたら、意志が自然と私たちの本来の運命へと導いてくれるますが、その運命が痛みを伴わないものである保証はあり

ません。しかし、第3チャクラに働きかけることで、意志によって運命に導かれ、自分という存在のコアに火を灯すことができるでしょう。

真の意志を感知し、利用することはとても難しく、安易にできることではありません。それにもかかわらず、真の意志という概念を利用して、自分とつながることを避けている人をよく見かけます。そうした人たちのほどんどは、「この状況で、宇宙は私に何を求めているだろうか？」「どうして宇宙は、合図を送ってくれないのだろうか？」というように、力は自分の外側にあると考えているようです。そのためにカード占いをしたり、他者にしつこく助言を求めたり、霊能者、教師、セラピスト、グル（指導者）の指導を仰がなければ自分では何も決断できないという状態になています。助言を求めるのはいいことですが、見方によっては責任逃れとも捉えられかねません。まずは自分に次のように、問いかてください。「私は世の中のために何ができるだろうか？」「どうすれは世の中のためになるだろうか？」

内なる力は、私たちの周りの力の流れを積極的に受け入れます。そして、内なる力と周囲の力が調和したとき、意志は目的に結びつくのです。自分の意志を理解したら、より実践的な意志を効果的に発揮できる方法についてみていきましょう。まずは、しっかりと地に足がついていることを確認してください。地に足がついていないと、大地とつながって解放の流れを全身に流すことができないだけでなく、他者の意志にばかり反応してしまい、周りに振り回されやすくなります。こうしたことは、やがて「理性的な意志」となって現れ、身体の内なる欲求を無視するようになります。「（何かを）やらなければならない」と思うことが増えたら、「理性的な意志」が強くなっている状態です。自己責任は重要ですが、強制的に「やらなければならない」ではなく、自発的に「やりたい」と考える方が、意志は効果的に働き、身体が意志と調和するようになるでしょう。

ダイエットする、学業や計画をやり遂げる意志は、力と同じように自制、コントロール、操作と関係しています。とりわけ自制は何かを成し遂げるのに必要なものですが、心と体の同意がない自制は、精神と肉体の一体化されてい

ない部分に対する支配ともいえます。私は、本書を執筆するにあたって自分の生活を自制し、時間を決めて机の前に座って作業を進めていました。ところが、校正の段階になって、内容に大幅な訂正を入れることになりました。そうなったのは、何も考えずに無理やり書いた文章、つまり、書く時間だったから書いた意志のない文章を見つけたからでした。インスピレーションに突き動かされたのでなく、書く時間だったから、書くことがなくてもに無理やり書いた文章には力も説得力もありません。意志と欲求の同意がなければ、私たちは情熱と勢いを失い、意志を働かせるのに必要な力までも浪費してしまうのです。

　自分の意志を働かせるには、自分の欲求と結びつかなければなりません。自分が何を求めているかも知らずに、意志を働かすことはできません。しかし、欲求に執着しすぎると、逆に下位チャクラに囚われ、抑制が意志の力を阻み続けることになります。恵まれていない、愛されていない、働き過ぎなどを日頃感じていると、人に洗脳されやすくなります。反対に、リラックスしていて、幸せで、自分と周りがつながっていると感じていると、意志の力は大いに発揮されます。

　しかし、意志がすべて欲求と調和するとは限りません。体重を減らしたいと思っていたら、意志はチョコレートケーキを食べることを強く拒むでしょう。受けたくないと思っている仕事なら、波風を立てないようやんわりと断りを入れるかもしれません。つまり、私たちは欲求を満たしながらも、長い目で見てどの欲求が一番重要であるか無意識のうちに選んでいるのです。

　第3チャクラでは、自制も重要になります。自制（discipline）という語は、門弟（disciple；自ら何かに使えること）の派生語です。私たちは、第3チャクラで、意志に充足感をもたらす構造や形に意志を引き渡すという奇妙なパラドックスに直面することになります。自制の行為において、ある種の感情の超越が起こり、瞑想を「やりたくない」とか、仕事に「行きたくない」という気持ちになるかもしれません。ですが、意志がより大きな目的に向けられたら、そのような感情はどうでもよくなります。そして、第3チャクラは活気づけられ、第2チャクラで方向づけられた感情を超越することでしょう。

果てしなく選択し続けている意志を認識するには、強い目的意識が必要です。目的は、世の中における自分自身の状況を客観的に正しくとらえることから生じます。つまり、「自分は何者であるか？」「何を好み、何を嫌っているのか？」「自分の力は何に適用できるか？」といった自分の置かれている状況を把握することから生じます。私たちは、それぞれ目的を持ち、私たちの最終的な意志がその目的を満たしています。

「意志」なのか「気まぐれ」なのかを識別するのは、なかなか難しいものですが、目的によって二つを区別することができます。気まぐれは目の前にある一時的な目的ですが、意志は先にあるより大きな目的といえます。また、私たちは、目的意識という行動に対する明確な自覚を持ち、自分の行動についての影響力や役割、さらには自分の影響と役割の広範囲にわたる因果関係も考えています。そして、目的意識が高まると私たちの力も増大し、それとともに目的意識に方向性が与えられ、エネルギーがより効果的な力に変わっていきます。

　目的が不明確だと、自分の意志がわかりづらいものになりがちです。自分が何者であるかを正確に把握することは、意識の仕事と言えるでしょう。なぜなら、自分が何者であるかという謎の中に、私たちの意志が取り組むべき目的があるからです。自分の意志がわかれば、その意志を使うことで意志はより強くなります。私たちが権力を行使するのは、自分が本当に力を持っているかを確認するためです。そうした確認は、使ったり試したりすることで強固なものになり、最終的に自信へとつながっていきます。

　個人の意志は、大きな宇宙の意志の一部です。よって、大きな宇宙の意志と調和がとれていない状態で個人の意志を使いすぎると、第3チャクラに囚われる可能性があります。知的で敏感な人なら、自分の意志が威圧的で、過度に支配的になり、周りに悪影響を与えていると気がつくはずです。第3チャクラに働きかけるには意志を発達させる必要がありますが、このチャクラを乗り越えて次のチャクラに進むには、適切なときに意志を手放す能力も必要です。真の力のある人は、支配する必要などありません。

　個人の意志と宇宙の意志が一つになったら、その状態をいつまでも維持する

ことが重要です。そして、個人の意志と宇宙の意志にずれが生じたら、その違いに気がつくことも必要です。アレイスター・クロウリーは著書『魔術——理論と実践』（国書刊行会）の中で、次のように語っています。

意識的な意志と真の意志が葛藤している人は、自分の能力を無駄にしているようなものだ。そうした人は周りの環境に効果的な影響を与えることはできないだろう。

葛藤が始まった段階で個人の意志の動機は、再検討されるべきなのです。それをし損なうと必要以上の障害にでくわすことになり、一つひとつ次のチャクラに進んでいくのが難しくなります。行く手に困難が多くても、正しい道には、そうした困難を耐えやすくしてくれる一貫した流れがあるものです。その正しい道を知覚するのは、知性の仕事です。意志の仕事は、その道に沿っていくことなのです。

自尊心

それゆえ人はおのれの価値を知り、万物を踏んづけておくことだ。
ラルフ・ウォルドー・エマソン（アメリカの哲学者・作家）

第3チャクラの力、意志、生命力、自制心というものが、究極敵には自尊心の土台となっています。自尊心が高い人は、自信にあふれ、自己主張が強く、積極的で、自制心があり、人生を楽しんでいます。自尊心が低い人は、疑い深く自己批判的で、まるで土砂の流出を防ぐための砂防ダムのように、行動を起こすのに必要とする精神的な推進力がせき止められてしまっています。

自分を大切にできなくなったり、自信を失ったりすれば、精神的な推進力を完全に失ってしまい、惰性の状態に陥ります。その結果、自己不信と自己批判がひどくなるという、悪循環に陥ります。すると、羞恥心という魔物が第

3チャクラに入り込んできて、チャクラを乗っ取るかもしれません。羞恥心は、自尊心とは正反対のもので、第3チャクラがある腹部を衰弱させ、エネルギーを奪います。また、羞恥心は、第1チャクラから上昇してくる流動性のあるエネルギーを妨げます。そして、第7チャクラから下りてくる収縮性のある精神的エネルギーを過度に重視するために、エネルギーが外側に向かわず、過度に自己の内側に入り込んでくるようになります。

　自尊心は、次の三つの現実的な自己の意識から生まれます。

・肉体と身体的同一性から生じ、私たちに自分の肉体の縁(ふち)や境界を認識させます。

・第2チャクラと情動的同一性から生じ、自己の経験に活力をもたらし、私たちとつながり、幸せな気分にしてくれます。

・私たちの試練や過ち、成功や失敗といった経験から生じ、私たちに自分の実際的な能力の感覚を持たせてくれます。

　また、自己に対する概念は、他者と交流することでより明らかになります。他者に愛され、受け入れらたり、自分も他者に与えるものがあると感じていると、自分を愛し、受け入れやすくなります。私たちはコミュニケーションによって、他者からどう思われているかというフィードバックが得られ、それによって、自己の内側とコミュニケーションすることができるのです。そして、第6チャクラと第7チャクラを通じて、自己の主観性や個人性を超越でき、大きな宇宙の意識に包み込まれることになります。

　自尊心は、第4チャクラを開くきっかけとなり、第4チャクラとの関係をうまく保つ良好な基盤でもあります。第3チャクラを含めた下位チャクラがしっかり機能していれば、パートナーに守られたり、気持ちを理解してもらったり、自我を支えてもらう必要はなくなります。そして、完全に第4チャクラに

移ることができ、喜びあふれる愛を経験できるでしょう。

無力の克服

制約は顕在化の第一法則であり、ゆえに、力の第一法則と言えます。
ダイアン・フォーチュン

　体の筋肉と同じく、力も意識的に強くする必要があります。「知識は力なり」という有名な言葉があるように、力も効率的に増やしていかなければなりません。無力感のほどんどは、無知によるものですが、実は無力感の原因は、気づきや注意が足りないだけです。気づきが増せば、力も増します。それには瞑想が有効です。瞑想によりエネルギーを脊柱に上昇させて、第3チャクラを通過させれば、自然と力を感じられます。しかし、ただ瞑想するだけでは不十分です。次の第3チャクラを発達させ、活発化させるための考え方とエクササイズと合わせて行うと効果的です。

◎惰性をやめる

　いつもと違うことをやってみましょう。体を動かしていなければ、動かしてください。動かし過ぎていたら、休息を取ってください。いつもの退屈な思考や行動パターンを止めて、何か新しいことに挑戦しましょう。困難を克服すれば、強さと自信が湧いてきます。安定にしがみついていたら、力は発達しません。事なき主義をやめれば、第3チャクラはすぐに覚醒します。

◎批判を避ける

　あなたのことをよく知らない人からの批判は、何の役にも立ちません。特に、真面目に批判を受け止めてしまう繊細な人には悪影響を及ぼすだけです。新しいことや、不確かなことに挑戦しているとき、それが間違っていると

わかると、即座に力が制御され、繊細な人ほど動けなくなるものです。そのようなときは、物理学者のアルベルト・アインシュタインの「新しい発想は、それを誤解している人々の大反対に直面するものだ」という言葉を思いだしてください。

◎エネルギーの循環と調整

エネルギーは循環しています。つまり、あなたが放出したエネルギーは、再びあなたの元へ戻って来るということです。エネルギーは、不必要に補われたり、遮られたり、消費されたり、分解されたりすることはありません。意志の火を灯すには、第2チャクラの流れと勢いを利用しましょう。

◎努力と抵抗

努力も抵抗もエネルギーを奪い、消耗させます。努力したり、抵抗したりするときは、力がスムーズに流れていない兆候です。頑張りすぎていることがあれば、すぐにそれを止めることです。そして、取り組み方を見つめ直し、無駄な努力せず、スムーズに楽しみながら取り組んでいる自分の姿をイメージしてください。次に、「なぜ今それを必死にやっているのか？」「どうしてそこまで頑張る必要があるのか？」「それをするために何かを犠牲にしていないか？」と尋ねてみてください。

また、いつも何かの力に抵抗ばかりしている人は、今すぐそれをやめてください。そして、「その力がどうして今現れたのか？」を尋ねてみてください。抵抗するということは、力とは正反対の不安の表われといえます。あなたは、今何を恐れているのですか？　抵抗するのを止めたらどうなると思いますか？　努力も抵抗もせずに、自分の意志で自分を守るにはどうすべきか考えてください。

◎執着をやめる

顕在化していないものに向けられたエネルギーは「動きがとれない」か、

「閉じこめられている」か、もしくは使えないエネルギーです。何の効果がでない場合は、きっぱりと諦めることです。執着の支配から逃れたあとに感じるエネルギーは、爽快で活気あふれるものです。解放されればされるほど、エネルギーの摩擦が少なくなり、心が晴れるほどエネルギーは肉体から精神に向かいやすくなります。しかし、すべての執着を捨てればいいわけではありません。無理をしたり、ストレスを感じているものは、捨ててください。力は、第１チャクラから上昇し顕在化するので、堅固性がなければ拡散しすぎる可能性があるので気をつけでください。

◎注意

　注意はエネルギーを集中させます。また、注意は必要なときに払われなければなりません。まずは、自分に注意を向けましょう。次に、他者に注意を払い、他者からの注意を受け止めてください。注意がどこに向かっているのか見逃してはいけません。注意が向かっている方向に、残りのエネルギーも必ず向かうからです。

◎グラウンディング

　力を顕在化させるために、自分の注意を今この場に向ける必要があります。グラウンディングによって自分の注意を今ここに集中させることができたら、身体に力がもたらされ、エネルギーが集まり、統合されます。これから第３チャクラを抜けて上位チャクラへ向かっていきますが、どのチャクラでもグラウンディングというシンプルな習慣を忘れてはなりません。

◎怒り

　遮られた怒りを、安全かつ効果的に解放すると、第３チャクラの流れの詰まりを取り除くことができます。この作業は、グラウンディングと併せて行れると効果的です。また、怒りを解放することは、内なるエネルギーを利用して、あなたの周りの環境や、あなたの心の状態に変化をもたらす最適方法で

もあります。遮られた力の多くは、遮られた怒りです。怒りは強い洗浄力になりますが、その力となる怒りを得るには骨が折れるものです。したがって、怒りは賢く使われなければなりません。怒りという自分の中で処理すべきことのために、自分の愛する人たちを傷けたら何もなりません。

◎知識と情報を増やす

知識は力なり。学べば学ぶほどできることが多くなり、誤りを犯しづらくなります。どんな場合でも、学びは力の強化につながります。

◎愛

愛は、私たち皆を結びつけ、統合する力です。また、私たちを奮い立たせ、前に進み続ける力を与えてくれます。愛には、心を軽やかにし、洗い清め、元気づけ、癒すのみならず、上位チャクラから流れてくるエネルギーを第3チャクラに送る働きがあります。私たちが認められ、つながり、目的を与えられ、自尊心が高まり、意志が奮い立つのは、愛の力によるものです。

◎笑い

物事を難しく考えすぎると、力と結びつけなくなります。何ごとも笑い飛ばせるくらいに冷めた目でみれば、事態を支配する力を得られます。最悪に思える事態に陥ったときは、自分を笑って突き放して眺めることを忘れないでください。

◎自立する

自分でやらなければ、誰もやってくれません。自分が何を求め、何を必要としているかをもっとも理解しているのは、他の誰でもなく自分自身です。自立して力が増せば、他者に求める必要はなくなります。

◎エンパワーメント瞑想

　自分が無力に思えたり、不当に扱われていると感じたときのことを思いだして、そのときの不安、痛み、怒りを改めて感じてください。次に、幼少期、思春期、成人期といった人生の各段階を思いだして、当時の感情を体で表現します。当時の歩き方、振る舞い方、話し方を再現してみましょう。

　当時の様子を思いだしたら、今度は傍観者のように、しばらく自分の姿を遠くから眺めてください。あなたは思いやりを持って自分を眺められますか？　自分を批判することなく、受け入れられますか？　自分を素直に客観的に見られるようになったら、次のことを確かめてください。心に傷を負っていた当時の自分を笑い飛ばすことができますか？　悲しみや痛み、そして深刻な事態が面白く思えるようになりましたか？

　もう一度、自分が無力に思え、不当に扱われていると感じた場面を思いだしましょう。そして今度は、違う結末を想像してください。あなたは事態を変えるために何らかの行動を取ります。腹を立てる、反撃する、逃げる、笑う、断固たる態度をとるなど、自分の力による行動なら何でかまいません。必要ならば、助けてくれる人を呼んでも、守護神や天使などに頼ってもかまいません。状況を好転させられるものは何でも利用してください。事態を変化させられたら、自分を褒めてあげましょう。全体性（ホールネス）を感じ、満足感を覚えたら、その感覚を今の自分の人生にもたらしましょう。

　次にあなたは今、自分が置かれている状況を、誰かのせいだと思っていませんか？　その人を非難するのに、どれだけの力を費やしていますか？　力を取り戻すには、紙にその人の名前を書き「これにより、あなたを私の人生と失敗に対する責任から解放します。責任は自分で取ります」と言いながら、その紙を燃やしましょう。エネルギーを取り戻したら、自分に自信が持て、自立できるようになります。

第3チャクラのエクササイズ

◎火の呼吸

　火の呼吸は、素早く腹式呼吸することで、身体から毒素を取り除き、内なる火を上昇させ、解放の流れを刺激することを目的としています。

　　背筋を伸ばし、両脚の力を抜き、楽な姿勢で座ります。

　　腹部の筋肉を使って横隔膜を素早く動かし、口を閉じたまま、息を鼻から勢いよくだします。腹部の力を抜けば、空気がおのずと鼻と胸に入って息が吸えるので、無理に息を吸う必要はありません。

　　もう一度、素早く横隔膜を動かします。その後、体の力を抜いて呼吸しましょう。

　　楽にできるようになったら、このプロセスを連続して行ないます。1セット50回をめどにして、各セットの終わりに長い深呼吸をしてください。まずは1セット50回を3セットから始めましょう。やっているうちに、自分のペースがつかめるようになってきます。筋肉が慣れてきたら、スピードを上げ、回数を増やしていきましょう。

◎ジョギング

　走ることは激しく、高いエネルギーを生みだすエクササイズで、心臓を拍動させ、肺呼吸を促し、体に血液を循環させます。ジョギングは全身の調子を整え、惰性を克服するのに最適です。

◎腹筋運動

一般的な腹筋運動はヨーガとは言えませんが、第3チャクラを覆う腹筋の緊張を高め、消化器官の働きを助けます。

仰向けになり、両脚を平行にした状態で膝を曲げ、首の後ろで指を組みます。

腹筋に力を入れ、息を吐きながら、床から数センチほど頭を持ち上げます。完全に起き上がる必要はありません。腹筋を数センチ収縮させれば効果が得られます。

息を吸いながら頭を下ろしたら、また息を吐きながら頭を持ち上げます。最初はやれるだけ繰り返し、少しずつ回数を増やしていきましょう。

◎ウッドチョッパー

「アー」という音は第3チャクラに関係していることから、このエクササイズは「アー」と大声で叫びながら行ってください。怒りを発散するのにも効果的です。

足をしっかりと地につけ、足を肩幅に開いて立ちます。両手を組んだ状態で、両腕を一気に頭の上に向かって持ち上げ、腰を少し反らします（182ページ図4・3〈左〉）。「アー」と声をだしながら、上半身を振り下ろし、両手を両脚の間に通します（182ページ図4・3〈右〉）。動作はできるだけ勢いをつけて素早く滑らかに、かつ力強く行いましょう。

一連の動作を1セッションに5〜10回繰り返し、エネルギーが上半身に入って来るのを実感しましょう。

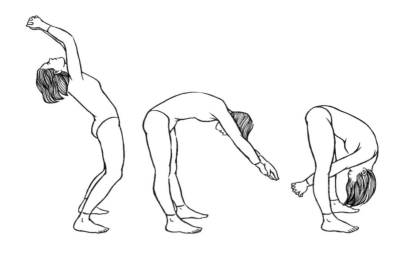

図4・3
ウッドチョッパー

◎弓のポーズ

うつ伏せになり、両手を体の横に置き、リラックスしましょう。深呼吸してから膝を曲げ、両手で足首をつかみます（届かない場合は、ひもを使ってかまいません）。

息を吸いながら頭を上げ、仙骨を押し下げながら胸を持ち上げ、両手で足首を引っ張り、背中をアーチ形に曲げます。肩甲骨を閉じ、腹部でバランスを取りながら、深呼吸します（図4・4）。

両手を使ってアーチ形を維持し、両手以外の体の部位はできるだけリラックスさせてください。

図4・4
弓のポーズ

◎ベリー・プッシュ

体育座りの姿勢から始めます。両手を肩に沿って下ろし、両手の手のひらをしっかりと床につきます。そして、両脚を前方に真っ直ぐ伸ばします。

骨盤、特に太陽神経叢を上に向かって持ち上げます。そのとき、足から頭までがわずかにアーチ形になるように持ち上げてください（図4・5）。

ゆっくりと力を抜きながら、もとの座った姿勢に戻ります。

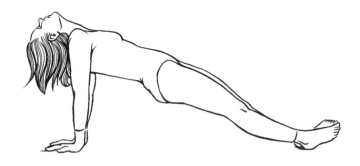

図4・5
ベリー・プッシュ

◎槍のポーズ

このポーズを維持するには、かなりの練習が必要です。腹筋を鍛え、バランスと自制心を発達させます。

仰向けに寝て、（できるだけ膝を伸ばしたまま）両脚を持ち上げ、体がV字形になるように、胴体も持ち上げます（図4・6）。できるだけポーズを維持してから、体の力を抜いてリラックスしましょう。

難しいと感じたら片足ずつ行うか、もしくは両脚を壁につけて行ってください。太ももが十分に鍛えられていないと、脚ばかりに気が取られ、腹筋を十分に鍛えることができません。最初は自分が楽にできる方法で行ってください。

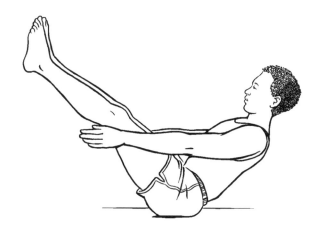

図4・6
槍のポーズ

◎太陽をつくる

　腕は力を活性化するのに重要な役割を果たします。なぜなら、腕は世の中と実際に接触する部位だからです。私たちは腕を使ってさまざまなことを行っていますが、それを行っているのは、実は第3チャクラに他なりません。このエクササイズの長所は、体の動きだけでなく、視覚化（ヴィジュライゼーション）も含まれていることです。エネルギーを心臓と太陽神経叢から腕と手に移動させるのに効果的です。

　　足を肩幅に開いて背筋を伸ばして立ち、両腕を頭の上に向かって真っ直ぐ伸ばします。

　　深呼吸して、腕と指をできる限りしっかり伸ばします。次に、両腕をゆっくりと横に下ろしていきます。手のひらを下に向け、腕はしっかり伸ばしたまま、大きな円を描くように下ろしていきましょう（187ページ図4・7）。

　　両腕が地面と平行になる位置まできたら、そこからは、目に見えない力を手で押し下げる気持ちで腕を下ろしていきます。その間も常に、自分は太陽の中心であるとイメージし、両腕で大きな円を描くことを忘れてはいけません。手に何らかの力を感じたら、それは自分が克服すべき障害物だと思ってください。そして、自分の両手が障害物を押し下げ、指からは螺旋状のエネルギーが流れだしているとイメージしてください。大きな円が描き終わったら、太陽の光があなたを包み込んでいると想像し、しばらくその光を感じてください。

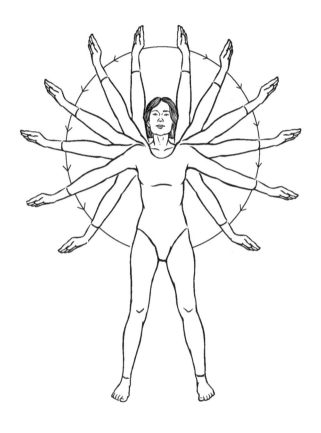

図4・7
太陽をつくる

◎パワー・ウォーク

　背筋を伸ばして立ち、両肘を曲げ、胸の前あたりでこぶしをつくります。

　そのまま、足を一歩踏みだし、腕で障害物を押しのける気持ちで、踏みだした足と反対側の腕を大きく前に突きだし、もう片方の腕の力は抜きます。

　この動作を繰り返します。

力強く腕を振って歩くことで、あなたの周りから障害を取り除いていると思いましょう。ばかばかしく感じるかもしれませんが、動作に力を込めるために、「出ていけ」や「消えろ」と言いながら歩くことをおすすめします。

◎笑いのサークル

アメリカの子どもがよくやるゲームです。3人集まればできますが、4人以上でやる方が効果的です。

　最初に一人が仰向けに寝転び、2番目の人は最初の人のお腹の上に頭を乗せて寝ころびます。3番目以降の人も同じように前の人のお腹に頭を乗せていきますが、その際に全員で円を描くように順に寝ころんでいきます。そして、最後の人が最初の人のお腹の上に頭を乗せて円を完成させます。円が完成したら、最初に誰か一人が、お腹から吐きだすように「ハ！」「ハ！」「ハ！」と言います。そうしたら時計回りに、次の人が「ハ！」「ハ！」「ハ！」と言い、そしてまたその次の人が同じことを続けていきます。自分の頭が人のお腹の上で弾むうちに、「ハ！」が「ハハハ」になり、たちまち円は大きな笑いに包まれることでしょう。

基本的にエネルギーを急速に移動させることであれば何でも、第3チャクラに効果的です。重要なのは惰性を克服することです。ひとたび惰性を克服すれば、意志が支配するようになり、欲求と理解が合成された力がエネルギーとなり行動へと導きます。惰性を克服することは、意識の成長において大きなステップになるでしょう。

第4チャクラ

サンスクリット名：	アナーハタ
意味：	打たれない
位置：	心臓
元素：	空気
機能：	愛
内なるエネルギーの状態：	喜び、愛、思いやり
外なるエネルギーの状態：	気体
内分泌腺：	胸腺
身体の部位：	循環系、肺、心臓、心膜、腕、手
機能不全：	喘息、高血圧、心臓病、肺疾患、肝疾患
色：	緑色
種子字：	Yam
母音：	play［pléɪ］で発音される「エイ」
花弁：	12枚
タロット：	ソード（剣）
セフィロトの樹：	ティファレト
惑星：	金星
金属：	銅
食物：	野菜

対応する動詞：	私は愛する
感覚：	触覚
ヨーガ流派：	バクティ
香り：	ラベンダー、ジャスミン、ニオイイリスの根茎、ノコギリソウ、マジョラム、シモツケソウ
鉱物：	エメラルド、トルマリン、翡翠、琥珀、ローズ・クォーツ
動物：	レイヨウ、ハト、鳥類
グナ：	ラジャス、サットヴァ
シンボル：	12枚の花びらの中に、六芒星。中央にマントラのYam。マントラの中心に下向きの三角形（トリクマ）。三角形の中にシヴァ・リンガ。描かれている神は、統一の神であるイーシュヴァラとシャクティ・カキニ。星の底部には自由の象徴であるレイヨウが走っている。
ヒンドゥ教の神：	ヴィシュヌ、ラクシュミー（守護者として）、クリシュナ、イーシュヴァラ、カーマ、ヴァーユ、アディティ、ウルヴァシー
その他の神：	アフロディーテ、フレイヤ、パーン、エロス、ディアン・ケト、マアト、アスクレピオス、イシス、アイオロス、シュウ（キリスト；厳密には神ではありませんが、第4チャクラのエネルギーになっています）
大天使：	ラファエル
主な動作力：	均衡（バランス）

チャクラ・システムの中心部

最初に生まれたのは愛。神々も魂も人間も愛には及ばない……。天と地が遠くまで広がるごとく、水が遠くまで流れていくごとく、火が高く燃えるごとく、かくも偉大なる愛！　風も、火も、太陽も、月も愛にはとても及ばない。何よりも偉大なる愛！

アタルヴァ・ヴェーダ

　私たちは、第3チャクラに意志の火を灯し、自分の人生を支配できるようになりました。また、人生の流れを阻むしぶとい障害物も焼き尽くしたので、ここで少しだけ火を弱めることにしましょう。そして、激しく燃えていた火が弱まり、残り火に変わったら、いよいよ自分の中心に向かっていきます。中心は既に十分温められ、清められ、新しいレベルの気づきを受け入れる準備ができています。

　さあ、活動的で燃え立つような太陽神経叢から、また別の新たな領域へ入っていきましょう。肉体と顕在化の領域から、より柔軟な精神性の領域へと移っていきます。これまで私たちは自己、欲求、行動に重点を置いてきましたが、ここからはより広範な思考や行動パターンを受け入れ、複雑に入り組んだより大きな人間関係の中でもまれ、自我を超越し、もっと偉大で深みのある、より強いものを目指して成長していきます。天に向かって手を伸ばし、心を広げていくのです。

　私たちは、ようやく7つのチャクラの中心点、つまり、心臓部にたどりつきました。「○○○の心臓部に迫る」という表現があるように、心臓部という言葉は物事の中心、本質、真実の核心を意味します。私たちにとって心臓は、精神的な中心であり、コア（中核）であり、上と下、内と外のエネルギーが結合する場所です。そして、チャクラの心臓部に当たる第4チャクラには、私たちという存在に関するあらゆる要素を統合し、バランスを取る働きがありま

す。このチャクラの働きによって、すべての生命体に全体性（ホールネス）という感覚がもたらされるだけでなく、精神と肉体が絶妙なバランスで深く影響し合うようになります。第4チャクラがもたらす全体性の感覚には、内なる平穏の種が眠っているのです。

　心臓のチャクラと呼ばれる第4チャクラは、愛の中心です。精神と肉体が結合すると、この第4チャクラでシヴァとシャクティが結ばれます。シヴァとシャクティが、永遠に創造ダンスを踊り続けることで、すべての存在に愛の光を放ち、万物が絶えることのないように永続性をもたらします。また、守護者であるヴィシュヌとラクシュミーとして、私たちの人生の中年期を司り、安定性と継続性を与えてくれます。そのためヴィシュヌとラクシュミーの愛は、人生を築くために欠かせない要素のすべてを一つにまとめる「結合」の力と考えられています。

　私たちが第4チャクラで経験する愛は、第2チャクラの性的で情熱的な愛とは明らかに異なるものです。性的な愛は、対象そのものに重点を置いているため、その愛情は対象者に刺激された結果と言えるでしょう。ですが、第4チャクラの愛は、外部からの刺激によって経験するものではなく、自分の中に存在しているものから生じ、自分の内側で経験するものです。第4チャクラの愛は、内側から外側に向かって光を放ち、私たちの精神や肉体に入ってくるものすべてに愛と思いやりをもたらします。第4チャクラの愛は、神聖な存在のための共感的つながりの必要性や欲求の延長線上にあるものではありません。何も必要としない満ち足りた気持ちから生じ、自分の境遇を喜んで受け入れ、内なる調和によって光を放つものです。

　したがって、第2チャクラの一時的な情熱から生じて変化していく愛とは違い、第4チャクラの愛は無限に続き、永遠に変わることはありません。

アナーハタ（静かなる中心点）

　第4チャクラのシンボルは、円状に並んだ12枚の蓮の花びらで、円の中には六芒星が配されています（195ページ図5・1）。六芒星を形づくっている二つの三角形は、精神が肉体に入ってくる顕在化（下降）の流れと、肉体が精神と合流する解放（上昇）の流れを象徴しています。この六芒星は（「ダビデの星」としても知られている）「神聖な結婚」、つまり、男女がバランスよく影響し合っていることを表わしていて、まさに、開いた第4チャクラが発する光り輝く星といえるでしょう。また、すべてのチャクラが、第4チャクラで統合されることから、六芒星は他のチャクラとの関係性も示していると考えられています。

　第4チャクラは、体内では心臓神経叢に関係し（196ページ図5・2）、心臓と肺、そして胸腺を司っています。チャクラは、回転するエネルギーの輪（渦）とされていますが、体全体を一つの大きなチャクラと見なし、第7チャクラから各チャクラを通るように螺旋を描いていくと、第4チャクラが螺旋の最終点になることがわかります。つまり、第4チャクラは、7つのチャクラの中心であり最終目的地になっているのです（197ページ図5・3）。また、猛威を振るう台風の目（中心）の部分が無風状態であるように、7つのチャクラの中心である第4チャクラは安らぎと静けさの場所なのです。

　第4チャクラは、サンスクリット語でアナーハタ（Anahata）と呼ばれ、アナーハタという語には「二つの物が触れ合うことなく発せられる音」「打たれない音」「傷のない」「新鮮な」「汚れていない」などの意味があります。過去に受けた心の傷による苦悩から解放されると、チャクラは清らかに、いきいきと開いて光を放ちます。第3チャクラにおける奮闘は、第4チャクラで受容に変わります。したがって、第3チャクラが、きちんと仕事を果たしていれば、私たちはさまざまな状況を受け入れやすくなっているはずです。

図5・1
アナーハタ・チャクラ
(出典:Timeless Books)

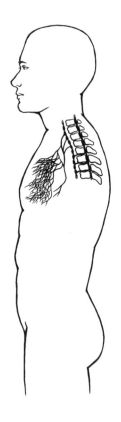

図5・2
心臓のチャクラ（心臓神経叢）

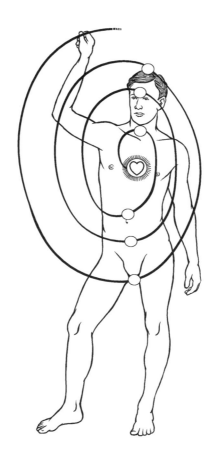

図5・3
螺旋の終点としての第4チャクラ

第4チャクラの元素は、これまでの物理的元素の中で最も密度の低い空気です。元素としての空気は、知識や活発で膨張性のあるものと関係しています。空気は、空を飛ぶ鳥のような自由さ、部屋を換気したような解放感と新鮮さ、さらに軽さ、簡素さ、柔らかさを象徴しています。空気には空間的な広がりのイメージがありますが、空間的な広がりは何かを手放したときに得られるものです。あなたの愛する人が、あなたから離れていくのは、あなたが束縛しすぎて、相手の空気を奪ってしまい、息苦しい思いをさせているからかもしれません。空気を奪われた者は「呼吸する余裕」が欲しくなり、空間的な広がりを求めて、あなたを手放したくなるのです。

　また、これまでに取り上げてきた元素と違い、気体である空気はあらゆるところに、くまなく分散する傾向にあります。祭壇で焚かれたお香の香りが、いつの間にか部屋中に広がっているのに気がついたことはありませんか。それは、空気がお香の香りを静かにバランスよく、部屋全体に均一になるよう運んでいるからです。空気を元素とする第4チャクラも、空気のように均一に広がるバランス、それも、万物の複雑な関係に対する慈愛に満ちたバランスを反映しています。

　最後にもう一つ、空気は呼吸という、細胞を生かし続けるための極めて重要な作用を象徴しています。ヒンドゥ教徒は空気をプラーナ（prana；語源は「始まり」を意味するpraと「結合」を意味するna）と呼んでいます。ヨーガ哲学でプラーナ自体は、あらゆる生命がつくりだされるもとになる生命エネルギーとされ、物質界と精神界の橋渡し役をするエネルギーと考えられています。精神が肉体に影響を与えたいときは、呼吸をコントロールすることでそれを可能にします。同様に、呼吸をコントロールすることで精神を鎮めることもできます。第4チャクラが上位チャクラと下位チャクラを統合するものであるように、プラーナも精神と肉体をつなぐために必要不可欠なものです。

　第4チャクラを開くにはテクニックだけでなく、第4チャクラをしっかり理解する必要もあります。そこでまずは、愛、そして関係性から第4チャクラの世界を理解していきましょう。何が原因でその関係に入り、そこに留まってい

るのかを学ぶのです。当然ですがそこには、私たちの個人的な関係、つまり他者や周りの世界との関係も含まれています。

　また、第4チャクラが求めているのは、相反する二つのこと、つまり精神と肉体、内なる領域と外なる領域、自分と他者、与えることと受け入れることなどの関係やバランスに対する理解と実践です。よって、このチャクラを開くには自我を超越し、自分よりも大きな力に身を任せなければなりません。さらに、呼吸についての理解を深め、呼吸をコントロールできるようになる必要もあります。なぜなら、呼吸は肉体的な変化のみならず、精神的な変化の手段にもなるからです。

　こうした第4チャクラが持つさまざまな特徴を、これから詳しく説明していきます。きっと、第4チャクラが開くことで、あなたの心は解放され、あなたに平穏がもたらされることでしょう。このことについてウパニシャドでは次のように語られています。

　人間として生を受けたこの世で心の結び目がすべて解かれたら、人間は不死になるだろう。まさにそれがこの聖典の教えである。

愛

愛は顕在化のプロセスで、各意識体に及ぼされる宇宙の中心による引力である。
　　　　　　　　ピエール・テイヤール・ド・ジャルダン（神父・哲学者）

　Love（愛）。あらゆる英単語の中で、この4文字からなる単語ほど膨大な、そして捉えがたい意味を持っている言葉はおそらくないでしょう。愛は、私たち一人ひとりの魂の基本であり、生命を司る本質です。では、「愛はどうやって見つけるのでしょうか？」「どうやって維持するのでしょうか？」「どうやって分かち合うのでしょうか？」「愛とは何か？」という疑問には、とてもひと

言では答えられそうにありません。

　愛は、力と同じように私たちが求めてやまないものです。なぜなら、愛を十分に感じている人は、わずかしかいないからです。その反面、多くの人が愛を恐れて生きています。また、愛を本当に理解している人は、ほとんどいないと言っても過言ではないかもしれません。それにもかかわらず、私たちの誰もが愛を探し求め、愛を見つけたら、その愛で自分の人生が幸せなのかどうかを測るのです。この愛の不可思議な力はいったい何なのでしょうか？　どうして私たちの人生に、愛はこれほどまで影響を及ぼすのでしょうか？

　愛は、あらゆるものを結合し、その関係を維持させる力です。愛で結合し、愛に内在するつながりに触れることで、私たちの分離した精神と肉体は一体となり、さらに大きなものと関係を持てるようになります。愛の結合力は、結びつけるもの同士の思考や行動パターンが一体化するまで結びつけようとします。しかし、互いに変化し、自由であることも許します。つまり、私たちの中心にある愛は、バランスを取ることで、関係を維持させているのです。

　第4チャクラに入ると、私たちは自我を超越できるようになり、自分で定めた境界を解き、愛と一つになります。愛される最良の方法は、愛を与えることです。なぜなら、誰もが愛を必要とし、求めているため、自分を賞賛し安心させてくれる人に引き寄せられるからです。他者を安心させ、受け入れることで、愛の領域は広がります。お世辞や感謝を言葉にしたり、身体に触れたりして愛情あふれるエネルギーを与えることで、同じエネルギーを自分の中に入ることができます。

　愛され、認められることは、自己受容（自分を愛するために必要なステップ）を促し、個人の成長の基礎になります。子どもは親の意見に影響され、そこから学んでいきます。そして、親からのフィードバックによって、自分のあり方に対する認識を形成していきます。たとえば、親に「その絵上手に書けたね」と言われたら、子どもは肯定的なフィードバック・システムを形成することになります。皆さんも誰かに「その服すごく似合っている」と言われたら、嬉しくなりませんか？　そうなると今度は、相手の良いところを探し

て、同じように褒めたくもなるものです。こうしたやりとりが続くことで、どんどん気分がよくなり、互いを認め合うようになるのです。これが愛のエネルギーであり、人から人へと流れていくのです。

　しかし、愛のエネルギーの流れを減少させる要因もあります。たとえば、一人の人に執着しすぎると、他の人たちから入ってくるエネルギーの流れを減少させてしまいます。また、嫉妬も限られた狭い範囲内にしか愛情を流さないため、愛のエネルギーの流れを減少させます。同性愛者に対して嫌悪、拒絶、偏見、恐怖など否定的な感情を抱くホモフォビア、年齢差別、人種差別なども愛のエネルギーを制限する要因です。「あの人に触ってはだめ。同性愛者だから！」「彼女は歳をとりすぎ」「あの人たちは（肌の色が、体の大きさが、育ちが）違う」。このように人を区別していたら、第4チャクラに不可欠な全体性（ホールネス）や相互依存に対する理解を破壊してしまいます。愛は、無限のものと考え、また、乏しい愛情でなく、溢れんばかりの愛情を持って愛にアプローチすれば、真実の愛は無限に続くことがわかってくるはずです。

　第4チャクラが開くと、愛のエネルギーを分かち合うための知識や理解が広がります。自分の視野を広げるには、自分に似た経歴の人と接するよりも、異なる経歴の人と接する方が刺激になり、成長の助けにもなるでしょう。また、多くのことを理解すればするほど、愛の許容量は増えていきます。

　もし、あなたが引っ込み思案だとすれば、あなたは損をするばかりか、引っ込み思案のせいで人生の悪循環を生みだしかねません。なぜなら、あなたが行動を起こせないのは、単に引っ込み思案が原因だとしても、他者の目には「冷たい人」や「無関心な人」と映るかもしれないからです。

　そうした悪循環を第4チャクラのレベルで解消すれば、人との隔たりを取り除くことができるでしょう。また、第3チャクラを開くことで自ら意思決定ができます。さらに、行動できる能力を身につけていれば、第4チャクラをともに第3チャクラを活用でることで積極的に行動が起こせるようになるはずです。

　拒絶は、人間をもっとも不安にさせるものです。拒絶は、私たちの内なるバ

ランスと、自己受容の感覚を脅かします。第4チャクラが「統一する」ものだとしたら、拒絶は私たちを「分解する」ものです。拒絶によって肯定的なフィードバック・システムは作動不能に陥り、その結果、自分に対する愛がなくなり、自己が破壊し始めます。すると、もはや精神と肉体とのつながりを感じることもできなくなり、切り離され、孤立してしまうことになります。

　しかし、不安は第4チャクラを理解する上で不可欠なものです。なぜなら、不安は第4チャクラの繊細なエネルギーを守る門のようなもので、保護装置として働き、チャクラを出入りするエネルギーのバランスを整えてくれるからです。チャクラに出入りするエネルギーが増加すると、門は閉まります。門が閉まると、外界を行き来するエネルギーのみならず、上位チャクラと下位チャクラを行き来するエネルギーも第4チャクラに入ることが制限されます。不安によって門が閉まれば閉まるほど、チャクラ全体のエネルギーの流れは滞り、その結果、精神と肉体は分離し、第4チャクラのエネルギーは枯渇してしまい、私たちは自分一人の世界に閉じ込められることになります。

　愛を学ぶには、あらゆるレベルのエネルギーを必要とします。愛を生みだして維持するには、すべてのチャクラを機能させなければなりません。つまり、私たちは感じることができ、意志の疎通ができ、自主性と力を持ち、見て理解できなければならないということです。そして、何よりも重要なのは、肩の力を抜いて自然体でいることです。なぜなら、第4チャクラは、陰に相当するため、深遠な愛はときとして物事をあるがままにさせるからです。

　愛とは、空気の膨張と均衡のようなもので、私たちを優しく包み込む領域です。私たちは、愛を通じて自分の中心（心の深い部分になるもの）、力、そして生きる理由を見だします。

　愛は、自分が既に生涯にわたって続く、長く複雑な人間関係の中につながっていると理解することです。愛は、「私たちは、同じ本質でできていて、同じ惑星にいて、同じ問題に直面していて、同じ希望と不安を抱いている」と認識することです。ですから肌の色、年齢、性別、外見、金銭など何の意味もなしません。

愛は、また、他の何よりも精神的な深いつながりを感じるものです。胸を打たれるような、心を動かされるような、自分の限界を超えた高みへ導かれるような感じがするものです。愛は生涯にわたって私たちをつなぐ根本的真理と結びついています。愛は日常生活を神聖なものにします。だから誰もが、愛を大切に守ろうとするのです。万物とつながっている感覚がなくなると、神聖なものを失い、もはや自分を育んでくれるものすら守れなくなってしまいます。

私たちは、まさに愛そのものなのです。私たちは、愛の力であり、愛の表われであり、顕在化した愛であり、愛の媒体です。愛によって育ち、超越し、成功します。また、私たちは、愛に屈服することで、さらに成長し直し、愛を深め、愛によって生まれ変わりますが、さらに打ちのめされ、再び生まれ変わるのです。愛は永遠の力であり、安定剤といえます。命の中心となる第4チャクラの輪を祝福すれば、他のチャクラの輪も回転するようになるでしょう。

関係とバランス

> 相手を本当に理解するには、その人が極度のストレスにどう対処しているかでなく、恋に落ちないようにどうしているかを知ることだ。
>
> アルド・カロテヌート（精神分析家）

第4チャクラでは、第1チャクラから第3チャクラの下位チャクラの微細なサイクルから抜けだし、3つの下位チャクラをひとまとまりとして眺めて、互いに機能し合っていることを確認していきます。第4チャクラの神イーシュヴァラは統一の神であり、タマス、ラジャス、サットヴァの持つ三つの基本性質との相互依存関係や、それらとのバランスを象徴しています。しかし、三つの基本性質のバランスは常に流動的なので、調和性があること自体、幻と見なされることもあります。

分離した精神と肉体を一体化させるには、関係という結びつきの中に入っていく必要があります。そこで、まずは下位チャクラ同士の関係を確認するため

に、チャクラの構造を復習したいと思います。第1チャクラでは、物質について学びました。物質とは個々に分離し、明確に区別できる堅固な存在で、その大きさは亜原子粒子と呼ばれる原子以下の粒子から惑星や恒星までさまざまでした。第2チャクラでは、その物質の運動（第2チャクラに働きかける力）について学びました。そして、第3チャクラでは、第2チャクラの運動によって物質同士が衝突した結果、その構造が変化し、燃焼してエネルギーを放出することを学びました。そして、こうした下位チャクラのサイクルが、より大きな構造と結合するために、あらゆるものの中に存在していることを知りました。

　また、下位チャクラのサイクルは、ある種の関係にあるときのみ継続することができます。継続できるのは、下位チャクラのサイクルを機能させる大きな力である第4チャクラの力が存在しているときです。

　では、第4チャクラの力とはいったいどのようなものなのでしょうか？　それは、私たちが愛と呼んでいる力です。愛という力があれば、関係は永続的に続きます。私たちが活動し続けられるのは、愛のおかげで下位チャクラのエネルギーが第4チャクラに入ってくるというサイクルが保たれているからです。

　家族のために働き、子どもを育てることができるのは、家族が愛で結ばれているからです。会社でさまざまな仕事を成し遂げられるのは、会社に対する愛が共通の利害となって社員を結びつけているからです。学校に行ったり、本を買ったりするのは、向学心という勉学に対する愛があるからです。関係を維持させるのは、まさに愛の力なのです。

　愛という神秘的な力には、さまざまな逆説的な考えが存在しています。たとえば、愛には引きつける力と、手放す力があります。また、人は愛（恋）に落ちると、気持ちが舞い上がるものです。愛はあらゆるものを無限に結びつける力なので親密さを求めますが、その一方で距離を置くことも必要とします。つまり、愛にはバランスが必要であり、それが愛の本質なのです。

　私たちの日常生活のパターンやサイクルが繰り返されるのは、それらが意志を介して精神に認識され、絶え間なく続くよう調整されているからです。そして、私たちは、こうした繰り返されるパターンやサイクルそのものでなく、そ

れらをつくりだしている何かとの関係を理解しなければならないのです。つまり、私たちの日頃の生活のパターンやサイクルが何と関係しているのかを理解するには、世の中を連動パズルとして眺める必要があるというわけです。

　また、第3チャクラと第4チャクラの大きな違いは、気づきです。下位チャクラの活動は意識に影響を与え、意識をつくりだしてきました。そして、私たちは直観と情動に従って行動し、過ちから学習してきました。学習はどんどん複雑になり、学習したものは概念、記憶、論理としてより上位のチャクラに保存され、再び下位のチャクラに向かって下降してきます。下降してきた意識は、行動に影響を与えます。生命体は、このように自らのパターンをつくりだし、それを繰り返すことで、自分という存在を意識、つまり気がつくようになるのです。

　関係とは、物体と情報を融合させるものです。むしろ、私たちは情報によって関係に気がつき、認識していると言えるかもしれません。そして、認識した関係のパターンは、私たちの思考、コミュニケーション、知覚の基本構造を築くための概念になっていきます。第4チャクラの意識は、世の中が愛の力で結ばれた複雑な関係と認識しています。

　私たちは、物体と活動の関係を理解すると、その関係の完璧さ、バランス、さらには不変性も認識するようになります。たとえば、私たちが太陽系を完璧にバランスの取れた無限のサイクルだと認識しているのは、それぞれの惑星が互いに太陽からの引力バランスを保ちながら、ぶつかることなく太陽の周りを回り続けていることを理解しているからです。

　このように、私たちは関係性のパターンを認識すると、持続しているパターンが、パターンを構成している要素同士の力強い均衡状態から生みだされていることがわかるようになります。そして、自然や、さらに大きな宇宙の一部である私たちが生きていくために必要な要素は、「正しい居場所にいる」ことだと気がつくようになります。それができると、私たちは自分と周りの環境とのバランス・ポイントを探すことができるようになります。

　バランス・ポイントは、仏教の曼陀羅図の中心に配されている本尊のよう

に、私たちの全体性（ホールネス）の要となります。心理学者のユングは、人の心の均衡が失われそうになると円形の宇宙観が表われることに気がつき、それが仏や菩薩を一定の秩序に従って理路整然と配されている曼荼羅に似ていることから、曼荼羅を心の統合と全体性（ホールネス）の原形と考えました。そのためユング派の心理学では、曼荼羅をバランスのとれた理想的な精神状態の象徴としています。自分の周りとの関係が完璧であると認識できたら、それは第4チャクラが開き始めたという合図です。

　バランスの原則は、対人関係にも当てはまります。対人関係は、総合的なバランスが維持されていれば持続します。片方もしくは両方がバランスを失い、相手に応える度量がなくなったら、関係は終わります。バランスを崩す原因として考えられるのは、関係という領域内にあるギブ・アンド・テイクのバランス、生命力、精神的な進化、金銭、セックス、力、家事、子育て、コミュニケーションなどの要素がアンバランスになっていることかもしれません。

　忘れてはならないことは、バランスは静的ではなく動的なものだということです。つまり、バランスは時間とともに変化するものです。したがって、対人関係を維持するには、両者が完全に同等の関係でなければ維持できません。

　対人関係のバランスの維持に大きな力を発揮するのは、私たちの中にある内なるバランスです。私たちは、この内なるバランスによって、曼荼羅の規則正しいパターンの中にあるバランスを感知できるようになり、感知したバランスは解放と安定するためのポイントになっていきます。また、このプロセスは精神にも肉体にも、また、他のどのチャクラにも行うことはできません。第4チャクラにしかできないことで、第4チャクラを自分の中心として充実させることできるようになります。

　私たちは、意志が十分に働き、生理的欲求が満たされていると、関係をより正しく認識することができます。そして、そのようなとき、私たちは対人関係における自分の「正しい居場所」を見だせるかもしれません。どんな関係でも自分の「正しい居場所」にいられる関係は、自分の周りの環境とも調している証拠です。このような、互いが最大限にバランスが取れている関係は、非常に

円満で必ず長続きするものです。逆に、バランスの取れていないもろい関係は、新し関係をつくりだす足掛かりになります。完璧な関係を認識すると第4チャクラが開き、より相手を受け入れられるようになります。

7つのチャクラは、エネルギーの中心経路であるスシュムナーに沿って一列に並び、エネルギーを充電しています。もしも、私たちが自分のバランスを失ったら、まるで脊椎の椎骨がずれるかのように、チャクラの列が崩れてしまうかもしれません。

第4チャクラは、7つのチャクラの中心にあります。万が一にも、その位置が大幅にずれてしまうと、第4チャクラは大きなダメージを受け、私たちにも大きなダメージがもたらされることになります。つまり、私たちの中心である第4チャクラ（精神）にアンバランスが生じることで、7つのチャクラ全体のバランスが崩れる可能性があるというわけです。そうなると、上位チャクラと下位チャクラ、精神と肉体のバランスのみならず、内側と外側、さらには自己と超越のバランスまでも崩れてしまうかもしれません。

愛があるゆえに、エゴを捨てたり、離れている間に寂しさを感じたり、何かと心のバランスを崩すこともあるでしょう。しかし、それらの経験によって、より強く他者と結びつけられるようになることも忘れてはなりません。

強い結びつきは、解放の流れによって促進されます。そして、私たちは解き放たれ、ウキウキするような愛の効果（通常とは異なる意識状態）を経験することになります。しかし、ひとたび愛が冷めてしまうと、広がっていた意識もしぼみ、一気に平凡な自分に戻り、一人ぼっちになって、愛の恩恵も高揚感も失われます。ゆえに、人は愛を維持することに執着するのです。

愛で心が浮き立っていると、地に足がつかなくなる危険があります。地に根づかせ、地から栄養をもらわなければ、愛は維持できません。そのため、愛で心が浮き立っていても、しっかりとした自己（情熱と意志が現れる本質）を持ち続ける必要があります。

心が浮き立って自己から離れすぎると、私たちはもはや存在できなくなってしまいます。そして、私たちは生命の炎を燃料から切り離してしまい、燃え尽

きると同時に地に崩れ落ち、バランスが崩れ、身近な関係でさえ実体のあるものにできなくなってしまいます。そうして、自分を失うと自分の中心を失い、自分の心を失い、最愛の人たちとの関係を壊してしまうのです。このことをイギリスの作家、D・H・ロレンスが次のように話しています。

他者に完全に身を任せてしまうと、ひどい混乱が生じます。よって、愛と自己をバランスよく調整し、それぞれ一部だけを犠牲にすればいいのです。

バランスよく生きるということは、寛大さ、思いやり、優しさを持って生きるということです。愛は持続するものです。同じく、愛でなされることも持続します。バランスが取れていないものは持続しません。

バランスを維持するには、自分のすべてを認識する必要があります。知性でもって認識するのではなく自分の中心である心の経験を通じて認識するのです。なぜなら、自由な状態にある心は秩序をつくりだし、バランスをとろうとするからです。

最後になりますが、第4チャクラでは、出入りするエネルギーのバランスが均等に保たれなければなりません。第4チャクラのエネルギー・バランスが均等に保たれていれば、エネルギーがすべてのチャクラに無限に供給されることになります。つまり、呼吸をするとき呼気と吸気がほぼ均等であるように、相手にエネルギーを与え続けるためには、自分もどんどんエネルギーを補充しなければならないのです。愛というエネルギーは与えられると、何倍にも増していくものです。しかし、愛を与えすぎたり、地に足がついていなかったりすると、7つのチャクラの列が乱れ、自分の肉体や人間関係などのさまざまなエネルギーバランスが崩れる原因になります。また、エネルギーが枯渇しているときにエネルギーを与えるのも、バランスを乱す原因になります。

あらゆるもののバランスを考えるためには、「善」や「悪」といった二極的な考えをやめることです。私たちは、自我をなだめるために厳格な善である必

要も、身勝手な悪である必要もありません。真実の愛は、チャクラからチャクラへと流れ、それぞれのチャクラが独自の方法で、独自の役目を果たす自由を与えてくれます。

愛は、執着することはでありません。愛は、自分自身と調和している状態のことです。アメリカの心理学者で老年学の研究者でもあるケン・ディヒトバルトは、愛というテーマで瞑想し、長期断食したあと次のように述べています。

> 愛とは、私たちは皆、同じ地球というスープの中の小さな塊で、その地球も大宇宙の中の小さな塊にすぎないと認めることのように思える。だから、愛とはこの美しくも活動的な関係に気がつくことであり、その状況を当たり前のように感謝することなのだ。愛は探しだすものではない、気がつくものなのだ。発見やら発明という問題ではない。

愛は、健全な生物間の自然な関係です。愛が自分の中にあることを知るには、愛はいつも自分の周りのあらゆるものに存在していると信じることです。

親和性

親和性は、化学で使われている用語で、ある物質が他の物質に溶け込んで結合する性質や傾向を意味しています。親和性は、原子の内部構造が本質的に結合しやすい場合に生じます。

親和性は、結合をもたらします。互いに親和性のある二つの物質が集まると、結合してより永続的な関係を築きます。なぜなら、互いに相手が不足しているものを持っているからです。平たく言えば、正反対同士のものが引き合い補って、バランスを取っているようなものです。

人間の結びつきはよく「化学反応」にたとえられますが、確かに化学結合と似ているかもしれません。誰かに心惹かれたときというのは、その理由がはっ

きりわからなくても、どういうわけか抑え難い感情が湧いてくるものです。

　心惹かれる人というのは、どうやらエネルギーの場に私たちが必要とするものを持っているようです。そして、もしも運良く私たちも相手が必要とするものを持っていれば、うまい具合に親しみを感じ、結合が生じるかもしれません。第4チャクラは、まさに愛が生じるのに相応しい場所です。なぜなら、バランスの中心であり、そもそも他のものと結合し、エネルギーのバランスを取ろうとする傾向がある場所だからです。

　先に、親和性は正反対同士のものが引き合いバランスを取っているようなものと言いましたが、親和性があるのは自分の真逆の人だけというわけではありません。むしろ、ヴィジョンを共有する相手を見つけたときの方が、親密感（理解する相手を見つけることで生じる静かな確証）を感じることが多いようです。私たちが放出しているエネルギーは、自分に調和するエネルギーが向かってくるとレーダー探知機のようにそのエネルギーを捉えるのです。繰り返しますが、7つのチャクラは開いていても、閉じていても、常にバランスを求めています。しかし、そのバランスの基礎になっているのは、必ずしも極性の力というわけではありません（364ページ「チャクラと人間関係」参照）。

　親和性で最も重要なのは、科学的に他者を引きつけることではなく、自己を構成している要素同士の親和性を発達させることです。私たちは、自己を構成している要素同士が親和していると実感すると、愛情深く、受容的で、喜びに満ちた波動を発するようになります。そして、私たちが発した波動は他者を刺激し、親近感を覚えさせるのです。

　親和性が実感できるようになるには、ありのままの自分を受け入れることから始めましょう。自己受容は無条件の愛への第一歩になるものです。しかし、ありのままの自分を受け入れることは、よくなろうと努力するのをやめるということではありません。また、ありのままの自分を受け入れ、愛することは、環境や自己の変化を必要とはしません。自分への愛が心に生じると、第4チャクラの無条件の愛によって他者のみならず、心の傷や過去の過ちなど何もかも受け入れやすくなります。また、ありのままの自分を受け入れ、自分を思

いやっていると、自分を望むように変化させることができるようになります。

　親和性には、波動をだす性質もあります。私たちは、親近感を覚え、調和していると感じると、私たちの言動はすべて共鳴している音のように互いに干渉することができる波動の性質を持つようになります。私たちは、自分の中から愛を放ち、そうした波動を発することで、周りの環境と調和しているのです。

　心臓という臓器では、すべての細胞が拍動し続けています。また、心臓の細胞はどの部分を切除しても拍動し続けます。顕微鏡のスライドの上に切除した心臓の細胞を乗せ、別の心臓の細胞と合わせると、両方の拍動のリズムが共鳴し、やがて同じリズムで拍動するようになります。つまり、リズムの同調現象が起こるのです（この詳細については「第5チャクラ」で説明します）。私たちは、自分の心臓のリズムに波長を合わせ、生命体の中枢となるリズムと周りの世界のリズムに自分を同調させているのです。

　では、親和性という感覚を得るにはどうすればいいのでしょうか。それには自分と対話することです。たまに自分をじっくり見つめ直してください。心の奥で発している自分の言葉を読み取ろうと思ったら、目を閉じてゆっくり深呼吸してください。そして、まずは自分の身体に挨拶することから始め、身体から挨拶が帰ってきたら対話を始めてください。「自分をもっと正しく扱う方法はありますか？」「注意を要する部分や、不必要に抑制している部分はありますか？」「他者と同じように自分を扱っていますか？」などと問いかけながら、自分自身と向き合ってください。

　私たちは身体は、さまざまな構成要素からつくられています。それらがすべて一体となり、調和したときに本当の強さが生まれ、他者に愛を与えられるようになるのです。身体のすべてを生命体の中心である心臓の波長に合わせれば、身体のあらゆる部分が一斉に同調し合い、自然と親和性のある状態が生じるようになるでしょう。

癒し

生き物はすべて意識的もしくは無意識的に、自分や他者を癒す能力を持っている。この本能は昆虫、鳥、動物、そして人間に生まれながらに備わっているものだ。生き物は皆、独自の医術を見だし、さまざまな方法で自分を癒し、また他者と癒し合っている。

ハズラット・イナヤット・カーン
（イスラームの神秘主義スーフィズムの指導者）

　癒すとは、すべてが一つになるということです。統合や一体化の働きがある第4チャクラは、当然ながら癒しの中心になります。第4チャクラがもたらす愛は、まさに究極の治癒力なのです。

　私たちは、第1チャクラから第4チャクラに近づくと、腕という部位にでくわします。腕と第4チャクラは、密接な関係にあります。そのことを知るために背筋を伸ばして立ち、腕を真横に広げてみてください。私たちは十字架のような形になり、横の線（両腕）と縦の線（体）が、ちょうど心臓（第4チャクラ）で交わるのがわかると思います（213ページ図5・4）。十字架の交点に当たる第4チャクラは、腕や手にエネルギーを送っていて、腕には、東洋医学でいうところの人体に存在する14本の主要な経絡（血や気が流れる経路）の内、三陰経（手太陰肺経・手少陰心経・手厥陰心包経）が通っています（214ページ図5・5）。三陰経はそれぞれ肺、心臓、心膜（心臓を覆っている伸び縮みできる膜）と対応しています。

　私は、心臓から手に向かっていくエネルギーの経路をヒーリングチャネル（癒しの経路）と呼んでいます。この経路を使えば、他者に治癒エネルギーを送ることができます。手にはいくつか小さなチャクラがあります。手は、肉体のどの部分よりも神経受容体が多く、とても敏感な部分であり、まさに精神と肉体の拡張部分といえます。また、手は目や耳よりも多くの情報を取り込む感

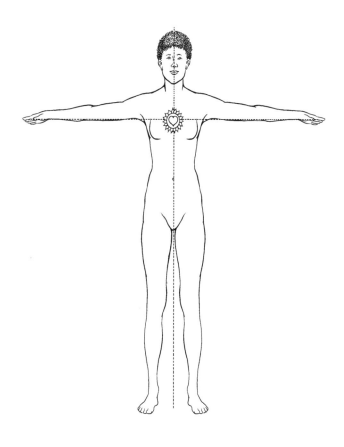

図5・4
第4チャクラの十字

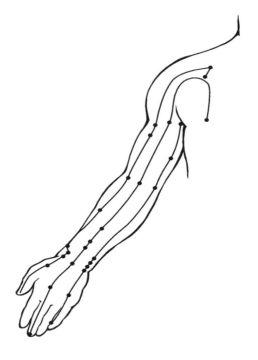

図5・5
腕の経絡

覚器でもあり、情報をつくりだすことも、受け取ることもできます。また、精神エネルギーを感知し、調整する手段にもなります（手のチャクラの開き方は、31ページの「手のチャクラを開いてエネルギーを感じる」エクササイズ参照）。

　癒しとは、生命体や現状のバランスを回復することです。病気の原因が細菌や怪我、またはストレスなど何であれ、病気は「アンバランス」の結果と言えます。アンバランスは生命体を分断し、自然な同調による親和性を破壊してしまいます。

　第4チャクラを開き、自分の周りにいる人たちとつながり、さらに、思いやりと理解を深めていけば、癒しの波動が生じます。私たちは、悟りの境地を求めて修行するボーディサットヴァ（菩薩）のように、皆は一つだということを悟ると、他者が病気で苦しんでいるのに、一人で前に進むことはできなくなるものです（ボーディサットヴァは精神的に悟りを開いていますが、人々が続いてくるまでは悟りに入らず、留まって教えに導きます）。チャクラを進んで行くには、ボーディサットヴァのように時間を惜しむことなく、他者を癒さなければなりません。そうすることで、精神性に引きつけられていく力と、物質界に留まる必要性のバランスが取れるようになります。

　他者を助けるという行為は、第4チャクラの中心である思いやりという純粋な精神状態から生じるものです。純粋な思いやりがあるから、他者を癒そうと手を伸ばさずにはいられなくなるのです。また、万物のバランスに対する私たちのヴィジョンは、バランスのとれていないものを際立たせてくれるので、相手を癒すために治療師や医者になる必要もなければ、相手の癒しの経路を開くための超能力を持つ必要もありません。高齢の女性が道を渡るのを助けたり、泣いている人を慰めたり、凝った肩をさすったりする自然な衝動は、第4チャクラが放つ癒しのエネルギーが強く表われたものなのです。

　しかし、一生懸命に人を癒そうとして、バランスの教訓を忘れてしまう人が多いようです。いわゆる「お節介焼き」と呼ばれている人たちのことです。人を適切に癒すということは、癒される側のエネルギーをバランスの取れた状態

にすることであり、癒し手の「治す」という概念に相手を無理やりはめ込むことではありません。真の癒し手なら、自分のエネルギーにつながったまま相手に同調し、相手に正しいバランス感覚を生じさせることでしょう。癒し手はあくまでも、相手の癒し体験を促進する者にすぎません。

第4チャクラが開いていて、バランスが十分に取れていれば、私たちそのものが、愛と喜びを放つ存在となり、そうして放たれた愛こそが、癒しの真髄となるのです。

呼吸〜生命の要〜

多少なりとも呼吸が制限されたら、生命も制限される。
マイケル・グラント・ホワイト（呼吸法トレーナー）

人間は通常、一日に 18,000 〜 20,000 回呼吸していて、総量としておよそ 18,930 リットル（2リットルペットボトル約 9,465 本）の空気を吸入しています。私たちは食物なしに数週間、水なしに数日間、温もりなし（非常に寒い状況）で数時間過ごせますが、空気なしには数分たりとも生きることはできません。

呼吸は、元素の一つである空気と関係し、第4チャクラを開く重要な鍵となります。また、空気は何よりも素早く体内に分配される元素でもあります。食物は、消化されるのに数時間から数日かかります。しかし、吸入された空気が直ちに血流に取り込まれるのは、絶えず酸素が供給されていないと細胞が死んでしまうため、肉体には全身にくまなく酸素を送る複雑な輸送システムが備わっているからです。その輸送システムに相当するのが循環（器）系であり、循環（器）系を司っているのが心臓です。呼吸は循環（器）系に栄養を与え、養う働きをしています。

しかし、こうした単純な事実だけで、呼吸の重要性を知ることはできません。呼吸は基本的な生活機能に加えて、自分を変化させるための有効な手段で

もあるからです。呼吸は毒素を焼き尽くし、心の奥底に潜んでいたネガティブな感情を解放し、肉体の構造や意識を変化させます。また、私たちは呼吸をしなければ、話すことさえできません。なぜなら、私たちの声のもとになっているのは空気だからです。さらに、私たちは酸素がなければ食物も代謝できず、脳も思考停止してしまいます。このように呼吸は生命を与え、癒し、浄化するエネルギーの源になっているにもかかわらず、蔑ろにされがちです。

　実際、深く呼吸しない人が最近増えているようです。健康な両肺にはおよそ１リットルの空気が入りますが、人間が呼吸で取り込んでいるのは平均およそ500ミリリットルかそれ以下です。この事実を確認するには、普通に呼吸したあと、さらにどのくらい空気を吸い込めるか試してみてください。試しながら、深く呼吸する感覚を味わってください。そして、胸のどの部分が締めつけられ、呼吸の妨げになっているかがわかったら、そこを優しくマッサージしてください。マッサージで胸部と背中の上部を解きほぐすか、もしくは、感情を解放すれば呼吸は深くなります。

　思考力が求められる活動は、たいてい身体的な活動を必要とせず、その結果、呼吸が浅くなり、浅い呼吸を習慣化させてしまいます。いつも不安を感じたり、心配したり、落ち込んだりすることも、さらには喫煙も、空気汚染も呼吸不足の原因になります。呼吸不足が習慣化してしまうと代謝が悪くなり、身体のエネルギー値が低下し、その結果、体内に毒素が増えるという悪循環がいつまでも続くことになります。新陳代謝が低下すると、私たちは無気力になり、歩けるのに車に乗ったり、さらにエネルギーを求めて薬物を摂取したり、胸部を刺激しようと喫煙したりと安易な方法に依存するようになりがちです。それらは、いずれも呼吸に悪影響を与えるものばかりです。

　また、脳も常に酸素を必要としています。脳の質量は身体の50分の１にすぎませんが、静止状態の身体が消費する酸素の４分の１は、脳によって消費されています。呼吸を止め、どれくらい意識を保てるか試してみれば、このことが実感できるでしょう。

　呼吸は、体内で随意的調節と不随意調節がある数少ないものの一つです。

不安を感じると、不随意的に呼吸が小さくなりますが、これは息を止めていれば、危険な生物に気がつかれずにいられるという生存本能の名残です。また、無理に深呼吸して全身の緊張を和らげることで、不安と闘うこともできます。

　呼吸の随意的調節を練習し、意識的に呼吸量を増やしていけば、次第に深く呼吸することが習慣化されていくでしょう。意外かもしれませんが、深い呼吸によって身体構造を変化させることができます。そして、一度、構造が変化した身体は、深い呼吸で取り入れたと同じ量の多くの酸素を欲するようになります。また、身体の中により多くの酸素を取り入れることは、癒しにもつながります。

　ヒンドゥ教徒は、呼吸は精神と肉体をつなぐ手段と考えています。ヨーガ体系の基礎になっているのも、意識を拡大して肉体を浄化することを目的とするプラーナヤーマという呼吸法です。思考が静まると呼吸も穏やかになり、心地よい癒しのリズムが全身に流れます。精神も呼吸を調整することで落ち着かせることができます。呼吸の流れは、絶えず肉体を出入りし、肉体の中で肉体の形に広がっては、肉体の外にでて形を失う、まさに動きながら絶えず変化するエネルギーの場といえます。

　プラーナヤーマは、主要なナーディや経絡といった、体内の精神的な経路とスピリチュアルな経路の両方を養うことを目的としています。精神的な経路もスピリチュアルな経路もプラーナヤーマにより、生命体全体の中で微細なエネルギーの波動を引き起こします。注意していただきたいのは、ヨーガ修行者たちは全身による空気の摂取（スシューラ・プラーナ）と、呼吸による微細なエネルギーの動き（スークシュマ・プラーナ）を区別しています。また、プラーナヤーマを行う上で重要なのは、結果的に生じる微細な動きに注意を払いながら呼吸を行うことです。そのことを意識して実践していれば、やがてはヴィジュアライゼーションやヨーガ・ポーズを用いて、エネルギーを特定の領域やチャクラに向かわせることができるようになります。

◎呼吸のエクササイズ

プラーナヤーマのエクササイズは数多く、種類もさまざまありますが、基本的なエクササイズは次の通りです。

◆深呼吸、もしくは完璧な呼吸

タイトル通りに簡単なものです。楽な姿勢で座り、できるだけ大きく息を吐きます。そして、今度はできるだけ大きく深く息を吸います。自分の呼吸に注意をしながら、呼吸の流れを観察します。息を腹部に深く吸い込んだら、吸気を胸部、肩、喉の順に空気を送っていきます。そして、今度は喉から逆方向に流していき、吐きだします。これを数回ほど繰り返しましょう。

◆火の呼吸

素早く行う腹式呼吸です。腹部の筋肉を素早く立て続けに動かすことで、速くて短い呼吸を起こします。詳細は180ページの「火の呼吸」エクササイズを参照してください。

◆片鼻呼吸法

ゆっくりと規則正しい呼吸法です。中枢神経系に働きかけ、くつろぎと深い眠りをもたらします。右手で右鼻孔を塞ぎ、左鼻孔で息を深く吸い込みます。十分に吸い込んだら、左鼻孔を塞ぎ、右鼻孔から息を吐きだします。吐き切ったら、今度は右鼻孔から息を深く吸い込みます。十分に吸い込んだら、右鼻を塞ぎ、左鼻孔から息を吐きだします。この動作を20回、もしくはそれ以上続けます。片鼻呼吸法の実践で意識に深い変化がもたらされます。

◆バンダ

「バンダ」には「引き締める」という意味があり、プラーナヤーマの「バンダ」は息を止めて身体の特定部位を引き締める手法をいいます。基本となるバンダは、喉の引き締め（ジャーランダー・バンダ）、腹部の引き締め（ウディヤナ・バンダ）、肛門の引き締め（ムーラ・バンダ）の三つで、身体の中で重要とされる３カ所に息を滞留させます。

ジャーランダー・バンダ（喉の引き締め）は、エネルギーを頭部に送り、甲状腺と第５チャクラを刺激します。息を十分に吸って、喉を引き締め、息を止めます。背筋を伸ばしたまま、顎を胸元に近づけるように頭を下げます。限界まで息を止めますが、くれぐれも度を超さないように注意してください。度を超すと気絶するかもしれません。

ウディヤナ・バンダ（腹部の引き締め）は、立ったまま行います。ウディヤナ・バンナは消化器をマッサージし、身体を浄化する助けになります。思いっきり息を吸って、深く吐きだします。空気をだし切ったら息を止め、そのままできるだけ腹部全体をへこまします。くれぐれも途中で息を吸わないよう、注意しながら行ってください。限界まで息止めを維持したら、ゆっくりと腹部の筋肉をリラックスさせながら息を吸います。

ムーラ・バンダ（肛門の引き締め）は、第１チャクラを鍛えます。まずは息を吐きだします。そして、息を止めたまま会陰と肛門括約筋を引き締めます。ムーラ・バンダを実践によって、眠っているクンダリーニが刺激されます。

第4チャクラのエクササイズ

◎チェスト・オープナー（胸を開く）

　両手を背中で組み、肘を曲げないように気をつけながら、腕を上に向かって持ち上げていきます。左右の肩甲骨を内側に寄せ、胸を開きます。そして、大きく息を吸います。その後、首を反らせ、腕で勢いをつけながら、硬くなった筋肉をほぐすつもりで胴体を前方に倒します。このエクササイズは深呼吸を続けたまま行ってください（図5・6）。

　追加のストレッチとして、または胸部付近の筋肉を開くために、両手に

図5・6
チェスト・オープナー（胸を開く）

ベルト（タオルやひもでもかまいません）を持って頭上に上げます。両腕とベルトで逆三角形ができるようにします。肘を伸ばしたまま腕を後方に倒していきます。ベルトはピンと張ったままにしてください。もしも、肘を伸ばしているのがつらい場合は、ベルトの持ち幅をもっと広くしてみるといいでしょう。それでも辛い場合は、持ち幅を狭めてください。

◎コブラのポーズ

　ヨーガのエクササイズです。朝、起きてすぐに行うことをおすすめします。上部頚椎に作用し、大胸筋の筋力低下による猫背を軽減します。

　うつ伏せになり、両腕を肩の横で曲げて両手のひらを床につけます。腕の力を使わずに、ゆっくりと頭と肩を持ち上げていき、限界まで身体を反らせます（図5・7）。その状態のままリラックスします。もう一度、頭

図5・7
コブラのポーズ

と肩を持ち上げていきますが、今度は腕の力を使って、先ほどより少しだけ身体を反らせます。腕は伸ばしきらないようにしてください。肩を下げてリラックスしたまま、頭を高く上げて胸を開きます。腹部と胸部を伸ばし、深呼吸してリラックスしましょう。このエクササイズは好きなだけ繰り返してかまいません。

◎魚のポーズ

これもヨーガ・アーサナ（ポーズ）の一つで、胸腔を拡張することを目的としています。足を伸ばして仰向けに横になります。両手をお尻の下に、手のひらを下向きにして置きます。腕で床を押しつけるようにして胸部を持ち上げ、（できれば）首がアーチを描くように頭頂部を床につけます。できるだけポーズを維持したままリラックスします。そして、ゆっくりと深呼吸してください（図5・8）。

※つらい場合は枕などを肩甲骨の下に置いてもかまいません。枕の上に横になってアーチ形をつくり、上部椎骨をほぐしましょう。

図5・8
魚のポーズ

◎風車のポーズ

　両腕を真横に真っ直ぐ伸ばしたまま、ウエストから上半身を左右にねじります。エネルギーを身体から腕や手に送り、胸部と腹部の硬くなった筋肉をほぐします。

◎アーム・サークル

　アーム・サークルは上腕と上背（肩甲骨）の筋肉を刺激します。腕を真横に真っ直ぐ伸ばし、小さな円を描くように一方向にぐるぐる回し、徐々に円を大きくしていきます。回転方向を逆にして同じ動作を繰り返します。（空気の元素と調和しながら）腕がまるで羽になったように羽ばたかせてもかまいません。このエクササイズは、深呼吸しながら行ってください（225ページ図5・9）。

◎手のチャクラを開く

　第4チャクラのエネルギーはたいてい手を通じて顕在化することから、31ページの「手のチャクラを開いてエネルギーを感じる」エクササイズも第4チャクラに関係しています。

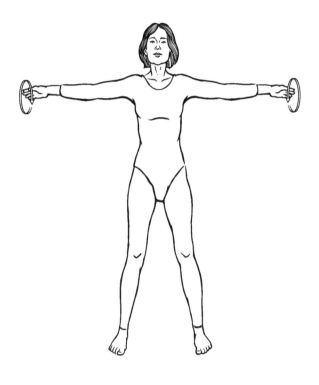

図 5・9

アーム・サークル

瞑想

◎カルパタル（願いを叶える聖なる樹）

※このエクササイズは、何を願うかよく考えてから行ってください。

第4チャクラのすぐ下に、8枚の花びらを持つ小さなチャクラ、アナンダカンダ・ロータスがあり、その中にはインド、ヴェーダ神話の神であるインドラの天にあるカルパタル、「願いを叶える聖なる樹」があります。この魔法の樹は宝石で飾られた祭壇の前にあり、心の奥深くにある願い事（欲しいと思っているものでなく、魂の奥底で求めているもの）を抱いているといわれています。また、このカルパタルは、私たちが心の底からこの樹に願いをかけ、心の願いを解放すれば、望んでいる以上のものをもたらし、自由（モクサと呼ばれる解放）へと導いてくれるとされています。

では、カルパタルに願いをかける瞑想を始めましょう。

楽な姿勢で横になります。まずは、ゆっくりと時間をかけて自身をグラウンディングしていきましょう。集中して、筋肉をリラックスさせます。そして、安全で快適な環境にいることを確認しましょう。

次に、ゆっくりと深呼吸します。深呼吸をしながら、自分の心臓の鼓動を感じてください。心臓のリズムに耳を傾けましょう。そして、想像してください。あなたの心臓は鼓動するたびに全身の複雑な網状になっている動脈と静脈に血液を送っています。心臓の上にある動脈と静脈は木の枝です。そして、心臓の下にある動脈と静脈は木の根っこです。いずれも生命に満ちあふれています。では、心臓から送りだされる酸素の進路をたどってみましょう。酸素は胸部を通って肩へ、そして腕に流れて手に入ると、また心臓に戻ってきます。さらに酸素の進路をたどっていきましょ

う。酸素は腹部へ流れて脚、膝、そして足に入ると、また中心に戻ってきます。再び心臓を通過した血液は、呼吸、空気、生命によって再び元気を取り戻します。

あなたの心臓は聖なる樹です。その枝は生命の複雑な網の糸で、あなたの全身に広がり、さらに外の世界に向かって伸びています。樹の幹はあなたです。つまり、あなたのコア（中核）であり、あなたの存在であり、あなたの中心となる自己です。あなたのコアからこの樹の基盤となる根っこに伸び、地を掘り進んでいきます。その過程で食物や水を見つけます。そのおかげで私たちは支えられ実体が与えられます。コアから枝が伸び、葉の代わりに心の願いが芽をだします。あなたの願いは太陽と風を受け、あなたを育てます。やがて花が咲き、実がなり、やがて実は地に落ちますが、それは再び芽をだすためです。表現された願いはすべて、最終的にはあなたに戻ってくるのです。

願いが叶う樹の前には、宝石で飾られた祭壇があります。祭壇に捧げ物をしましょう。たとえば、あなたが進んで手放せるもの（悪習など）か、あなたが人のために進んで捧げられる創造性、忠誠、癒しなどのいずれか一つを捧げます。捧げ物をするのは、あなたの願いを聞き入れてもらうためです。

次に、心臓に息を吹き込み、痛みと歓びを感じてください。魂の奥底にある強い願望を感じてください。その強い願望を具体的に決めるのではなく、その本質を感じてください。そして、願望をどんどん膨らませ、そこに息を吹き込みます。願望が全身に広がりって脈動するのを感じたら、願望で樹の枝を満たしましょう。

あなたの心の奥底にある願望で満たされた樹に、一羽の鳥がやって来

ました。鳥は樹の中心に飛んで来て留まると、頭を左右に傾けながら、樹から現れてくるさまざまな願いに耳を傾けています。この鳥と仲良くなって、鳥をあなたの心に近づけ、心でもってあなたの願いを鳥に伝えましょう。何らかのイメージを頭に浮かべてもかまいませんが、イメージを探し求めてはいけません。伝え終わったら、鳥にキスして別れの言葉をいい、優しく空に放してやりましょう。

あなたの願いは皆にとって最良の方法で満たされるはずです。

◎感謝の儀式

仲のよい友だち数人で輪になるか、恋人や親友と向かい合って座ります。神秘性を重視するなら、魔法円のような輪をつくってもかまいません。時間が妨げられたり、場所が妨害されたりしないよう、しっかりと時間と場所を確保してください。グラウンディングして集中し、深呼吸してリラックスします。

まずは、輪の全体を見回します。次に、輪になっている一人ひとりの目を見つめましょう。そして、輪になっている一人ひとりが、あなたの人生でどれほど重要であるか（苦難や喜びといった経験をどれほどともにしたか）を考えてください。そうしたら今度は、あなたが思い浮かべた経験を、輪をつくっている友人たちの視点から考えてみましょう。友人たちの苦しみ、不安、喜びが見えてきますか。目を閉じて、じっくりと考えてください。

次に、輪の東側にいる人に、輪の中央に入ってもらいます。残り全員でその人の名前を3、4回ささやくように唱えます。唱え終わったら、輪の中央にいる人の左隣りにいた人から時計回りで順番に、中央にいる人に「いつも話を聞いてくれてありがとう」や「いつも笑わせてくれるから好

きです」というように感謝の言葉を伝えていきます。批評したり、批判したり、意見を言ってはいけません。必要ならば、ハグや贈り物をしてもかまいません。

全員が言い終えたら、今度は中央にいる人が、次に輪の中央に入る人を指名します。全員が中央に入り終わるまで、このプロセスを繰り返します。最後もしっかりとグラウンディングして、詠唱したり、食物や飲み物を分け合ったり、音楽を流したり、全員でハグし合ったりして輪を解きましょう。

◎共感のエクササイズ

カップル間で互いに納得できていない問題があれば、このエクササイズをおすすめします。このエクササイズを行うには、自分と揉めている相手の気持ちにならなければなりません。相手の観点から、揉め事の始まり、展開、結末を話します。話し終えたら、自分は本当に相手の立場から問題を見ることができていたか、言い忘れていることはないか、相手に確認してください。その後、今度は相手があなたになり、あなたの観点から揉め事の成り行きを話します。

◎思いやりの瞑想

この瞑想は一人で（創造力を使って）も、グループでもできますが、できるだけバス停やレストラン、もしくは公園のベンチといった、たくさんの人を眺められる場所で行ってください。

リラックスでき、かつ楽な姿勢で座れる場所を選びましょう。目を閉じて集中したら、ゆっくりと深呼吸し、腹部、足、さらに地球に空気を送っていきます。心臓の鼓動に波長を合わせ、心臓のリズムが全身に脈動するのを感じましょう。心臓の鼓動を感じながら息を吸い、自分を無条件に受

け入れ、自分を愛で満たします。そして、息を吐きだします。

　目を開いて周りを見回しましょう。あなたの意識を集中させやすい人を一人ずつ見つめていきます。しっかりとその人の目を見て、その人の声に耳を傾け、その人の行動を観察してください（周りに誰もいない場合は、知り合いや、よく見かける人を想像してもかまいません）。呼吸を全身に巡らせながら、一人ひとり眺めていきましょう。判断したり、批判したり、嫌悪したり、求めたりしてはいけません。ただ見つめ、その人の心に意識を集中させてください。その人の心を包み込んでいる肉体の形を、じっくりと見てください。そして、その人の心が抱いている夢や希望、忘れられた悲しみや不安を想像してください。あなたの心を、その人に対する思いやりで満たしてください。そして、思いやりを吸い込み、思いやりを感じてください。でも、執着してはいけません。吸い込んだら、吐きだしてください。

　言葉でなく、動作でもなく、エネルギーの光線があなたの心臓から、あなたが見つめている人の心臓に流れていくのをイメージしましょう。その人に愛を送ったら、エネルギーの光線を放つのをやめてください。つながりに執着したり、何らかの責任を引き受けたりする必要はありません。愛を送ったらつながりを断ち切り、次の人に移ってください。

　もう十分だと感じたら、目を閉じて自分の中心に戻ります。先ほどまであなたが他者を見ていたように、自分の心臓を感じてください。そして、自分に思いやりと愛を与えてください。思いやりと愛の感覚を吸い込んで、奥深くに送り込みましょう。そして、息を吐きだします。

 # 第5チャクラ

サンスクリット名：	ヴィシュッダ
意味：	浄化
位置：	喉
元素：	音
機能：	コミュニケーション、創造性
内なるエネルギーの状態：	調和
外なるエネルギーの状態：	波動
内分泌腺：	甲状腺、副甲状腺
身体の部位：	首、肩、耳、口、喉
機能不全：	喉の痛み、首のこり、風邪、甲状腺のトラブル、聴覚のトラブル
色：	明るい青
感覚：	聴覚
種子字：	Ham
母音：	sleep［slíːp］で発音される「イー」
花弁：	16枚
セフィロトの樹：	ゲブラー、ケセド
惑星：	水星
金属：	水銀
食物：	果物

対応する動詞：	私は話す
ヨーガ流派：	マントラ
香り：	乳香、安息香、メース（ニクズク）
鉱物：	ターコイズ（トルコ石）、アクアマリン、セレスタイト（天青石）
動物：	象、雄牛、ライオン
グナ：	ラジャス、サットヴァ
シンボル：	下向きの三角形の中に、満月を表わす白い円。円の中に白象、その上に Ham の種子字。チャクラの神はサダシヴァ。3つの目、5つの顔、10本の腕を持つシヴァ神の姿で白い雄牛に座り、ヘビの花飾がついたトラ柄の衣を巻いている。女神はガウリー。輝く存在であり、シヴァ神の配偶者であり、穀物の神とされる場合もある。ガウリーはウマー、パールヴァティ、ラムバー、トタラ、トリプラなど多くの異名を持つ。
ヒンドゥ教の神：	ガンガー（浄化に関係する川の女神）、サラスヴァティー
その他の神：	ヘルメス、ミューズ、アポロ、ブリジット、セシャト、ナブー
主な動作力：	共鳴

意識への入り口

　音・リズム・波動・言葉。これらはいずれも、私たちの生活を強力に司るものであり、私たちがあって当然と考えているものです。そして、私たちは、毎日それらを使い、それらに反応し、また、新らしくつくりだし、絶えることのない音のリズムに乗って、コミュニケーションという布地を永遠に織り続けています。つまり、私たちは産声を上げたときからずっと、コミュニケーションという複雑な世界にどっぷり浸っているというわけです。

　コミュニケーションは、人と人を結びつけるもので、私たちはコミュニケーションなしには生きていけません。生細胞の情報をコード化したDNAから話し言葉や書き言葉に至るまで、また、精神と肉体をつなぐ神経インパルスから大陸と大陸をつなぐ放送電波に至るまで、コミュニケーションはすべての生命を調整している本質といえるでしょう。コミュニケーションは、意識を一つの場所からもう一つ別の場所へと広げる手段となっているのです。

　コミュニケーションは、私たちの体内でも重要な働きをしています。私たちが動くことができるのは、脳波と筋肉組織の間に電気信号によるコミュニケーションがあるからです。また、肉体の成長、体調の変化や環境の変化への対応、病気に対する抵抗力があるのは、ホルモンと細胞の化学的コミュニケーションがあるからです。DNAに遺伝子的情報とコミュニケーションを取る能力がなかったら、いかなる生命も存在しません。

　現代社会もコミュニケーションが、とても重要なものとなっています。たとえば、会社などでは、コミュニケーションを通じて複雑な仕事を調整し、社会と連係させています。その働きはまるで一つの生命体を形成するために一丸となって働く細胞のように思われます。このように考えると、コミュニケーション・ネットワークは、私たちと他者や社会をつなぐ神経システムといえます。

　第5チャクラは、音、波動、自己表現、創造性を通じてのコミュニケーショ

ンに関係しています。第5チャクラは自分の内側、そして他者とのコミュニケーションをコントロールしたり、生みだしたり、送信したり、受信したりする意識の領域です。また、第5チャクラは、ダイナミックな創造性のチャクラで、古いアイディアから新しいものをつくりだします。第5チャクラの特性には、聞くこと、話すこと、書くこと、詠唱すること、テレパシー、芸術全般（特に音や言語に関係するもの）なども含まれます。

コミュニケーションは、象徴を通じて情報を送受信するプロセスです。そして、さまざまな象徴（書き言葉、話し言葉、音楽、予感、脳への電気的刺激など）を情報に翻訳するのが第5チャクラです。コミュニケーションは、その象徴的属性によって、自分の内側の次元にアクセスする重要な鍵になります。私たちは、これらの象徴を用いることで、世の中の事象をより効率的に表現し、脳にいくらでも記憶させることができます。だからこそ、私たちは何かする前に、これから行うことについて話し合あったり、情報を簡潔にまとめて記憶したり、思考を具体的なイメージにまとめたりすることができるのです。

コミュニケーションは、肉体を超越する第一段階であり、私たちが日頃受けている肉体の制約の域を越えることを可能にしてくれます。たとえば、ニューヨークに電話をかけている様子を想像してみてください。電話している間、私たちの肉体は決してニューヨークへ移動することはありません。しかし、意識はまるでニューヨークにいるように感じています。電話によって、私たちは楽々と時空の制約を超越することができるというわけです。また、私たちは声を録音することも、故人の日記を読むことも、化石から古代人のDNAパターンを解読することもできます。それらは、いずれも情報の中のある一つの象徴を翻訳（解釈）することでなし得ていることなのです。

既に説明したように、下位チャクラは、それぞれ別個の存在です。同様に私たちの肉体は、各パーツが明確に分かれていて、肉体の境界は皮膚によって定められています。ところが、チャクラの柱を上って上位チャクラに到達するにつれ、私たちの肉体と意識の境界は曖昧になってきます。そして、第7チャクラの純粋意識という極致に達すると、「これは私のもの、あれはあなたのも

の」といった境界線を引くことは不可能になります。しかし、チャクラを上昇していくごとに境界と分離はなくなっていき、私たちは全体性（ホールネス）に近づいていきます。そして、最終的には、つながろうとする意識の力によって全体性を達成するのです。

　コミュニケーションは、結びつく行為であり、上位チャクラの結合の原理の一つです。たとえば、私が癒しというテーマで講演をしたとしましょう。私は、聴衆の意識を一つにしようと聴衆とのコミュニケーションを積極的に取るようにします。そうすることで、聴衆全員が共有する情報の部分集合ができていきます。そして、その後も聴衆との意識を一つにしようと講演を続けていけば、私と聴衆が共有する意識の部分集合はさらに大きくなり、最終的には、一つにまとまります。私と聴衆が一つになった瞬間が訪れるということです。つまり、コミュニケーションを取ることで、その場にいる全員と共通の情報を持てるようになるというわけです。

　コミュニケーションは、私たちが既存の制約を超えて拡大するための手段にもなります。コミュニケーションによって、自分の脳ではなく相手の脳にある情報が利用できるようになるからです。たとえば、中国に行ったことがなくても、本や映画、あるいは、写真や会話から、中国についてある程度の知識を得ることができます。自分にはない他の情報を利用することができれば、自分にない知識を増やすことができます。コミュニケーションは、人と人をつなぎ、私たちの意識や世界をさらに広げてくれます。

　さらに、コミュニケーションは、私たちの現実を形づくり、未来を創造します。誰かに向かって「お水を持って来て」と頼めば、それは水の入ったグラスを手にしている自分の未来を創ることになり、誰かに向かって「私のことなんて放っておいて」と言えば、その人がいない未来を創りだすことになるということです。大統領の演説、取締役会、独演会、発表会から夫婦げんかに至るまで、コミュニケーションは常にあらゆる次元で、個別の世界を創造しているのです。

　また、コミュニケーションは、思考に方向づけをします。そして、その波動

によって、思考は物質界に顕在化されます。コミュニケーションは、まさに抽象的アイディアと顕在化したアイディアの橋渡しをする象徴的なシステムといえるでしょう。コミュニケーションによって、意識をチャクラの柱の上下いずれの方向にも導くことができるのです。そのため、コミュニケーションを司る第5チャクラは精神と肉体を結ぶ極めて重要な場所に位置しているのです。

第5チャクラは、第4チャクラのようなバランスの中心というより、むしろ火の変形特性のような、ある次元から別の次元へ移行する媒体といえます。

この第5チャクラのパートでは、理論に基づいたコミュニケーションから実用的なコミュニケーションまで詳しく説明していきます。そして、第5チャクラの蓮の花びらである、波動、音、マントラ、言語、テレパシー、創造性、メディアの原理に注目していきます。

ヴィシュッダ（浄化するもの）

おお、女神デヴィよ！　おお、女神サラスヴァティーよ！
とこしえに我が発話に宿り給え。
とこしえに我が舌先に宿り給え。
おお、母なるデヴィ、非の打ちどころのない詩を与え給う者よ。

スワミ・シヴァナンダ・ラダ

第5チャクラは一般に喉のチャクラと呼ばれ、頸部と上背部のあたりに位置しています（238ページ図6・1）。第5チャクラのシンボルは、16枚の花びらを持つ蓮の花で、花びら一枚一枚にサンスクリット語のすべての母音が載っています。サンスクリット語では、一般的に母音は精神を表わし、子音は硬い物質を表わすと考えられています。色は、第6チャクラの藍色とは対照的な明るい青色です。

第5チャクラのシンボルの中には、アイラーヴァタという、たくさんの牙を持つ象がいます。アイラーヴァタは下向きの三角形の内側にある円の中にい

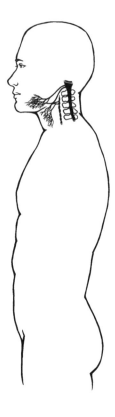

図6・1
喉のチャクラ

て、言葉の顕在化を象徴しています。象徴する神々は、男神サダシヴァ（シヴァ神の変化身で5つの顔をもち、パンカナーナという異名でも知られている）と、女神ガウリー（美女、黄色い、あるいは輝く者という意味の形容語句）です。ガウリーにもウマー、パールヴァティ、ラムバー、トタラ、トリプラという異名があります。このチャクラを象徴する神は、いずれも5つの顔を持っています。（240ページ図6・2）。

　第5チャクラは、サンスクリット語でヴィシュッダ（Visuddha）と呼ばれています。ヴィシュッダという語には「浄化」という意味があり、このチャクラに関する次の二つの意味が暗示されています。

- 下位チャクラからのエネルギーが、順調に第5チャクラに到達し、さらに第5チャクラを開かせるには、肉体がある程度浄化されていなければならない。なぜなら、これから向かう微細な上位チャクラはより高い感受性を必要とするため、肉体を浄化することで私たちの心が開かれ、上位チャクラの微細さに向かうことができる。

- あらゆるものに存在する固有の波動や力のように、音には浄化の特質があり、物質の細胞構造に影響を与えることができ、現に影響を与えている。さらに、音は私たちの内側と環境の不協和音を調和させることもできる（このことについては、あとで詳しくみていきます）。

　第5チャクラに関係する元素はエーテルで、アーカーシャ、魂とも呼ばれています。私たちは、エーテル界として知られている微細な波動の場を感知できるよう、第5チャクラでは気づきに磨きをかけていきます。エーテル界は、思考、情動、肉体の状態の原因にも結果にもなる微細な物質の波動場です。

　この波動場の影響で、一般的には説明のつきにくい現象が、この現実の世界でしばしば起きています。最新の超心理学研究からも、超常現象が起こり得ることはわかっていて、何らかの次元界の存在を否定する人は、今では少なくな

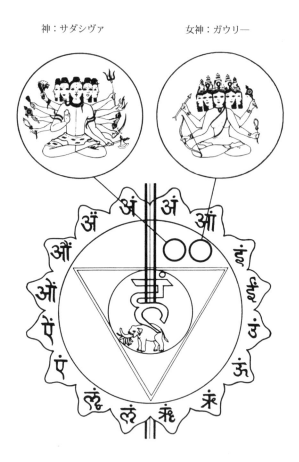

図6・2
ヴィシュッダ・チャクラ
(出典:『Kundakini Yoga for the West (『西洋のためのクンダリーニ・ヨーガ』)

りました。遠隔透視、テレパシーによるコミュニケーション、遠隔ヒーリングなどは、超自然的な現象のごく一部にすぎません。たとえば、キルリアン写真は、生物を取り囲んでいる目に見えない場を視覚的に記録できる技術で、健康なときや病気のときの場の状態を見ることができます。リチャード・ガーバー医師は革新的な著書『バイブレーショナル・メディスン――いのちを癒す〈エネルギー医学〉の全体像』（日本教文社）の中で、「実際のところ、肉体を維持し、成長させ続けているのはエーテル体の組織化原理である」と語っています。病気は細胞組織に現れる前に、エーテル体に現れる傾向があります。よって、今後の治療には鍼治療、ホメオパシー、サイキック・ヒーリングなど、主に微細身（サトルボディ）を治療する技術が用いられるようになるかもしれません。

　元素であるエーテルは、波動界を表わしています。波動界とは、私たちがオーラや音として経験している万物の発散物であり、また、私たちが微かに心で感じている微細界のことです。実際のところ、私たちの確固たる現実は、微細身（サトルボディ）に包み込まれています。

　また、形而上学的体系の大半は、世界は４大元素（地、水、火、空気）から構成されているとしていますが、５大元素とする場合にはエーテル、もしくは魂が加えられます。エーテルは「空間（スペース）」と呼ばれることもあり、エーテル自体は地や空気、火や水を超越した非物質的な元素です。さらに、形而上学的体系では、４大元素は物質界を表わし、魂は説明がつかない非物質的領域のために残されているようです。

　チャクラについての古典的な解釈では、第５チャクラは７つのチャクラのうちでエーエルに結びつく要素を持つ唯一のチャクラとされています。肉体を超えた精神の領域は、上位３つのチャクラ（第５、第６、第７チャクラ）が共有する形になっています。しかし、チャクラについての私の解釈では、第５チャクラに結びつく要素として音を対応させています。なぜなら、音は目に見えない波動という場の代表であり、微細な波動に作用しているからです。

　また、アーサー・アヴァロンも著書『The Serpent Power（蛇の力）』（未邦訳）

の中で「音、それによってエーテルの存在がわかる」と語っています。さらに私は、より微細になっていく波動現象として、光と思考をそれぞれ第6チャクラと第7チャクラに割り当てました。

波動の微細な世界

すべての物は踊っている原子の集合体で、その原子の動きが音を生みだしている。踊りのリズムが変わると、生みだす音も変わってくる。原子はそれぞれ絶え間なく歌を歌い、音は刻一刻と密で微細な形を創りだしている。

フリッショフ・カプラ（物理学者）

エーテルは、宇宙の隅々にまで存在する微細な波動の包括的、かつ統一的な場に等しいと考えられます。いかなる波動も、それが音波であれ、微粒子のダンスであれ、他の波動と干渉し合っていて、すべての波動は互いに影響を及ぼし合っています。私たちは、第5チャクラに入ることで、私たちの周りにある微細な波動場に意識を向けることができるようになります。

波動場について、身近なところで自動車にたとえて考えてみましょう。自動車には、数多の部品から組み立てられているエンジンが搭載されています。エンジンは、ピストンやバルブの形をした硬い物質、ガソリンやオイルといった液体、プラグへの点火、圧縮空気（第1から第4チャクラまでの4大元素）によって動きます。こうしたエンジンを構成する精密部品やガソリンやオイルといった液体や空気（酸素）が密接に関連してタイミングよく動くことで、すべてが一体となってエンジンを動かしています。

しかし、車のボンネットを開けても、私たちに見えるのはエンジンが動いてる振動だけです。エンジン内部の細かな部品までは見えません。動いているエンジンは、唸り音を発しながら振動している金属の塊でしかありません。しかし、車が調子よく走っているかどうかは、エンジン音を聞けば判断できま

す。いつもと違う音がしたら、どこかに異常があるというサインになります。

　同じように、私たちは詳細まではわからないものの、他者や周りからの波動を感じています。そのため、周りの人の動きや気配、何かが急に止まったりすると何気なく気がつくのは、波動を感じているからと言えます。また、私たちが感じる波動の総和には、他者や周りの状況のあらゆるレベルの波動が含まれています。

　そして、私たちは、第5チャクラで意識を浄化することにより、微細な波動のメッセージを感知し始めることができるようになります。なぜなら、エーテル場は、私たちの細胞組織、臓器、情動、活動、経験、記憶、思考の波動パターンの青写真（設計図）のようなものだからなのです。

　もっとも硬そうに見える物質でさえも波動をだしています。実際のところ、私たちは波動という絶え間ない動きだけで、物質という空虚なものを固体と認識しています。また、非常に小さな空間に拘束された原子の粒は、振動のような動きになり、その振動数は、約 10^{15} ヘルツ（振動数／秒）です。波動や振動は、私たちの基本単位であり、あらゆる種類の物質、エネルギー、意識にわたって存在しているのです。

　波動は、リズムが顕在化したものです。イギリスのオカルティストであり神秘家のダイアン・フォーチュンは著書『The Cosmic Doctrine（宇宙の教義）』（未邦訳）の中で、波動は「ある次元のリズムが他の次元に与える影響」と語っています。チャクラの柱を昇るにつれ、各次元界はそれぞれ下のチャクラよりも高いレベルで、また、速く効果的なレベルで回転すると言われています。光の波動は、音よりも（約40オクターブ）速く、思考の波動は光よりも微細です。私たちの意識の波動は、肉体という物質に、エネルギーは動きに、動きは物質に影響を与えているのです。

　1800年代にエルンスト・クラドニという科学者が、波動が物質に与える影響を立証する実験を行いました。それは固定した鋼板に砂を置き、松脂をつけたヴァイオリンの弓で板の端を擦るというものです。クラドニは円盤状の板をヴァイオリンの弓で「奏でる」ことで、砂が「ダンスして美しい曼荼羅のよう

なパターンを描くことを発見しました。また、弓を「奏でる」波動の周波数を変えると、パターンが変化することもわかりました（245ページ図6・3）。

　クラドニの実験から、音が物質にどのような影響を与えているか、つまり、ある次元のリズムが他の次元の物質にどのような影響を与えているかがはっきりわかります。つまり、音は不確かなパターンではなく、チャクラのパターンのように中心点の周りに幾何学模様に配置された、曼荼羅に似たパターンを創りだしているのです。では、音は微細な細胞や原子構造、または、目に見えないエーテル場にどのような影響を与えているのでしょうか？

　クラドニは、また別の実験で、水や粉末、ペースト（糊状のもの）や油などさまざまな媒体へ発射された音波が、渦巻銀河、胚の細胞分裂、人間の眼の虹彩や瞳孔といった自然の中で見られる形に非常に似たパターンをつくりだすことも発見しました。こうした現象の研究をサイマティクスと言います。サイマティクスは、スイスの物理学者、ハンス・ジェニーによって大きく発展しました。

　ヒンドゥ教徒は、創造者であるブラフマーから可聴音であるヴァイカリまで、さまざまな密度のレベルに適応する波動は、根源的な流出物であり、そこから物質が創りだされると考えています。事実、ヒンドゥ教の聖典では「オウム。世界はすべてこの一言に尽きる！……つまり、ブラフマーは一つなるものである」と語られています。

　ヒンドゥ教は、多くの点でキリスト教と異なっていますが、新約聖書のヨハネによる福音書第1章1節にある「初めに言があった。言は神とともにあった。言は神であった」（日本聖書協会　新共同訳）との類似性は否定できません。ヒンドゥ教もキリスト教も、神が音として出現して、顕在化した世界を創造したことを描いているのです。

　また、すべての波動は、リズムという時空を進んで規則的に繰り返される動きのパターンで特徴づけられています。このリズミカルなパターンは、私たちの意識に深く根ざしている機能です。季節の移り変わり、昼と夜の日周リズム、月の周期、女性の月経、呼吸、心臓の鼓動などは、その代表例にすぎませ

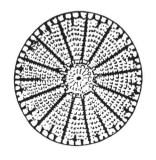

図6・3
上：クモノスケイソウ（顕微鏡倍率600）
下：砂で覆った円盤をある周波数で振動させてできたクラドニ図形

ん。そして、いかなる生物もこのリズムから逃れることはできません。リズムも変化と同じように、すべての生命と意識が持つ基本的特徴なのです。

第5チャクラの働きが高まると、人は波動レベルで物事を自覚するようになります。つまり、実際に発話された言葉よりも、声のトーンに反応するようになるのです。また、より「抽象的な」次元が意識に与える影響は、具体的な行動が意識に与える影響よりも微細とはいえ、やはり大きなものです。残念なことに、私たちの大半は、抽象的な次元の行動や反応を自覚していません。

私たちのあらゆる感覚から得る知覚もやはり、リズムを感じ取り意味づける機能です。音波を聞くこと、光波を見ること、この二つはその代表と言えるでしょう。神経線維が脳に情報を与えるメカニズムは、エネルギーのリズミカルな脈動によるものです。この世に生まれるときに母親に起こる最初の陣痛から、臨終の喘ぎまで、私たちはリズミカルにダンスを踊っている生物なのです。このダンスをアメリカのスピリチュアル指導者、ラム・ダスは「存在する唯一のダンスする者」と呼んでいます。

ジョージ・レオナードは、著著『サイレント・パルス――宇宙律との雄星的共振』（工作舎）の中で、リズムは「時間という母体におけるパターン化された波動数の運動」であると語っています。さらに、「リズムの主な役割は、システムのさまざまなパーツを統合すること」と述べています。私たちの身体は、いわば交響楽団のようなものなのです。つまり、チャクラのさまざまな特徴が弦楽器、金管楽器、木管楽器、打楽器であり、リズムという結合する力がなければ美しい旋律（チャクラを開かせる）を奏でられないというわけです。

私たちに必要なのは、このリズムです。自分の中核から宇宙までもつないでくれる共鳴のリズムです。ところが、私たちは日常生活の中で、統合の要素ともいえる共鳴のリズムを欠いてしまっています。そのため、世の中と歩調が合わなくなり、結果として、調和も結束も柔軟性も失っているのです。

リズムは、チャクラ・パターンのようにいつまでも続く傾向にあります。安定した穏やかな精神状態で一日を始める人は、他者との交流も安定した穏やかなものになるものです。一方、毎朝ラッシュアワーの電車で通勤し、極度のス

トレスを感じる速いペースで仕事をしている人は、毎日さまざまな種類の波動に巻き込まれてしまっています。

　リズムは、その人の細胞レベルにまで影響を与え、必然的に思考や行動、情動にも影響を及ぼします。一日中働いた上に、帰りもラッシュアワーの混雑に捲き込まれていたら、リズムは乱れ、つまり、その乱れたリズムのまま家に帰ったら家庭生活にも影響を及ぼすことになります。乱れたリズムの波動を受けた配偶者や子どもたちが、意識するにせよしないにせよ、興奮したり、イライラしたりするようになるかもしれません。また、場合によっては同じ波動レベルで反応して、攻撃的になるかもしれません。

　私たちは皆、精神と肉体の中にある波動で互いに影響し合い、また、周りのあらゆるものに影響を与えています。しかし、その度合いは微細であり、特定することも、説明することもできないために、私たちはそうした波動にさほど注意を払っていませんが、その影響は深刻なものと言えます。今のところ、意識的に波動を加減しようとする人はほとんどいませんが、波動をコントロールするテクニックや方法はたくさんあります。その中には、誰にでもできる比較的簡単なものもあります。それらを使えば自分の意識を発達させるだけでなく、周りの人々を幸せにする手助けもできるようになるでしょう。

共鳴

たとえ私たちが不完全であっても、一人ひとりの中心（心臓）には、完璧なリズム、複雑な波動と共鳴を持つ静かなる脈動があり、それは完璧に独立した唯一のものであるにもかかわらず、宇宙のあらゆるものとつながっている。この波動とつながろうとする行為は、私たちの経験を一変させ、ある意味では、周りの世界をも変えてしまうだろう。

　　　　　　　　　　　　　　　　　　　　ジョージ・レオナード

　音は、すべて特定の周波数で振動する波形で描かれます。共振または共鳴と

もいわれるリズムの同調現象とは、二つのよく似た周波数の波形が互いに「同位相」になる、つまり、波動がまったく同じ周期で一緒の波形になることを意味しています。そして、結果として生じる波は、もともとの二つの波が重なり合ったもので、周波数は同じですが、振幅は増大します（249 ページ図 6・4）。振幅とは、波形の最高値と最低値の幅のことです。アンプを通して音楽を聴くのと同じように、音波における振幅の増加は、エネルギーと音量の増加を意味しています。つまり、波形が共鳴しているときは、パワーと深みが増すというわけです。

　時計店で、壁に掛かっているいくつもの振り子時計を見ていたら、リズムの同調現象がどういうものか理解できることでしょう。想像してください。店に入っていくと、どの時計もねじが巻かれていません。店主は、時計が実際に動くことを私たちに確認させようと、一つひとつねじを巻いて振り子を動かしていきます。すると、最初のうちはそれぞれの時計が数秒ごとにずれて動き始め、そのため振り子のカチカチ音がばらばらに聞こえてくるものの、時間が経つにつれて、カチカチ鳴る音のずれが減ったように感じるはずです。なぜなら、いつの間にかすべて時計の振り子が同じリズムで揺れているからです。つまり、振り子時計のリズムが同調現象を起こしたのです。

　周期的に波動している二つの波動は、互いの周波数が近い場合、最終的には同調します。合唱隊を思いだしてください。合唱隊は最後の音を伸ばすものです。これは、最後の音を伸ばすことで音波が互いに同位相になり、心地良い共鳴を生みだすからです。その結果、音が止まったときに、ホールの中に反響する混じりけのない澄んだ響きが広がるのです。訓練された耳を持っていれば、こうした波動を微細な脈動として知覚できるかもしれません。

　同調の原理は、一つの波動でも生じ、静止しているものに振動を誘発します。たとえば、私があなたのそばでヴァイオリンのＤ線を弾くだけで、あなたのヴァイオリンのＤ線を振動させることができるのです。テレビのリモコンもこの原理を利用しています。テレビのリモコンには音叉が使われていて、リモコンのボタンを押すとある音を打ち、その音で数メートル先のテレビを遠隔操

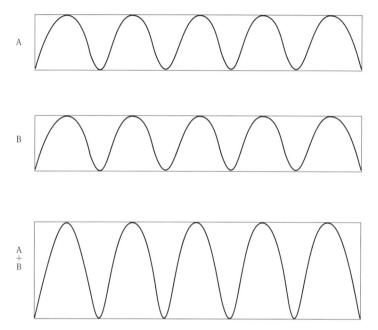

図6・4
音波の建設的干渉

作しているというわけです。

　また、似たような波動は互いに同位相になって共鳴しますが、周波数の異なる波動は反対に不協和音を生みだします。楽器のフルートの純音は、干渉性のある正弦波で、他のフルートと同調します。その一方で、街中を走っているバスの騒音は、さまざまな音波が混ざっているので不協和音と言えます。

　同じ家庭に住んでいると、互いの微細な波動に同調するようになります。以前から知られていることですが、長く一緒に暮らしている女性同士は、月経の時期が重なりがちになります。また、夫婦生活が長くなると、顔も話すリズムも似てくるものです。社会においても、長く付き合っている隣人、友人、同僚と同調するようになります。私たちは常に環境の影響を受けていますが、それは視覚的、心理学的、生理学的要因（たとえば、広告板、社会的圧力、空気汚染など）だけでなく、内なる波動という深い潜在意識レベルへも及んでいるのです。

　超越瞑想で知られているトランセンデンタル・メディテーション・ソサエティーの瞑想哲学も、同調の原理を基にしています。彼らの考えによると、マントラ瞑想によって生じる脳波のリズムが、瞑想を実践しない人の世界に肯定的に影響を与えるということです。つまり、同じ場所で瞑想する人の数が多いほど、リズム同調が生じやすくなるというわけです。そして、この仮説を実験してみようと、ジョージア州アトランタで毎晩、決まった時間に一斉に瞑想を行った結果、瞑想が行れている時間の犯罪数が著しく減少したそうです。

　また、どんな発話にもリズムがあることから、会話、とりわけ興味ある内容の会話も同調の原理の対象と考えられています。会話の同調については、ボストン大学医学部のウィリアム・S・コンドン博士が著作において証明しています。

　コンドン博士は、コミュニケーションの細かな特徴を正確に理解しようと、ものすごい数の会話風景を撮影し、撮影したフィルムをスロー（48分の1秒）再生して分析を行いました。つまり、単語を基本的な音節、たとえばsound（サウンド）という単語ならs-ah-oo-nnn-d（サーアーンーードゥ）という具合に、各音がコンマ1秒の長さに

なるように分解して分析したのです。そして、話し手と聞き手の間にコミュニケーションが生じるたびに、両者の体の動き（眉を上げたり、首を傾けたり、指を曲げたりすること）が声と寸分たがわずに同調していることを発見しました。新しい音を発するとともに、新しい動きが生じていたのです。この研究のもっとも驚くべきことは、聞き手の動きが話し手の言葉（音）に遅れて反応したのでなく、話し手に同調していたということです。このことについてコンドン博士は、次のように述べています。

> 聞き手が話し手の発話と寸分違わずに同調して動いていることが観察された。48分の1秒のスローで分析しても、認識できる遅れがないことから、同調していると思われる。さらに、それは人間のコミュニケーションの普遍的な特徴とも考えられ、おそらく動物の一般的な行動を特徴づけているのだろう。よって、コミュニケーションは誰もが、さまざまな次元を超えて、複雑かつ共通の動作を繰り広げるダンスのようなものと言えるが、奇妙なことに、そうしていることに誰も気づいていないのだ。きっと知らない相手に対しても、こうした同調を示すのだろう。

さらにコンドン博士は、同調することで、会話の内容が相手にどのように伝わるかも説明しています。同調するまでは、聞き手に誤解ばかり生じていたようです。

1960年代には、ジョージ・レオナードと精神科医のプライス・コッブが、週末に異人種同士のエンカウンター・グループという参加者が本音をぶつけ合うことで互いの理解を深め、自分自身の受容と成長、対人関係の改善などを目指す集団心理療法のセッションを行いました。その際、参加者の黒人と白人の言語リズムにはばらつきがあり、参加者らは自らの憤りや不安、そして怒りを自由に吐きだしてかまわないというルールをつくりましたが、セッションを始めた頃は、重苦しい雰囲気で、骨の折れるものだったようです。ところが、最初のセッションから数週間後の週末のあるとき、参加者らの誰もがついに口を

開き、叫び、足を踏み鳴らして異様に盛り上がるリズムを見つけたのです。
　ジョージ・レオナードは著書『サイレント・パルス――宇宙律と遊星的共振』（工作舎）の中で、参加者たちの様子を次のように語っています。

> セッションの終わり近くになると、それまで聞こえていた喚き声や罵る声が、笑い声に変わり始めていた。すると、奇妙なことが起こった。グループ全員が突如として黙り込んだと思ったら、また話しだし、また黙り込み、そしてまた話しだしたが前よりも穏やかに、全員が完璧なリズムで話しだしたのだ。このあと再開した論戦は、前よりも落ち着きとやさしさのある新しい調子に変わっていた。それはまるで理解という振り子が、一緒に揺れ、心臓の細胞がひとつになって脈動しているかのようだった。

　ジョージ・レオナードが行ったセッションでわかったことは、グループ全体が共鳴状態になるまで、真のコミュニケーションが生じなかったということです。どうやらコミュニケーションは、私たちが考えているような刺激―反応現象ではないかもしれません。なぜなら、真のコミュニケーションが生じているとき、聞き手は話し手に反応しているのでなく、話し手に共鳴しているからです。
　さらにコンドン博士は、聴覚のリズム同調に関する研究で、精神的に不安定な子どもたちと自閉症の子どもたちの行動を調べました。その研究で子どもたちは、聞き手と話し手の間に時間のずれが生じることを証明したのです。つまり、情緒が不安定な子どもや自閉症の子どもは、始めに聞こえた音に遅れるように反応したというのです。そのため、周りの世界と調和できず、情緒が不安定になったり、自閉症を患っている子どもの特徴的な症状である疎外感や当惑の気持ちが生じているのかもしれません。ジョージ・レオナードは、このデータの分析の結論として、「私たちが、ある世界を経験する能力は、それに同調する能力に委ねられている」と結んでいます。
　ジョージ・レオナードのこの言葉は、第5チャクラを理解するための重要な

概念を表わしています。自分の周りの波動周波数に同調できなければ、世界とのつながりを経験することはできません。なぜなら、同調できなければ、コミュニケーションを取ることができないからです。コミュニケーションが取れないと、孤立してしまい、健康に不可欠な栄養エネルギーから切り離されてしまいます。ヒンドゥ教徒が、音がすべての物質を創造したと信じているように、口頭によるものであれ、科学的、精神的、もしくは超自然的なものであれ、コミュニケーションによって生命は生みだされ、そして維持されているのです。コミュニケーションがなければ、私たちは精神的にも身体的にも死んでしまっているのも同然なのです。

また、コミュニケーションに欠かせない要素である言語による交流は、マーヤー（根底にある事実を覆い隠してしまうヴェール）が単に別の形で顕在化したものにすぎません。そうだとすれば、コミュニケーションは、ただのリズミカルな交流にすぎないのかもしれません。しかし、言語はコミュニケーションの重要な要素であり、そのコミュニケーションがどのようなもので、どこで生じているかを解明するための手段でもあります。

単純波動が、物質を干渉性のある調和的なパターンに移せるとしたら、共鳴波動にできることはただ一つ、その効果を深めることです。私たちは実際に何かに共鳴したら、その影響を深く受けることになります。したがって、共鳴の原理を自覚することで、環境の進化における自分の役割を果たせるかもしれません。つまり、私たちの波動が新しい思考や波動を誘発し、相手の意識を目覚めさせる可能性があるというわけです。また、私たちは自分の周りの波動と調和する「良い」波動と、相違を異にして不調和になる「悪い」波動を選ぶこともできるようになるのです。

チャクラもさまざまな波動パターンを示しています。そのパターンは、第1チャクラにおける言語や物質のゆっくりとした粗雑な波動から、第7チャクラにおける純粋意識の高速で高い波動にまで及びます。ある人の中で活性化しているチャクラが、別の人の活性化していないチャクラを、波動を通じて開かせることもできるのです。

体内においてチャクラが波動する様子を理解するのに相応しい展示物が、サンフランシスコにある「エクスプロラトリアム」という体験型の科学博物館にあります。それは、トム・トンプキンがつくった、共鳴現象を説明する「共鳴リング」という展示物です。

　「共鳴リング」は、直径が最小で約5センチから最大で約15センチまでのそれぞれ大きさが違う金属製のリングが数個、スピーカーボックスの上に置かれたゴム製の板に固定されていて（255ページ図6・5）、観客がつまみを回すとスピーカーから音が鳴り、特定の周波数でゴム製の板が振動するようになっています。

　周波数はつまみで自由に調整できるようになっているので、観客はつまみで音の高さを調節することで、振動させたいリングを操作することができます。低周波数では低音を発し、一番大きなリングだけがゆっくりとうねるように振動します。高周波数では高音の唸り音を立て、小さめのリングが滑らかに振動します。中間周波数では真ん中のリングが振動します。

　私たちを「共鳴リング」に当てはめるとしたら、身体はまさにチャクラを振動させる「プレート」といえるでしょう。そして、行動、思考、情動、食事などのパターンや環境などの生活パターンが、共振を生じさせるパターンの周波数にあたり、私たちのチャクラの振動を促すものになります。

　「共鳴リング」では、つまみを回して周波数を調整し、リングを振動させますが、私たちは生活の波動リズムを変化させることで、それぞれのチャクラを活動させることができるのです。ゆっくりとしたリズムは第1チャクラを開かせます。より周波数を高くすると第3チャクラを刺激します。上位チャクラを刺激するにあたっては、微細な波動を扱うことになるということを忘れてはいけません。肉体を素早く動かしても上位チャクラは開きませんが、瞑想によって脳が「より高い」波動を処理できるようになるかもしれません。

　時空の制約から逃れたとき、私たちの波動は何ものからも妨害を受けなくなります。波動レベルにおける悟りとは、意識の中に無限の周波数と無限の振幅を持つ波形が遍在するようになることかもしれません。

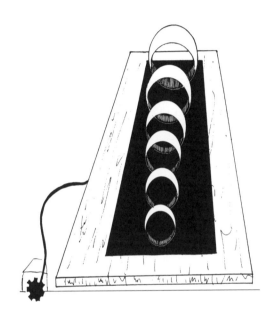

スピーカーボックスの上に置かれたゴム板

図6・5
共鳴リング

マントラ

万物の真髄は大地であり、大地の真髄は水であり、水の真髄は草木であり、草木の真髄は人間である。そして、人間の真髄は言語であり、言語の真髄はヴェーダであり、ヴェーダの真髄はサーマヴェーダ（言葉、調子、音）であり、サーマヴェーダの真髄はオウムである。

チャーンドーグヤ＝ウパニシャッド

クラドニの円盤とリズム同調の原理は、音波は物質に影響を及ぼすことができ、実際にそうなっていることを示しています。したがって、音波が意識に影響を及ぼしていたとしても、何も驚くことではありません。

瞑想や詠唱でマントラという神聖な音が使われるのは、こうした考えによるものです。マントラ（mantra）の語源は、精神を意味するマン（man）と、保護や道具を意味するトラ（tra）から来ています。マントラは、私たちの精神を守る道具であり、思考や行動が非生産的なサイクルに封じ込められないよう防いでくれるものでもあります。また、カメラのオートフォーカス機能のような役割もしていて、精神を一点に集中させて落ち着かせてくれるものです。マントラの波動は、よく「眠っているあなたを起こそうとして誰かがそっと肩を揺するようなもの」とたとえられます。マントラはまさに、無関心という習慣的な休眠状態に入っている精神を覚醒させてくれるものなのです。

クラドニの円盤の上で、ある波動が砂の山から曼荼羅模様をつくりだしたように、「オウム」といった簡単なマントラを唱えるだけで、際限なく湧いてくる思考や感情を、整然とまとまりのあるパターンに変えることができます。マントラの音のリズムは、潜在的なレベルに働きかけ、私たちの内なるリズムに浸透します。そうしたマントラの音の効果を得るために、マントラの意味や象徴学を理論的に分析する必要はありません。実際に意味を考えなくても、断片化した顕在意識を超越し、潜在的な全体性（ホールネス）に気づかせてくれる

のがマントラの不思議な力なのです。

　マントラは午前中に数分間、声にだして唱えると効果的です。そこに刷り込まれた波動、イメージ、意味は一日中、静かに心の中で響くでしょう。マントラは反響するたびに、精神と肉体に不思議な力を及ぼし、秩序と調和を生みだすと考えられています。マントラのドラムのようなビートに合わせてダンスを踊ると、行動がリズムを帯びるかもしれません。速いマントラを唱えるとエネルギーを生みだし、惰性を克服するのに役立ちます。ゆっくりと緩やかなマントラを唱えれば一日中、穏やかで心静かな状態でいられるでしょう。

◎チャクラの種子字

　ヒンドゥ教の形而上学によると、万物は音から創られているとされています。そして、万物にはそれぞれ構成するエネルギーを表わすシンボルがあり、それらは種子字やビージャ・マントラとして知られています。マントラは、唱えている人をその種子字を持つ対象に共鳴させることを目的としています。そして、人はビージャ・マントラを知ることで、その対象を巧みに扱えるようになり、やがて支配したり、創造したり、破壊したり、あるいは改めることができるようになるのです。インドの音楽家であり思想家でもあるハズラト・イナーヤト・ハーンは「音の神秘を知る者は、宇宙全体の神秘を知っている」と語っています。

　各チャクラには、それぞれ関係する種子字があり、そこにチャクラの本質、つまり、神秘が含まれています。また、種子字によって各チャクラの元素が持つ性質に近づくことができます。各チャクラの種子字、またはビージャ・マントラは次のようになります。

	元素	種子字	マントラ
・第1チャクラ	大地	ムーラダーラ	Lam
・第2チャクラ	水	スワディシュターナ	Vam

	元素	種子字	マントラ
・第3チャクラ	火	マニプーラ	Ram
・第4チャクラ	空気	アナーハタ	Yam（または Sam）
・第5チャクラ	エーテル	ヴィシュッダ	Ham
・第6チャクラ	なし	アージュニャー（光）	Om
・第7チャクラ	なし	サハスラーラ（思考）	なし

　マントラのM音はいずれも、宇宙の母性と物質的側面を象徴していると言われています。また、A音は父なる神、非物質を表わしています。Lam（大地）のLは太く響く閉音、Ham（エーテル）のHは軽い空気のような音、そして、Ram（火）のRはエネルギッシュで情熱的な音です。種子字に加えて、各チャクラには決まった枚数の花びらがあり、そのいずれにもサンスクリット語の文字がのっています。一般的に子音は、世の中の硬くて物質的な特徴を、一方、母音は精神界のスピリチュアルな特徴を表わしています。第5チャクラの花びらには、すべて母音がのっています。そして、花びらの文字を支配しているのは名前に「時」の意味を持つ女神カーリーです。カーリーは、破壊的特徴を持つヒンドゥ教の女神です。そして、花びらから文字、音、言葉を取り除いて、世界を破滅させることができると言われています。万物の真髄である音がなければ、私たちも含め何も存在できなくなります。

　私たちは、女神カーリーに音を奪われてしまう犠牲者なのでしょうか。そうではありません。私たちは、不調和な音の波動に悩まされることを避けることがでるのです。なぜなら、自分自身の波動を発振することができるからです。マントラを声にだして唱えれば、自分のリズムを支配し、精神と肉体をエーテルレベルで発達させるよう導くことができます。

次に挙げるのは、比較的よく用いられるマントラとその目的です。マントラに重要なのは、リズムと全体的な波動です。マントラは、自己の内側で経験されるものなので、唱えてみれば、どのマントラが自分に効果があるかすぐにわかるはずです。しかし、マントラの効果を実感するにはある程度の時間が必要です。本当に効果があるかを確認するためにも、一つのマントラを1週間から1カ月は続けてみてください。

◆オウム（Om、Aum）
偉大なる原始音。宇宙を創造した最初の音であり、すべての音を一つにした音。
＊オウムは、キリスト教徒が祈りの最後に唱えるアーメンと同じようなものです。

◆オウム・アー・フーム
強力な力を持つこの3音節は、次の目的で用いられます。儀式や瞑想に取りかかる前の空気の浄化、もしくは、物質的な捧げものを精神的な捧げものに変える力。

◆オウム・マニ・ペメ・フム
「蓮の宝石が内側に宿っている」という意味。マニ・ペメは蓮の中の宝石、つまり、仏教教理の中心にある本質的な叡智、神聖な本質を表わし、フムは個人の存在という限界の内に具体化された無限の現実を表わしています。また、フムは個人と宇宙を結びます。

◆ギャーテー、ギャーテー、ハーラーギャーテー、ハラソウ、ギャーテー、ボージー、ソワカ
般若心経の一節の真言。呪文。

◆アイ・アム・ザット・アイ・アム
個人と宇宙を一体化させることを目的とした英語版マントラ。

◆オン・ナマ・シヴァヤ
「シヴァ神の名のもとに」という意味。神の名前を唱える多くのマントラの中の一つ。いかなる神や女神の名前も、マントラをつくるのに用いられます。

◆イシス、アスタルテ、ディアナ、ヘカテー、デメテル、カーリー……イナンナ
アメリカのシンガーソングライター、チャーリー・マーフィーの『The Burning Times』のペイガン・チャントで、唱えられているのはいずれも有名な女神の名前です。ペイガンは、キリスト教以前に存在していた古い信仰を実践する人々を指していて、その人たちが唱えていたのがペイガン・チャントです。できれば、これを唱えた後に、次の男神の名前を羅列している節を続けてください。

ネプチューン、オシリス、マーリン、マナナン、ヘリオス、シヴァ〜ホーンド・ワン　（〜部分はわずかに伸ばして唱えましょう）

◆ジ・アース、ザ・ウォーター、ザ・ファイアー、アンド・ジ・エアー〜リターン、リターン、リターン、リターン
先に挙げた女神のマントラと同じように、このマントラも元素に感謝する儀礼音楽です。

　文化や宗教によって、世界にはさまざまなチャントやマントラがあります。トーンやリズムが同じようなものもあれば、異なるものもあります。マントラの奥深い価値が現れるか否かは、私たちがどれほど熱心に毎日の瞑想、仕

事、思考の中にマントラを取り入れるかにかかっています。さらに、多くの人が共通のマントラを一斉に唱えたら、その音が微細界で集団共鳴し、さらに強力になるはずです。私たちはマントラを唱えるごとに、より一層マントラと同調できるようになれるでしょう。

マントラの中には、特定の効果をもたらすとされ、何世紀にもわたって唱え続けられているものもありますが、自分でマントラをつくりだすのも悪いことではありません。なぜなら、どんな言語においても、言葉は自分の内側を表現するものなので、自分でつくりだしたマントラによるアファーメーション、つまり、つくりだした言葉を繰り返し声にだして唱えて自分の潜在意識に働きかける方法は、非常に強い効果をもたらすことになるからです。

ただし、自分が求める効果を生みだすには、注意深くマントラを選んでください。たとえば「私はこれから強くなる」いうアファーメーションには、私たちが求めている強さの何らかの要素が含まれてはいますが、これをほんの少し言葉を変えて「私は強い！」とするだけで、さらなる力をもたらすことができます。

マントラは昔から神秘主義の多くの学派で秘儀とされてきました。実は、マントラの力は微細なので、鈍感な人や初心者は、その力を認識することができないかもしれません。マントラの力は、経験を通してのみ感じられるものです。しかし、マントラは単純で「誰でもできる」繰り返しの技法を用いているので、心の底からからマントラの力を求める人であれば誰でも、その恩恵を感じられるはずです。マントラは人間の内なる調和の謎を解く根本的な鍵といえるものです。

◎母音とチャクラ

先に挙げた各チャクラの種子字は、子音が異なるだけで母音の持続音は（第6チャクラを除いて）同じです。この事実から、私は母音を用いてチャクラをより効果的に共鳴させる方法を見つけだしました。チャクラ研究によっては、多少の違いはあるものの、次に挙げるのはもっとも一般的とされている

チャクラと母音の相互関係です。マントラの効果を検証するには、何よりも自分で実際に唱えてみて、どの音がどのチャクラを振動させるか体験してみることです。どうぞ思う存分に試してみてください。ほんのわずかにトーンを変えるだけで、あなたのチャクラが、ものすごく共鳴するかもしれません。

いずれの母音も等しく効果的ですが、サイレント・マントラや瞑想の手段として用いるとさらに効果的です。活発に働かせたいチャクラを選び、母音を使って効果的に覚醒させましょう。

- ムーラダーラ： Om で発音される「オウ」

- スヴァディシュターナ： cool［kúːl］で発音される「ウー」

- マニプーラ： father［fάːðɚ］で発音される「ア」

- アナーハタ： play［pléɪ］で発音される「エイ」

- ヴィシュッダ： seed［síːd］で発音される「イー」

- アージュニャー： mm で発音される「ンー」（発音記号で表記すると［m］となる両唇鼻音）

- サハスラーラ： sing［síŋ］で発音される「ング」もしくは無音（発音記号で表記すると [n]+[ng] となる鼻濁音）

テレパシー

> あらゆるレベルにおいても、静寂こそが熟達の秘訣と言えるだろう。なぜなら、我々は静寂の中で波動を認識しているからだ。そして、波動を認識するということは、波動を捉えることができるということだ。
> オーロビンド・ゴーシュ師（インドの神秘思想家・ヨーガ指導者）

　テレパシーは、「通常の」五感のいずれも用いることなく、時空を超えてコミュニケーションをはかる能力です。このテレパシーというコミュニケーション形態を使いこなしている人は、ほんのわずかしかいませんが、私たちの誰もが潜在意識レベルでテレパシー能力を持っています。したがって、第5チャクラを十分に開くことができれば、テレパシーによるコミュニケーションが可能になるかもしれません。

　第5チャクラを浄化できるようになると、心は穏やかになり、思考は静まり、意識という布地はどんどん滑らかになります。すると、私たちの波動はより安定し、知覚はより直接的になり、エネルギーの場の微細な波動も自覚しやすくなってきます。そして、生活環境からのさまざまな波動の干渉がなくなれば、テレパシーによるより静かなレベルのコミュニケーションがはっきりとわかるようになるでしょう。

　たとえば、あなたは賑やかなパーティー会場にいるとしましょう。たくさんの人が同時に話をしていて、音楽が大きな音で鳴り、人々は踊っています。かなり大きな声をださなければ、とても会話ができそうにない状況にです。しかし、どういうわけか、あなたのパートナーは小声でささよくようにしか話さないため、あなたにはその声がまったく聞こえません。ささやき声を聞き取るには、二人のコミュニケーションを妨害するものが少ないか、もしくは、まったくない静かな部屋に行くしかありません。

　テレパシーは、相手の心のささやきを聞き取る能力と考えられています。

このように混雑し、うるさいパーティー会場などで相手のささやきを聞き取るには、自分の心の中も静めなければなりません。そもそも私たちは、生まれつき頭の中で賑やかなパーティーを開いているようなものです。いつも、自分の頭の中で自分自身と会話をしているか、頭の中で音楽を流し続けているような状態になっているのです。そんな頭の中の状態に、さらに周囲の喧騒まで加わると、第5チャクラの受容力は鈍ってしまいます。私たちは電子メールを使って、自分の声が届かないところにいる人にメッセージを送ることには慣れたものの、時空を超えたコミュニケーションをもたらすエーテル内の微細な揺れを聞き取ることには、まだ慣れていないのです。

　では、なぜ時空を超えたコミュニケーションに慣れる必要があるのでしょうか。多くの人は、時空を超えたコミュニケーションよりは、人と人が向き合って今までどおりの大雑把な物理的コミュニケーションの方がずっと正確で、かつ具体的で、互いに誤解が生じる可能性が低いのではないか、と思っています。また、テレパシーでメッセージを送ったとして、受け取ったのか、正確に伝わったのか、確認する方法があるのだろうか、と考えている人も多いのではないでしょうか？

　意識は、言葉による一連のプロセスの結果ではありません。したがって、コミュニケーションを測るには、意識を記号化する必要があります。また、相手からコミュニケーションを受信するには、記号化しているメッセージを意識に戻さなければなりません。相互コミュニケーションをしているとき、私たちはこうした作業を一瞬のうちに行っているように思えるかもしれませんが、実は、純粋意識から徐々に意識のレベルを現実意識へと変化させているのです。言語学者には周知のことですが、その変換の過程で、コミュニケーションの核心が歪められることも珍しくありません。

　もしそうであれば、テレパシーによる時空を超えたコミュニケーションの方が、言語コミュニケーションよりも正確かつ迅速といえるかもしれません。また、テレパシーによるコミュニケーションを使いこなしている人は、ほんのわずかしかいませんが、テレパシーをまったく経験したことのない人はいないと

思います。たとえば、二人が同時に同じことを言ったり、友だちと同じタイミングで相手に電話をかけているせいで電話が話し中になったり、家族が危機にあるときに虫の知らせを感じたことは誰にでも一度は経験したことがあると思います。これらは、いずれもテレパシーより生じている可能性があると考えられています。

私たちが、エーテルを粗野な波動と微細な波動をつなぐ場として受け入れることによって、エーテルの場での感知の変化を通じてコミュニケーションが生じるようになります。テレパシーによるコミュニケーションは、粗大な波動が静まっているときだけ感知できる微細な変化にすぎません。テレパシーは、二つ以上の心がリズム同調しているとき、つまり、あるリズムパターンの波動が、別のリズムパターンの波動と同じ波動になったときに起こります。そして、同調したリズムは波動の振幅が高くなり、また、高い振幅の波動は影響力が強くなるので、相手に聞き取られる可能性が大きくなります。

テレパシーによるコミュニケーションの例は、非肉体的な情報交換を可能にするエーテルを介した精神的なつながりを示しています。思考は深まるにつれて顕在化し始めます。つまり、精神が思考を意識するようになるにつれ、思考はどんどん深まり、やがて現実になるというわけです。「思考は現実化する」という格言はもっともなことと言えるのです。

テレパシーを可能にする何らかの媒体が存在することは間違いなく、私たちはテレパシーの受け手であろうと、送り手であろうと、その媒体を通じて、心の波動が精神と合流する領域に入ることができるのです。そして、チャクラを浄化し、さらに、私たちの周りにあり、私たちを生みだしている波動の世界への注意を研ぎ澄ますことで、私たちは意識を精神と統合させるレベルに近づくことができるのです。

上位チャクラに近づくにつれて、私たちは普遍的な心に近づいていきます。それは、私たちを分離させている時空の物理的制約を超越するものです。普遍的な心は、つくりだすものではありません。普遍的な心は、既に私たちの中にあるものなので、私たちは心を静め、心の声に耳を傾けることで、普

遍的な心を意識できるようになります。

創造性

　コミュニケーションは、創造へのプロセスです。私たちが、コミュニケーションという芸術に長けていればいるほど、そのプロセスは創造的になっていきます。幼い子どもは、話すことを学ぶとき、最初はただ親の言葉をまねるだけですが、ほどなくするとそれぞれの言葉には特定の意味があることを理解し、自分で言葉を試すようになります。そして、語彙が増えるごとにどんどん創造的になり、現実と未来を創りだすために言葉や音、さらには、ジェスチャーを使うようになります。

　創造性は、第2チャクラ（新しい命を創りだすチャクラ）と関係していると考えられがちですが、私としては、創造性は最終的に表現という一つの形になることから、第5チャクラに関係すると考えています。子宮で生命を創造するのは、意識的なプロセスとは言えません。なぜなら、私たちは手の指や足の指をつくったり、青い目にするか、茶色い目にするかを決めたりしてはいないからです。第2チャクラのつくりだす情動的状態は、創造に対する衝動を刺激するものの、創造するには意志（第3チャクラ）と抽象的意識（上位チャクラ全般）が必要です。

　芸術は、常に文化の転換点に存在しています。視覚的、聴覚的、運動感覚的、印象的なものであろうと、文学であろうと、型破りでアバンギャルドな人物による芸術は、常人の理解を超えいるという意味で広大な未知の領域に達することができます。また、即座にかつ全脳レベルで、意識に影響を与える着想や概念の典型になることができます。

　メディア評論家のマーシャル・マクルーハンは著書『メディア論—人間の拡張の諸相』（みすず書房）で次のように語っています。

> 突如として芸術が、あるがままに、つまり、自分の拡張された能力から加えられる次の打撃を見越すために、私たちがどのように精神を再整理すべきかという正確な情報として受け止められたらどうなるのか、私は知りたい...、芸術家が未来の歴史を正確に描くことに勤しんでいるのは、芸術家が現在の本質に気づいている唯一の人間だからだ。

芸術の表現形式は、概ね他のコミュニケーションの表現形式よりも抽象的です。なぜなら、芸術は私たちに想像の余地を残すために、多くを語らないからです。多くを語らずに、私たちの革新的な意識に訴えてくるからです。

私たちは、チャクラの柱を上るにつれ、どんどん抽象的な意識の次元に近づいていきますが、抽象的な意識を受け入れるには、芸術のような抽象的なコミュニケーションを取り始めるべきなのです。

創造のプロセスは、内なる発見のプロセスです。芸術作品を創りだす中で、私たちは宇宙の神秘に心を開き、人間の言葉よりも宇宙の普遍的な言語を身につけることによって、スピリチュアルな情報の経路となるのです。

また、創造のプロセスはとても繊細なものです。自由のない厳格に管理された生活は、創造に適するどころか、むしろ創造を脅かすものになります。マリリン・ファーガソンの著書『アクアマリン革命――'80年代を変革する「透明の知性」』（実業之日本社）の言葉を借りれば、「言葉が未知なるものを曖昧な領域から解放し、脳全体に知れわたらせるように」、創造性は私たちの内なる力を解き放ってくれます。

そして、今まさに、創造のプロセスを利用した視覚芸術、心理劇、動作、ダンス、音楽の鎮静効果などを利用して、私たちの精神と肉体の奥深くにある健康的な領域にアクセスし、全体性を寸断する内なるフラストレーションを解放するという新しい療法が生まれつつあります。

21世紀を健康に生き延びるには、革新と柔軟性が必要です。創造性は、革新と柔軟性を解き放つ鍵になるものです。私たちは創造性を尊重し、他者とも尊重し合う必要があります。そして、第5チャクラを開いて、それを可能に

する手段を尊び、根本的な生命力を妨げる恐れのある現象から身を守らなければなりません。私たちの未来はまさに創造性にかかっていると言えるのです。

メディア

　テレビ、ラジオ、新聞、その他にも公共のコミュニケーション形態は、神経システムに似た働きをする第5チャクラの文化的表現と考えられます。コミュニケーションが、知識と理解につながるとしたら、私たちの集合意識の大部分は、良くも悪くもメディアとメディアを管理する人々の影響を強く受けていると言えます。

　政治家のスキャンダル、殺人事件のテレビ報道、環境に関する不公正なデータ、そういったテーマが何であれ、一般の人々の関心は、メディアが人々の関心事だと判断したテーマに向けられてしまいます。メディアが、私たちの注意を誘導し、そして、私たちの注意が向くところに、エネルギーは流れていきます。メディアが、子どもが見るならセックスよりも暴力の方が適切と判断すれば、私たちの文化的価値観もそのように設定されてしまうのです。

　メディアは、文化を変容させる強力な手段にも、自分のありのままの姿を見せてくれる肯定的なフィードバック・システムにもなるものです。1960年代後半のベトナム戦争で、戦争の残虐性を人々に知らしめ、反戦活動を起こさせたのもテレビのニュース映像でした。また、メディアは、私たちに地球の生態系の状態や異なる場所にいる人々の状況を伝えたり、グローバル・ブレインという地球規模の情報網を形成する役割も果たしています。

　メディアは、私たちの前にさまざまな形となって現れています。映画は、新たに出現するであろう未来の世界が、いかにも現実のものとなっているかのような姿でつくられています。また、メディアは、私たちの奥底にある創造性やコミュニケーション力を表現してくれたり、陰に隠れた真の改革者に光をあて、彼らの声を社会に届けるための社会変革の場としての役割も持ち合わせて

います。

　メディアをコントロールする人々に誠実さを求めるのは、重要なことです。メディアは文化の神経系であり、私たちが現実を生きる上でもっとも影響を与える存在です。そうであるなら、メディアがくだらない話、人騒がせな噂話、プロパガンダ、嘘などで汚されないようにしなければなりません。さもないと、影響力のある人に意図的にメディアがコントロールされ、多くの人に悪影響を及ぼし、操られる危険があります。

　第5チャクラの名前であるヴィシュッダは浄化を意味しています。メディアが汚されるならば、私たちは力を合わせて、悟りに導く真実の共鳴で第5チャクラ浄化させなければなりません。

第5チャクラのエクササイズ

◎ジェスチャー・ゲーム

1時間、ひと言も話さず黙ったまま、誰かと活動的なコミュニケーションを行います。まずは、相手に伝えたいことを頭に思い浮かべてください。次に、それを相手に伝える方法、それも、ジェスチャー、手記号、マニピュレーション、目の動きなど、できるだけ難しい方法を選んでください。あなたはどんな方法を選びましたか。その方法は時間が経つにつれて、相手に伝えやすくなっていますか。どんな点が特に難しく感じますか。それらを意識しながら行ってください。このエクササイズは、二人以上の仲間とのコミュニケーションを築くのに役立ちます。

◎沈黙の誓い

リスニングは、基本でありながらも、無視されがちなコミュニケーションの要素です。ヨーガ修業者は、長時間にわたる沈黙の誓いを立てます。そうすることで可聴音の波動を浄化し、微細な音に波長を合わせるのです。言語コミュニケーションを避けることで、別のコミュニケーションの道、すなわち、より高次な意識とのコミュニケーションの道を開くことができます。最初は2、3時間から始め、慣れてきたら一日もしくはそれ以上と時間を伸ばしていきましょう。

◎声の録音

自分の日常会話の声を録音しましょう。そして、どのくらい話してどのくらい聞いているか、どのくらい話すのを中断したり口籠ったりしているか、確認してください。自分の声のトーンはどんな感じに聞こえますか。次に、自分の声を知らない人物の声だと仮定して、録音を聞いてください。そして、聞こえてくる声の人物をあなたは直感的にどのような人間だと思いますか？

◎首回し

首は胴体でもっとも細い部位に当たります。首は多くの時間、精神と肉体の間を豊富に流れるエネルギーのフィルターの役割をしています。したがって、首にはストレスや凝りが生じがちです。首をほぐすことは、第5チャクラ開くための基本の動作になります。

肩の力を抜いて下げ、頭を真っ直ぐにします。そして、首を伸ばすようにゆっくりと円を描きながら頭を回してください。緊張と不快感を覚えたら、すぐに回すのをやめ、指でマッサージしてください。きついと感じるところで少し動きをやめ、一旦、そのままの状態にておきます。少し経ってほぐれた感じになったら、また動かし始めます。時計回りに回し終えたら、次は反時計回りに回しましょう（図6・6）。

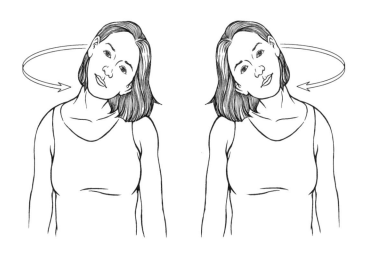

図6・6
首回し

◎ヘッド・リフト

このエクササイズは甲状腺を刺激して首の強化に役立ちます。

仰向きに寝てリラックスします。肩を床につけたまま、つま先が見えるまで、ゆっくりと頭を持ち上げてください（273ページ図6・7）。エネルギーが首に入って来るのを感じるまで、ポーズを維持しましょう。

◎肩立ちのポーズ（ショルダー・スタンド）

このポーズでは首に負担をかけないよう、最初は毛布かタオルを折り畳んで置くようにしてください。タオルは横になったときに頭が床に触れ、胸椎が毛布の上に乗るように置いてください。

仰向けに寝て、両腕を体の横に伸ばしてリラックスします。両膝を曲げて両脚を床から離し、少しずつ背中を丸めるように、脚を胸元へ引き寄せていきます。

お尻が持ち上がったら、両手で腰のあたりを支えます。

手で腰をしっかりと支えながら、両脚をゆっくりと天井に向かって真っ直ぐ伸ばしていきます。きついと感じるまでポーズを維持しましょう（273ページ図6・8）。

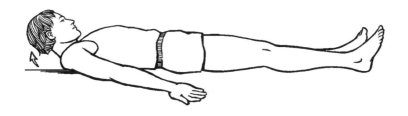

図6・7
ヘッド・リフト

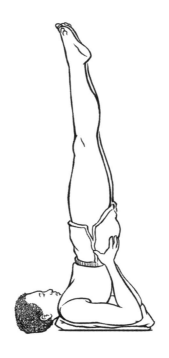

図6・8
肩立ちのポーズ（ショルダー・スタンド）

◎鋤のポーズ

肩立ちのポーズがうまくできたら、鋤のポーズに挑戦しましょう。

肩立ちのポーズの姿勢から始めます。

できるだけ膝を伸ばしたまま、足を頭の方向に向かって倒していき、最終的につま先を床につけます（図6・9）。

身体が硬い場合は、頭の先に椅子を置いて、無理につま足を床につけようとせずに、椅子の上に足を乗せてください。

図6・9
鋤のポーズ

◎魚のポーズ

このポーズは肩立ちのポーズか鋤のポーズを行った後に、首と背中をストレッチするために行います。胸腔を開き、甲状腺を刺激する効果があります。

仰向けに寝ます。両手をお尻の下に置き、肘で上体を支えるようにして、胸を天井に向かって持ち上げ、頭が床につくまで首をアーチ型に伸ばします（図6・10）。

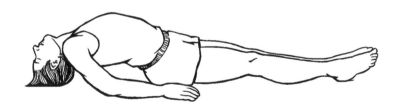

図6・9
魚のポーズ

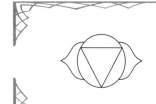

第6チャクラ

サンスクリット名： アージュニャー
意味： 知覚する、支配する
位置： 眉間の少し上
元素： 光
機能： 見で感じ取ること、直観
内なるエネルギーの状態： ひらめき
外なるエネルギーの状態： 発光
内分泌腺： 松果腺
身体の部位： 目、頭蓋底、頭
機能不全： 失明、頭痛、悪夢、眼精疲労、視力障害
色： 藍
種子字： Om
母音： Mmm［m:(:)/］で発音される「ンー」
花弁： 2枚
セフィロトの樹： ビナー、コクマー
惑星： 木星、海王星
金属： 銀
食物： エンセオジェン（変性意識状態を引き起こして神秘体験をさせる作用のある物質）

対応する動詞：	私は見る
ヨーガ流派：	ヤントラ
香り：	ヨモギ、トウシキミ、アカシア、サフラン
鉱物：	ラピスラズリ、クオーツ、スターサファイア
動物：	フクロウ
グナ：	サットヴァ
シンボル：	円の周りに2枚の花びら。その中に金色をした下向きの三角形（トリクナ）。さらにトリクナの中にシヴァ・リンガと種子字のOm。果皮の中に6つの赤い顔と6本の手を持つシャクティ・ハキニが白い蓮の上に座っている。ハキニ女神の上に三日月、顕在化のビンディー、稲妻の姿のシヴァ神。
ヒンドゥ教の神：	シャクティ・ハキニ、パラマシヴァ（シヴァ神の別の姿）、クリシュナ
その他の神：	テミス、ヘカテー、タラ、イシス、イーリス、モルフェウス、ベレノス、アポロ

有翼の知覚者

想像力は知識よりも重要だ。

アルベルト・アインシュタイン

　太古の始まりから闇と光は絡み合い続け、私たちに意識の偉大なる贈り物の一つである見る能力をもたらしてくれています。私たちが、何万光年も離れたところから放たれ、満天に輝いている星の光といった宇宙の驚異を目撃できるのも、裏庭で咲き誇っている花々といった創造物の美を見ることができるのも、視覚という贈り物を授かっているおかげです。

　また、視覚があるから、私たちは自分の周りにある莫大な量の情報を瞬時に取り込むことができるのです。光波に変わった輪郭や形状は、私たちの周りの世界の内なる地図をつくりだしています。夢からのイメージは無意識から生じ、私たちを魂と結びつけています。また、私たちは直観で状況を見通し、難しい場面を切り抜けようと知識を寄せ集めています。

　私たちは、外側の世界を見て理解することだけでなく、自分の内なる世界を見て知る能力も授かっています。それは、第6チャクラの本質であり機能です。

　見ることを通じて、私たちは外側の世界を自分の中に取り入れる手段と内なる世界を具現化するための記号としての言語を得ているのです。そして、時間と空間の関係性を認識することで、過去の記憶と未来への想像力に必要な構成要素を得ています。つまり、第6チャクラは時間を超越するのです。

　第6チャクラは、「眉のチャクラ」とも呼ばれ、額の内側に位置し、目の高さ、もしくは、そのわずか上にあるとされています。第6チャクラは、第三の目に関係しています。第三の目は、サイキックな知覚に関わっている精神界の器官で、眉間にあるとされています。肉体的な目は、脳が知覚するための道具ですが、第三の目は第6チャクラの精神的な器官です。

また、第6チャクラには、内なるスクリーンと、視覚の思考過程を構成する膨大なイメージが含まれています。文章を読むときに、その行間の意味を読み取れば一層理解が深まるように、第三の目は物質界の先を見通すことができるため、私たちに深い洞察をもたらしてくれます。

　第6チャクラは、サンスクリット語でアージュニャー（Ajna）と呼ばれています。もとの意味は「知覚する」で、後に「支配する」という意味も加わりました。この二つの意味は、第6チャクラの二重性、つまり知覚を通じてイメージを取り込むだけでなく、現実を支配する内なるイメージをも形成することを表わしています。頭の中にイメージを描くと、そのイメージが具現化する可能性は増します。イメージは、やがてカラフルなステンドグラスの窓のようになり、その窓から意識の光が輝きだし、顕在化に向かっていきます。ステンドグラスの窓を通る光は、家具などで遮られない限り、床にステンドグラスの模様をそのまま描きだします。意識の光も途中で遮られることがなければ、物質界に顕在化されるものは、私たちが思い描いたものとまったく同じものになります。

　しかし、常に頭に思い描いたとおりに顕在化されるとは限りません。意識が顕在化に向かって下ってくる途中で、障害物に遭遇することが多いからです。その障害物になるものは、他者の事情かもしれませんし、無意識の恐怖かもしれません。もしくは、単に思い描くのが不十分だったのかもしれません。

　これまでスシュムナーを上昇するにつれて、チャクラの花びらの枚数は増えてきましたが、第6チャクラでは、花びらが2枚だけになります（280ページ図7・1）。なぜ2枚だけなのかということについては、顕在化と非顕在化という二つの現実の世界、第6チャクラで交差するイダとピンガラという絡み合う二つの経路、第三の目を挟んで存在する二つの肉体的な目などさまざまな解釈があります。

　さらに、花びらは翼に似ていることから、内なる魂を遠く離れた時間や場所に「飛ばして」、時空を超越する第6チャクラの能力を象徴しているとも言われています。また、チャクラとナーディの位置関係に、カドゥケウスの杖を合

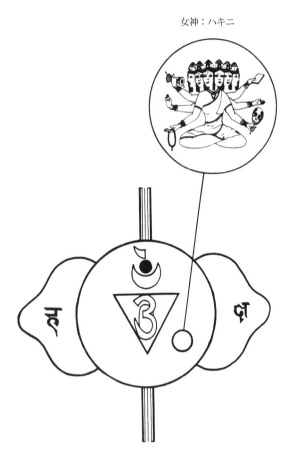

図7・1
アージュニャー・チャクラ
(出典:『Kundalini: Yoga for the West(クンダリーニ──西洋のためのヨーガ)』)

わせてみると、興味深いことに、第6チャクラに相当する場所から二つの翼が生じていることがわかります。他にも、円の周りにある2枚の花びらが、眼球で虹彩を囲んでいる白目に似ているからだという解釈もあります。

神秘学者であり、透視能力者でもあるC・W・リードビーターは、著書『チャクラ』（平河出版社）の中で、眉のチャクラの花びらは96枚だと主張しています。96は、第1チャクラから5チャクラの花びらの総数を2倍にした数 $\langle 2 \times (4 + 6 + 10 + 12 + 16) = 96 \rangle$ に相当します。

第6チャクラに対応する元素は光です。私たちは、光を知覚で捉えて周りの世界の情報を得ています。どのくらい見ることができるかは、通常の視力も少しは関係しますが、第6チャクラがどのくらい開いているか、もしくは発達しているかによります。視覚能力や超能力の程度もさまざまで、物質界の観察力が非常に鋭い人から、オーラ、チャクラ、アストラル界の詳細が見える人、さらには、予知（未来の事象を「見ること」）や遠隔透視（別の場所にあるものが見えること）ができる人にまで至ります。

第1チャクラから第5チャクラまでは胴体部分にありますが、第6チャクラは頭部に位置しています。よって、これまでに見てきたどのチャクラよりも、精神的な特徴を持っています。私たちは、精神的になればなるほど時空の制約から離れ、トランスパーソナル（自己超越）の次元に入っていくことになります。

どのチャクラも一つの内分泌腺と対応していますが、第6チャクラは松果腺というほぼ目の高さにあり、頭の幾何学的中心に位置する小さな（10×6mm）円錐形の腺と対応しています（282ページ図7・2）。松果腺は、かつてはもっと頭頂部寄りにあったと考えられています。爬虫類の中には、今でも松果腺が頭頂部寄りにあり、第三の目と同じように、光に反応する知覚器官らしきものを形成している種類もいるようです。

松果腺は、「魂の座」とも呼ばれ、光の変化をホルモン・メッセージに変換して自律神経系を通じて身体に伝える、いわば身体の露出計のような働きもしています。100以上もある身体機能には、光に曝されることで影響を受ける概

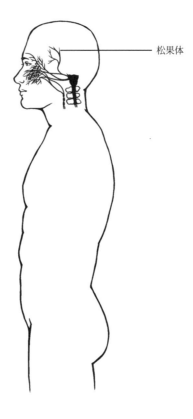

図7・2
魂の座（松果体）

日リズムというおよそ24時間周期で変動する生理現象が備わっています。

　松果腺は7歳頃にもっとも発達し、性腺の成熟に影響を及ぼすとされています。発生学的には第三の目から生じて、初期には胚で発達し、後に退化したと考えられています。松果腺は神経系に対してある種の鎮静効果があるため、松果腺を切除すると動物は脳卒中を起こす可能性があります。

　メラトニンは、色素細胞に関係するホルモンで、松果腺から分離される物質です。メラトニンの生成は少量であれ、目が光に曝されることで生じると考えられ、今では睡眠補助薬として広く研究されています。また、免疫システムを強化し、ストレスを軽減して、老化を遅らせるとされています。しかし、メラトニンの生成は年齢とともに低下し、うつ病患者には広くメラトニン値の低下が見られ、そう状態にはメラトニン値の上昇が見られます。

　松果腺は、下垂体の真上にあるため、松果腺を第7チャクラと関連づけ、下垂体を第6チャクラと関連づける考え方もあるようです。しかし、下垂体は体内のさまざまな内分泌腺を制御している主要な腺であることから、私としては、チャクラの中でも主要な頭頂部のチャクラと関連づける方が相応しいと考えています。また、松果腺は光感受性器官なので、明らかに第6チャクラに関係していると言えます。

　私たちの文化が、第6チャクラのレベルで発達していないのは、松果腺の退化と関係しているのでしょうか？　松果腺には、今は眠っているものの、ある種の精神的覚醒、もしくは文化的覚醒を待っている機能があるのでしょうか？　さまざまな研究から、光が植物や哺乳類の健康と行動に決定的な影響を及ぼしていることは明らかになっています。そうであるならば、松果腺は光と肉体の化学反応に、何らかの隠れた役割を果たしていると考えられます。

　今のところまだ、十分な証拠は見つかっていません。睡眠導入剤のメラトニンには夢を見る作用があり、このことは内なるヴィジョンに影響を与える何らかの関係があることを示しています。メラトニンは、幻視を引き起こす自生植物と科学的によく似た作用があり、10－メトキシハルマランという幻覚作用があるとされる化合物に変換されます。

もしかしたら、進化した人間には、松果腺に関係する化学的特性があり、それが内なるヴィジョンという現象の引き金になっているかもしれません。メラトニンは、今では睡眠導入剤として広く使われるようになっていますが、これから長い年月の間に、松果腺にどのような影響をもたらすのか、大いに注目したいものです。

光

目が澄んでいれば、あなたの全身が明るい。
新約聖書　マタイによる福音書（新共同訳）

　第5チャクラの気づきのレベルで、私たちは波動を経験しました。波動は形へと顕在化させる基本的な要因でした。第6チャクラでは、音の波動よりも高くて速い波動に出会います。第6チャクラで受け入れるのは、私たちが電磁スペクトルで可視光として感知しているものです。紫外線、電波、X線、マイクロ波などは、電磁スペクトル内にある目に見えない波形のほんの一部にすぎません。光は意識に直接知覚されるものです。音は空気分子の波のような波動によって発せられますが、光はもっと微細な波動エネルギーで、原子や分子が高いエネルギー準位から低いエネルギー準位に遷移するときに放出されるものです。光がまさしく原子や分子の声だとしたら、音はもっと大きな構造の声といえるでしょう。

　可視光線は、光子という観察方法によっては波動のような性質、もしくは粒子のような性質を示す波束から成っています。光は波動に似ています。したがって、先に述べた音の性質の中には、たとえば、干渉性のある波形など、光に当てはまるものもあります。音は、周波数によって高さが違って聞こえます。同じように光も、波動数や周波数によってさまざまな色に見えます。また、光は粒子のような性質であることから、目で見ることができる情報を含んでいる単体素子の束、もしくは光子と考えることができます。

光は、これまでに挙げてきた元素の中で一番い速度で移動します。また、光はあらゆる物理現象の中で最速と言われています。私たちは、新しい次元に入るたびに、時空の物理的制約から抜けだします。そして、光の凄まじいスピードが、私たちの時間の感覚を歪め、超越していくことになります。

　実際に人が光速で移動したら、時間は止まってしまします。第5チャクラが空間を超越するように、第6チャクラは時間を超越します。だからこそ、私たちは、夜空に何千光年も離れている星を見ることができるのです。もしかしたら、今見ている星は、既に超新星爆発を起こして消えていて、その爆発の光が私たちの目にまだ届いていないのかもしれません。

　光は電磁エネルギーです。光子に質量はありませんが、衝突する金属に電流を誘導することができ、この現象は光電効果として知られています。つまり、光子は金属に衝突すると、金属内の電子を弾き飛ばし、それによって電流を誘導します。この現象における興味深い点は、赤など周波数の低い光は強い色にもかかわらず、電流を誘導するほどのエネルギーを持っていないのに、青や紫といった周波数の高い光には電流が発生することです。電流が発生するかしないかは、光の強さによって変化します。

　光というほぼ非物理的な次元では、光の量は光の質ほど重要ではありません。そして、光の質は私たちが色として感知している周波数に応じて変化します。したがって、光の研究はどれも色の領域に踏み込むことになります。

色

色は表情のように、感情の変化に応じている。

　　　　　　　　　　　　パブロ・ピカソ（スペインの画家）

　私たちは、光を色で知覚しています。色は、光の波長や周波数によって決まります。色はよく「暖色」系と「寒色」系に分けられますが、これは実際のエネルギーの強さを表わしているのではなく、あくまでも、私たちの主観的評価

にすぎません。実際の光は、周波数に比例したエネルギーを持っています。たとえば、周波数の低い赤、オレンジ、黄色などの「暖色」系はエネルギーが少ない状態にあり、周波数の高い緑、青、紫などの「寒色」系はエネルギーが高い状態にあるというわけです。

　光は、原子内の電子が励起され（エネルギー準位の高い軌道から低い軌道へ移る）、そして脱励起される（エネルギー準位の高い軌道から低い軌道に移る）ことで生じます。電子が、ある軌道から別の軌道に「跳ぶように移動」（量子飛躍）することで、エネルギーを得たり失ったりしているのです。つまり、電子がより高いエネルギー軌道に移動すると、必ずある量のエネルギーを吸収することになり、そして、その電子が今度は原子核に向かって移動する、つまり、エネルギーの低い軌道に戻ってくると、先に得たエネルギーが光子に生まれ変わり、光となって放出されるというわけです。エネルギーをたくさん持つ光子は周波数が高く、上位チャクラのような青や紫に見えるのです。

　また、色は非常にはっきりとした心理的効果をもたらします。赤は心臓や神経系を刺激し、怒り、血液、物事の始まりといった、攻撃的かつ始動的なエネルギーに結びつく色です。一方、青は落ち着きや安らぎと結びつく色で、実際にその効果を多くの人にもたらしています。また、可視スペクトル外の波長も、私たちの健康と精神状態に影響を及ぼしています。たとえば、蛍光灯の灯りは、目には見えない紫外線を含んでいないものの、動植物の健康にマイナスの影響を与えていることが証明されています。一方、全スペクトル色を含んでいる太陽光は、関節炎や癌、さらにその他の病気をも癒す効果があるとする症例報告もあります。

　もしも、情報のほとんどが目に見える形で入っているとしたら、また、視覚情報が色のパターンで認識されているとしたら、私たちの精神と肉体は光の周波数の微細な変化に、はかり知れない影響を受けているに違いありません。

　音波が、微細なエネルギーの物理的配列に影響を与えているように、色も物質に影響を与えていると考えられています。だからこそ、色がヒーリングに利用され、顕著な成功を収めているのでしょう。最近の研究によると、光の色の

中には、ある体内酵素を 500 パーセント以上も効果的に刺激できるものもあるそうです。リンダ・クラークの著書『あなたを借るカラーセラピー―――色をつかってもっと楽しい生活を』（中央アート出版社）に、次のような光治療の技法に詳しい開業医の引用があります。ここから、20 世紀初めには既に、光治療の技法がヒーラーの間で知られていたという事実がわかります。

> およそ 6 年間、私は身体機能を回復させるという点において、色の効果に注目し続けてきた。また、実際に 37 年近く、病院でも個人的にも内科や外科で施術を行ってきた。その上で今はっきりと言えることは、色は他のどのような治療手段よりも迅速、かつ正確な成果を生むだけでなく、患者にかかる負担も少なくすることができるということだ。多くの症例で機能回復が確認されたのは、昔ながらの治療で失敗したあとのことだ。捻挫、打撲、心的外傷などありとあらゆる症例は、他のいかなる治療よりも色に対して反応を見せている。敗血症状は患者を問わず治り、心臓の病変、喘息、花粉症、肺炎、目の炎症、角膜潰瘍、緑内障、白内障も色による治療で緩和されている。

色のヒーリング効果に関するさまざまな理論は、19 世紀頃から書物や文書に記録されてきています。たとえば、ある色のステンドグラス越しに日光浴をさせる、色のついたグラスに太陽光線を集めた水を飲ませるなどの方法は、治療に目覚ましい効果をあげているようです。また、もっともよく知られているのは青い光（ブルーライト）による治療で、坐骨神経痛や炎症といった症状を永続的に緩和する効果があると言われています。

さらに、慢性的な症状に 11 年も悩まされていた患者が、色を使った治療を受けたら、1 週間もしないうちに症状が緩和され、その後も再発してないという症例もあれば、頭がボーっと冴えないときには黄色の光、肉体疲労には赤い光、糖尿病にはオレンジ色が効果的とする症例もあるようです。病気が微細なレベルで発症するのなら、色とポジティブ・ヴィジュアライゼーション（自分

が望む肯定的な状況をイメージすることで、それを現実化していく自己暗示法）を併用して、微細なレベルの治療をすべきなのかもしれません。

　チャクラの色は、光のスペクトラムに従っています。低い周波数の光は赤で下位チャクラに対応し、その他のチャクラの色は順次スペクトルに従って対応しています。この配列体系は、もっとも一般によく知られていて、かつ理に適ったものと考えられていますが、チャクラのすべての理論が、この配置体系に限られているわけではありません。もし、透視でチャクラが別の色に見えても、タントラのテキストに書かれている色と違っても、戸惑わないでください。たとえば、エネルギーの場の存在を実証する方法を考えだしたＵＣＬＡの教授、ヴァレリー・ハントは、透視の研究において次のようにチャクラと「虹」の配置を見事に関連づけています。

> ７つのチャクラのほとんどが形而上学の文献で語られている色（クンダリーニは赤、下腹部はオレンジ、脾臓は黄色、心臓は緑、喉は青、第三の目は紫、王冠は白）を帯びていた。また、チャクラの活動の中には、別のチャクラの活動を活発にさせているものもあるようだ。心臓のチャクラは一貫してもっとも活動的であった。

　さらに、「光の医学——光と色がもたらす癒しのメカニズム』（日本教文社）の著者、ジェイコブ・リバーマン博士の研究によると、人がある色に対する感受性が鈍っているときは、その色のチャクラに関係する身体の部位がほぼ間違いなくストレス、病気、もしくは負傷の影響を受けているということです。
　虹のスペクトルによると、チャクラの色は次のようになります。

・第１チャクラ　赤色

・第２チャクラ　オレンジ色

・第3チャクラ　黄色

・第4チャクラ　緑色

・第5チャクラ　青色

・第6チャクラ　藍色

・第7チャクラ　紫色

　タントラのテキストにおけるチャクラの色配置は、これとは異なっていて、第1チャクラが黄色、第2チャクラは白色、第3チャクラは赤色、第4チャクラは燻色、第5チャクラは青色、第6チャクラは金色、第7チャクラは色はなく透明となっています。おそらく、私たちが進化するにつれてチャクラの波動周波数が変化し、その結果、色の配列が光のスペクトルの並びに近づきつつあるのかもしれません。

　透視でチャクラを見たとしても、必ずしも虹の配列に見えるとは限りません。なぜなら、虹色の配列に見られる色は、チャクラが十分に発達し、障害物のない状態で発する最高の色だからです（ヴァレリー・ハントの研究では、被験者に何週間か集中的にロルフィング療法というマッサージ療法を施しながらチャクラを観察したものの、虹色が鮮明に見えたのは療法の終盤だけでした）。私自身の経験から言うと、チャクラがさまざまな色に見えるのはごく当たり前のことです。なぜなら、回転するチャクラにはさまざまな色が出たり入ったりしながら、その人の人生に関わる思考様式やイメージを形成しているからです。

　チャクラにうまくアクセスし、もっとチャクラをよく知るには、瞑想や記憶術に色を用いることです。先ずは、衣服や家の装飾品など自分の身の回りにどんな色が多いのかをチェックしてみてください。そこから、自分のチャクラの

パターンを読み解くことができるはずです。あなたがよく選んでいるのは紫や青ですか？ それとも、鮮やかな赤やオレンジですか？ 暗い色と明るい色では、どちらが好きですか？ 禁欲生活を送っている僧侶が、第2チャクラに関係しているサフラン色（淡いオレンジ色）のローブを着ているのは、単なる偶然ではないのかもしれません。

次に、自分で一番弱っていると感じているチャクラを補う色を選びます。私は、ずっと自分のオーラの場に黄色が足りないと感じていました。すると、私を診てくれたスピリチュアルな友人や霊能者からも、やはり同じことを言われたのです。実はその頃、私は代謝異常、エネルギーの低下、無力感といった第3チャクラに関係する多くのトラブルを抱えていたのです。そこで、黄色の宝石（トパーズ）や黄色の衣服を身に着けたところ、周りの人たちにもわかるほど、自分の感じ方や考え方、そして態度が改善されました。さらには、自分のエネルギーのバランスが微細なレベルで取れるようになったのです。

また、色は自己回復のためのヴィジュアライゼーション（可視化）にも用いられます。私は気分が沈んだり、うまくいかない日は腰を下ろし、自分のオーラは明るい黄色だと頭の中でイメージしたり、太陽から金色のエネルギーの光線が自分に降り注いでいるとイメージしたりして自己回復を図ります。7つチャクラにそれぞれ音が関係していたように、色も7つのチャクラに関係する7つの次元の表出形態なのです。

ホログラフィック理論

インドラの天には真珠の網があり、その1粒を見ると、そこに他の真珠がすべて映るように並べられていると言われている。同じように、この世にある物体はいずれも単にそのものであるだけでなく、他のあらゆる物体を包み込んでいるのであり、実際に、他のあらゆる物体であるのだ

ヒンドゥ教の経典

「私たちが知覚で経験しているものと光や視覚は、どのようにつながっているのでしょうか？」「なぜ神秘主義者の多くが、目を閉じて瞑想すると光のパターンが見えると言っているのでしょうか？」「夢は、なぜ現実のように見えるのでしょうか？」「記憶を構成しているものは何なのでしょうか？」

こうした疑問にもっとも的確に答えを与えてくれるのが、ホログラムを精神のモデルとする神経科学者、カール・プリブラムの理論です。ホログラムとは、2本の交差するレーザー光線でつくりだす三次元映像のことです。ホログラムは、小石を2個、それぞれ池の違う場所に落とし、できた波形を即座に凍結させたものに似ています。氷の上に交差する波紋を残すように、レーザー光線の干渉は、ホログラム板に記録されます。

ホログラムをつくりだすには、レーザー光線を物体に照射し、物体からの反射光を光に反応する板に記録させます。板は参照光という同じ周波数の光線も受けていて、この参照光は物体に照射されているレーザーと同じ光源から、直接板に当てられています。板そのものを見ても、私たちには暗い光が渦巻く意味のないパターンにしか見えませんが、レコード盤の溝に音の情報がすべて刻まれているように、板には2本の交差している光線の情報がコード化されているのです。

その後、光源のレーザーと同じ周波数の参照光を板に「再照射」します。

すると、物体の三次元映像、つまりホログラフィック映像が、不気味なほどリアルに飛びだしてくるというわけです。この映像の横に立つと、まるで実物がそこにあるかのように側面からも眺めることができますが、あくまでも光にすぎないので、手を伸ばして触れようとすると、手は映像をすり抜けてしまいます。

また、ホログラムには注目すべきことがたくさんあります。一つ目は、情報が板の「至るところに」記録されているということです。別の言い方をすれば、もしも板が粉々に割れても、破片が一つでもあれば、再び全体像が再生できるということです。しかし、破片が小さくなるほど、再生される像は詳細ではなくなります。

二つ目は、ホログラムは非空間的であるということです。そのため多くのホログラムは、一つの「空間」、または異なる周波数のレーザーを使っている板の上に、互いに重ね合わせることができるということです。

さらに、もう一つ特筆すべきことは、カール・プリブラムの理論によると、脳は常に脳波間の干渉縞を読み取っていることから、脳自体がホログラムのように機能しているということです。この理論は、これまでに脳を解析するモデルとしていた考え（どんな情報もすべて特定の場所に保存されているという考え）とは根本的に異なるもので、物理学と生理学の根底を揺るがすことになりました。その結果、意識の研究に劇的かつ革命的な変化をもたらすことになり、その波及効果は精神の理解だけでなく、私たちの周りの世界に対する理解にまで及ぶことになりました。このプリブラム理論は、第6チャクラを理解することにも関係しているようです。

本題に戻り、ホログラム理論が、どのように展開されたかをみていきましょう。プリブラムは1946年に、ネズミとサルの脳を研究することからスタートしました。そして、アメリカの心理学者、カール・ラシュレーとともにエングラムという正体不明の記憶の基本単位を探し求め、いくつもの実験用の脳を解剖しました。なぜなら、当時の考えでは、記憶は脳内のさまざまな神経細胞に保存されていて、脳組織を切除すればいくつかの記憶が消えるとされていたか

らです。

　ところが、実際は違っていました。脳組織を切除しても、記憶は多少曖昧になるものの、消えることはありませんでした。そこで彼らは、記憶はまるでホログラムの板に情報が記録されるように、脳全体に分散して蓄積されていると考えたのです。そのように考えると重度の脳損傷を受けても記憶は残り、脳は生涯記憶を保存することができ、記憶は何らかの関連性や「参照光」によってたびたび呼び覚まされるのも納得がいくというわけです。

　私たちが物体を眺めているとき、光は脳内の神経系の周波数パターンに変換されています。脳には、およそ130億個のニューロンがあり、ニューロン間の結合の可能性は何兆通りにもなります。これまで科学者たちは、ニューロンそのものに注目し、ニューロンは脳の活動に欠かせないものと考えていましたが、今日、注目しているのはニューロン間の接合です。実際の細胞はある種、断続的な反射運動を示しますが、神経終末での接合は、全体的にみると波動のような性質を示します。プリブラムは、科学雑誌「オムニ」のインタビューで実際に次のように語っています。

これら（神経終末）を全体として眺めると、波面を構成している。一つはこちらから、もう一つはあちらから来て相互作用する。そして突然、干渉縞が生じるのだ！

　神経インパルスが脳に伝わると、波動のような性質を持つものによって、私たちが知覚や記憶として経験しているものがつくりだされます。こうしてつくりだされた知覚や記憶は、脳内のコード化された波面の周波数として保存され、元の波形を誘発する刺激があると活性化されます。このことにより、私たちは見覚えのある顔であれば、一番最後に会ったときと比べて顔つきが変わっていても、誰なのかを思いだすことができるのです。また、バラと聞けばあの独特な香りを思い浮かべ、蛇と聞けば特に危険がない蛇でも不安を覚えるのも、同じ理論によるものです。

どうやら私たちは、脳内で神経ホログラムを再構築することで、周りの世界を認識しているようです。これは言語、思考、そして視覚はもちろんのこと、他のあらゆる知覚にも当てはまります。プリブラムは、科学雑誌「オムニ」のインタビューで、さらに次のように語っています。

精神は１カ所にあるのではない。我々にはホログラムのような構造が備わっていて、それがイメージを生みだしているのだが、自分ではそれが外側にあるように感じているのだ。

プリブラムの説には、私たちの脳にはあらゆる情報だけでなく、記憶や知覚の通常機能の域を超えた遠隔透視、透視、神秘的なヴィジョン、予知など別の時間領域にある情報へアクセスするためのヒントが含まれています。

プリブラムのホログラフィック脳理論と同時期に、理論物理学者のデヴィット・ボームが、宇宙そのものがホログラムのようであると考える仮説を提唱しました。ボームは、この仮説でホロフラックス（全体流動）という言葉を用いています。なぜなら、ホログラムというのは静的な画像を指し、動きと変化に満ちた宇宙には適しないと考えたからです。

ボームは仮説の中で、宇宙は宇宙の媒質（真空）中に一つの全体性（ホールネス）として「包み込まれている」、または、広がっているとしました。そして、「包み込み」には無数の干渉を生じさせる性質があり、その干渉によって私たちには、ホログラムのように脳で感じている形態とエネルギーがもたらされていると考えたのです。そうであれば、脳自体は、より大きなホログラムの一部であり、脳には内側と外側の世界のすべての情報が包み込まれているということになります。私たちが、この世界をホログラム形式で知覚しているように、この世界は大きなホログラムであって、私たちはその中の小さな破片であると考えられます。しかし、私たち一人ひとりはホログラムの一つの破片ですが、同時に全体をも反映しているのです。

もし、内側の世界と外側の世界が存在し、いずれの世界も個々の部分にすべ

ての創造物を反映しているということが真実ならば、私たちだけでなく、周りのすべてのものも個々の部分として、全体の情報を反映している存在ということになります。そして、宇宙の起源を一粒の砂の中に描写できるように、私たち一人ひとりの頭の中にもコード化された素晴らしい知性の情報があり、その情報はイメージになるための参照光を待っていることになります。だからこそ、ヨーガの指導者がシャクティパットをもたらすことができ、共鳴波動が変性意識状態を引き起こせるのかもしれません。

　内側の世界も外側の世界もホログラムのように機能していると考えることができたとしても、きっと次のような疑問を抱くことではないでしょうか？「内側と外側の世界に違いはあるのだろうか？」「私たち自身もホログラムなのか？」「自ら生みだした自我の意識を失くしていくことで、普遍的な存在状態を受け入れたら、意識はより大きなホログラムと一つになるのだろうか？」「ホログラムの一つひとつの欠片には、曖昧ながらも全体の情報が含まれているのなら、新しい情報の欠片を失くなった情報のところに入れてみたら、全体の情報は明確になるのだろうか？」「成長して理解が広がると、物事を一つの絵として、互いに浸透し合うエネルギーの集合体として捉えなくなってしまうのだろうか？」

　今はまだ、こうした疑問にはっきりと答えることはできません。しかし「外なるもの」と見なされているものが、私たちの知覚、思考、記憶に確実に影響を与え、「内なるもの」に変化していることは間違いありません。また、私たちの内側には、外側の世界をはるかに超えたエネルギーを包み込む構造があるということも疑いようがありません。では、内側の構造は、外側の世界に影響を与えないのでしょうか？　私たちの精神的ホログラムの構造は、物質界で形を成すために外側の世界に投影されるのでしょうか？　カール・プリブラムは、このことをもっとわかりやすく次ように語っています。

> 私たちは世界に対する知覚を構築しているだけでなく、世界に知覚を構築しにいくのだ。私たちはテーブル、自転車、そして楽器をつくる。なぜ

ら、それらを頭に思い浮かべることができるからだ。

　この理論は、第6チャクラの能力（知覚すること、支配すること）と、外側の世界が持つイメージに対する精神的な受信と投影をもっとも的確に説明していると言えるでしょう。

視覚（見ること）

　私たちが見ているものは皆、自分が頭に思い浮かべたものだ。私たちは目で見ているのでなく、魂で見ているのだ。
　　　　　　　　　　　　マイク・サミュエルズ（ヘルスケア・トレーナー）

　視覚に障害を持たない人は、他の器官や感覚的手段ではなく、情報の90パーセントは目から入ってくると推定されています。そうであれば、記憶と思考のプロセスの大部分も、視覚情報でコード化されていることになります。もちろん、一概にすべての人がそうだとは言えませんが、多くの人が視覚を重視していることは確かです。視覚的経験は何かと制約を受けたり、誤解を招いたりする恐れはあるものの、基本的に重要な意識レベルであることに疑いの余地はありません。

　視覚情報は、「接触のように体に触れることなく空間的関係を伝達する手段である」と定義できます。空間的関係とは、大きさや輪郭といった形、色、彩度、位置、動作、行動を表わしています。

　肉体的な目は、反射された光線を網膜にピントを合わせて対象の物体を見ています。ピントを合わせる働きをしているのは角膜で、より大きな光のパターンを取り込み、縮小して反転させて網膜に投影します。網膜は、さまざまな光の強度に刺激される桿体細胞と錐体細胞という二つの視細胞から成っています。これらの細胞に光が当たると化学反応が起こり、神経インパルスを引き起こします。すると、神経インパルスは電気インパルスになり、視交叉を経て大

脳皮質へと導かれます。しかし、実際の光が脳に入ることはありません。

つまり、実際に物を見ているのは目ではなく、脳なのです。目は、外側の世界から内側の世界に情報を転写するための焦点レンズにすぎません。そして、脳は実際に光子を受信しているのでなく、コード化された電気インパルスを受信しているのです。また、視神経を伝わる電気インパルスを意味のあるパターンに翻訳するのは精神／脳の役割で、これは後天的な能力と言えます。生まれたときに視覚障害があり、後に手術で視力を回復した人が最初に知覚するのは光だけで、それを意味あるイメージにできるようになるには、かなりの困難を強いられるそうです。

さらに、私たちが知覚しているのは物質ではなく、光であることを忘れてはなりません。自分の周りの世界を眺めているとき、さまざまな物体を見ているつもりでも、実際に見ているのは物体が反射した光です。つまり、私たちは物体そのものでなく、物体との間にある物体を取り巻いている空間を見ているのであり、実際の物体を見抜くことはできないのです。赤色に見えれば、それはその物体が赤い光を除くすべての周波数を吸収しているということです。

また、私たちは触れることで物質の存在を確認しますが、実際には、私たちの手は何もない空間を移動しているにすぎません。つまり、手は物体を感じることはできませんが、物体の縁だけは感じることはできます。それは何もない空間の境界の手触りなのです。このような観点から、物質は不明確な領域とみなすことができます。私たちは、何もない空虚な次元を通じて世界を感じ取っているのです。

透視能力

見て感じ取るには、その状況にいてはいけない。

オーロビンド・ゴーシュ師

第6チャクラレベルの意識の特徴として重要視されているのは、サイキック

能力（超能力）の発達です。超感覚的知覚は、透聴能力（第5チャクラ）や透感能力（第2チャクラ）のように、必ずしも視聴覚によるものとは限りませんが、第6チャクラの持つ透視能力は時間を超越しているので、先に挙げたサイキック能力よりもはるかに広い領域を含んでいます。

透視とは、はっきり見るということす。つまり、私たちの時空感覚を常に制約している曖昧な物質界に惑わされずに見るということです。つまり、透視するということは、物体そのものでなく、エネルギーの場を見るということです。物体を見るのでなく、その空間にある物体の関係を見るのです。自分を取り囲んでいる世界を全体として捉え、精神を使って自分が欲しい情報を正確に、直接的に得ようとすることです。自分の内側が冴えていれば、周りの微細な情報を得られ、はっきり見ることができるはずです。

透視能力の「はっき見る」の「見る」には、英語で see と look の二つの動詞があります。see には look よりも深い知覚のニュアンス、「look」が「見る」だとしたら、「see」は「見て（事情を）感じ取る」というニュアンスが含まれています。アメリカの作家、カルロス・カスタネダが大学在学中に旅の途中でヤキ・インディアンの有名な呪術師ドン・ファンと出会い、ドン・ファンのもとで修行したときの体験を綴った自己体験記録書であるドン・ファンシリーズにそのことがよくわかる例がでてきます。それまでのカスタネダは、人を見るとき、身体、表情、衣服だけを知覚していました。しかし、彼は見て（事情を）感じ取ることを学ぶと、身体の周りに輝くオーラと呼ばれる複雑に浸透し合っているエネルギーの集合体を知覚できるようになりました。ドン・ファンもまた、死にかけている兄弟を見て深く悲しみましたが、思い直して見て（事情を）感じ取るモードに切り替え、死に至るプロセスを理解して、生命について多くのことを学びました。

見ること（look）は見て（事情）を感じ取る（see）ための行為ですが、見て（事情を）感じ取ることはイメージを内在化して理解することです。英語でよくいう「I see.（わかりました）」という表現は、情報の一部を受け取り、それを全体という構図の中にぴったり合わせることができたという意味で使われ

ています。ホログラムの小さな欠片が全体像を明らかにするように、私たちは何か新しいものを目にすると、すぐに全体性（ホールネス）の感覚に組み込んで内的イメージをより明確にしているのです。

では、そのプロセスはどうなっているのでしょうか。プリブラムのホログラム説によると、私たちの精神／脳には、視覚イメージを上映する劇場のような働きがあるということです。そして、適切な合図（ホログラムでは参照光）がでれば、イメージが劇場のスクリーンの上に現れるというわけです。では、スクリーンの中で演じる俳優に当たるのは何で、それはどこにあるのでしょうか？

俳優に当たるのは、色、形、音、感覚のパターンとしてホログラムのように蓄積されているスライドです。脳には、スライド映写機のような、映像を分けて保存できる回転式スライドトレーがない代わりに、脳の各部位が、赤い、暖かい、速い、静かといった性質をつくりだしていると考えられます。そうした性質が独特な方法で結びき、私たちが見ているイメージをつくりだしているのです。

そして、第三の目は心のスクリーンのようなもので、私たちはそこにスライドを投影し、映像を見ていると考えられます。目を閉じて、初めて買った車を思い浮かべてください。きっと、色や内装の質感、側面の小さなへこみまではっきり見えてくるはずです。あなたは心の目の中で歩きまわり、ホログラムの立体映像のように、車の前でも後ろでも好きなところを見ることができるでしょう。実際の車がそこにある必要はありません。イメージと実際の車は別物なのです。しかし、集中すればイメージは得られるのです。

あなたは心の目で、自分が見たいものを見ることができます。好きな人の髪の色を聞かれたら、心の「スライド」を取りだして眺め、何色か答えればいいのです。私たちの記憶は、まさにホログラムなのです。

あなたは欲しい車の映像を、記憶と同じように、鮮明に思い浮かべることができますか？　色、型、ナンバー・プレートが浮かんできますか。その車を運転して高速道路を走り抜ける姿や、握っているハンドルの感触を心に描けます

か？

　たとえ頭に思い浮かべた映像が記憶と同じくらい鮮明だとしても、その車を自分のものにできなければ、あなたのヴィジュアライゼーションはイマジネーションの域を脱していないと言えるでしょう。しかし、宝くじが当たり、頭に思い浮かべていた車が自分のものになったとしたら、それは透視の一つである予知ということになります。想像と予知の違いは、その結果であって、プロセスは同じです。ヴィジュアライゼーションと想像力を発達させれば、透視能力を発達させることにもなります。

　透視は、特殊なヴィジュアライゼーションの一つと言えます。透視能力とは、既に知っているかどうかに関係なく、関連性のある情報を必要に応じて、体系的に思い起こせるかどうかということです。思い起こすということは、頭の中でホログラフィック・パターン化されている情報の欠片を「ライトアップ」し、浮かび上がらせることです。そして、浮かび上がらせるための参照光になるのは、私たちが抱く疑問です。私たちは、疑問という個人が独自につくりだした参照光を使って、ホログラム記憶装置から未知のデータを検索しているのです。

　既に述べましたが、第6チャクラでは時間を超越します。したがって、私たちがアクセスできる情報は、過去に学んだものだけに限りません。未来にもアクセスし、情報を引きだすことができるのです。実際に、小説家のマリオン・ジマー・ブラッドリーは、プライベートな会話で「私は物語がどこに向かうのか決めていません。未来を覗き、起こっていたことを書くだけです」と語っています。ただ、未来にアクセスするには、イメージを映しだすための参照光が自然にもたらされるのを待つのではなくて、積極的につくりだす必要があります。

　文字通り見たことも、教わったこともないもの、つまり、常識では考えられないものが見えると思っている人はあまりいません。なぜなら、そうした未知なる情報があるとは認められておらず、これまで納得のいく説明もされていないので、たいていの人はわざわざ見ようしないからです。何かを見て感じ取る

には、どこをどう見るべきかを知っていなければなりません。現に、何かを探すとき、それがいかにもありそうな場所を探しませんか？　つまり、私たちは事象が起こる基本的な流れさえ理解していればいいのです。

　頭の中の情報にアクセスすることも、それと何ら変わりありません。たとえば、パーティーで面白い冗談を言った人を思いだそうとするなら、まずはパーティーにいた人を思いだし、次に個人的に会話を交わした人を思いだしていきますが、その間もずっと冗談は頭の中に留めたままにして、データが正しい場所に収まるのを待ち続けます。そして、適切な記憶を見つけだすと、頭の中でそのイメージにスポットライトが当たり、他のイメージにはない明瞭さを帯びて浮かび上がるのです。私たちはこのプロセスにおいて、ピタリと合う欠片を「見て感じ取る」まで、たくさんの細かな情報に目を通し、選り分けて解読しているというわけです。

　どこを探せばデータがあるがわかれば、今度はデータの見方を知る必要があります。特定の場所にあるのにもかかわらず、未だに見つけられないまま何度も探していませんか？　直視しているにもかかわらず、何度も見落としていませんか？　記憶にアクセスしながら、何度すぐそこにある情報を引きだし損ねていますか？

　記憶にアクセスすることは、ホログラム像を蘇らせる正しいコード（正しい参照光）を見つけるプロセスと言えるでしょう。コンピューターには、正しいコマンドでないとアクセスできないデータがあるように、記憶から心像を解き放つには、適切な心像が必要です。

　透視能力の発達は、心象のスクリーンを発達させ、スクリーンに投影する情報にアクセスするための正しいオーダリング・システム（指示や注文が適切に行われるようにするシステム）を構築できるか否かにかかっています。また、スライドにラベルをつけておかないと、あとになって何を見ているのかわからなくなるものです。ヴィジュアライゼーションの発達とは、頭のスクリーンにイメージを引きだし、つくりだし、投影する能力を発達させることです。それができるようになればあとは、映像を理解できるか否かは、正しい疑

問を投げかけられるかどうかによって決まります。

「ホログラムにして記録した」スライドに制限はありません。ホログラフィック・モデルが正しいとすれば、私たちは無数の脳波パターンがつくりだした無数のイメージにアクセスできるはずです。つまり、正しい「参照光」を見つけさえすれば、欲している情報を簡単に呼びだすことができるということです。

また、透視で何かを見るには、データを引きだす参照ポイントだけでなく、情報を見るための何も映っていないスクリーンも必要です。何も映っていないスクリーンは、練習と忍耐によって、または、静けさと広い心によって得られます。また、瞑想などで頭の中にあるさまざまな像を空にすれば、浮かんでくる像がよりはっきり見えるようになるでしょう。精神を一つの目的に集中できるようになれば、より深く見られるようになり、より多くを見て感じ取ることができるようになります。透視に何よりも大切なのは、穏やかで澄んだ心なのです。

透視で見るイメージは、とても微細なニュアンスなので、見過ごされるか、見なかったことにされることが多いようです。透視をしたらネオンサインが見たようなイメージが見えるはずだと思い込んでいたら、エーテル界の微細な動きを見て感じ取ることはできません。それは、騒がしい中ではテレパシーのささやきが聞き取れないのと同じです。私のもとに透視を学びに来たばかりの生徒は概ね、次のような感じを抱いているようです。

私： これまでにオーラを見て感じ取ったことは？
生徒： いいえ。ありません。
私： オーラをじっと見たことはありますか？
生徒： やってみました。でも、体の周りの色はわかりませんでした。
私： オーラを見ようとするとき、どこを見ていますか？
生徒： 体全体を見ています。体の周りに背後の部屋の様子が見えます。
私： どうやらあなたは空間を探っているだけで、オーラを見ようとし

ていなようね。目を閉じて、オーラを感じてみてください。どう？ オーラはどんな色に感じますか？
生徒： 黒っぽい感じがします。色はありません。心臓の上に微かな金色があります。脚に小さな赤色、特に右側に見える気がします。でも、よくわかりません。
私： さっきは確かオーラを見て感じ取れたことはない、と言いましたよね？
生徒： でも、目を閉じたらオーラがわかりました。というか、私の想像にすぎないかもしれません。
私： さあ、どうかしら。とりあえず確認してみたらどう？ どんな感じがするか、色が適切かどうか、被験者に聞いてみたら？
被験者： 今日は良いお天気だったから、太陽の光をいっぱい浴びながら、大好きなジョギングをしました。でも、根っこにつまずいて転んじゃって。ちょっとだけ膝をぶつけたみたいで、今も痛いです。それって関係ありますか？
生徒： すごい！ 私本当に何かが見えたんです！ そう、赤いのが膝のあたりに。もしかして、頭もぶつけましたか？
対象者： ええ、ぶつけたわ。でも、そんなに強くじゃないけど。
私： 頭をぶつけたって、どうしてわかったの？
生徒： あの、オーラを見て感じ取ったわけじゃなくて、頭が痛そうに見えたんです。でも、色はありませんでした。感じだけです。
私： 痛そうに見えたけど、オーラを見て認識したわけじゃないのね。では、そこにいる別の人を見て。
生徒： （半分目を閉じたまま）えっと、頭の周りに緑色が、喉のあたりに青色が見えます。腹部には何もありませんが、手にはたくさんの光があります。
私： それでもまだ、オーラが見えないって言うの？

超心理学者がこの透視を「的中」と考えるか、「まやかし」と考えるかは重要ではありません。なぜなら、これは成熟した透視能力者とのやりとりではなく、あくまでも見て感じ取ることを学び始めた初心者とのやり取りだからです。

　透視を学ぶには先ず、自分が既に見て感じ取っていることに気がつくことから始めなければなりません。気がつく力は、微細な点を検証することで高められていきます。合理的に検証するには、何よりも相手に聞いて確認することをおすすめします。物理的な視覚刺激に翻弄され、内なるイメージが無視されがちな世界では、検証が極めて重要になってきます。そして、何よりも自分の感じ取る力をどんどん試してみることです。試すほどに、ますます自分の能力を知るようになるだけでなく、自分の強みを信じ、自分の弱みを強化することにもつながるでしょう。

　また、学んでいる間は間違ってもいいのだと自覚することも大切です。間違えるということは、自分にはできない、自分には超能力がないということではありません。むしろ、そのフィードバックを利用して、見て感じ取る力を向上させるのです。つまり、自分で見て感じ取ったものを精査し、真実の欠片を探すのです。これまで与えられてきた客観的情報と相関性のあるなしを心の目で確認するのです。誤って「推測」した人の反応はたいてい「しまった、最初に感じた印象の方が正しかった！」となるものです。知覚は正直です。ですから、あやふやな推測をしていない限り、真実の欠片が見つかるはずです。

　透視は物事の内なる関係を見て感じ取ることです。透視の能力を得るには、私たちが抱く疑問（参照光）と、私たちがつくりだした空間にピタリと収まる情報の欠片との交点、または、干渉パターンを探り当てることです。ピタリと収まるイメージが持つ潜在力は、他に考えられる無数の答えとは異なります。その微細な違いを感じ取る能力を発達させるには、トレーニング、瞑想、ヴィジュアライゼーションが有効です。

第6チャクラのエクササイズ

◎ヨーガ式目のエクササイズ

これは肉体的な目を鍛え、集中させるためのエクササイズです。また、眼精疲労、視力改善、大量の書類仕事や読書による疲労にも効果的です。

座って行う瞑想の姿勢になり、背筋を伸ばしましょう。そして、目を閉じ、目を暗闇にあずけます。次に、意識を第三の目の位置の奥の方、つまり、頭の中心に集中させます。そこで暗闇を感じ、穏やかな静寂に身を浸しましょう。

しっかりと自分とつながり、気持ちが落ち着いたら、目を開け、真っ直ぐ前を見つめます。頭を動かさずに、目だけを上へ動かしていきます。空に向かって目を伸ばすように、ゆっくり動かしましょう。次に、目を下へ動かしていきます。縦に真っ直ぐ線を引くように、ゆっくりと動かしてください。頭を動かさず、できるだけ下の方を見つめてください。そうしたら、もう一度、目をゆっくり上へ動かし、それから下へ動かします。最後に真正面を見つめてから目を閉じ、暗闇に目をあずけましょう。

再び目を開け、真正面を見つめます。先ほどと同じように目を上下に動かしますが、今度は斜めの方向にも動かしていきます。まずは右斜め上から左斜め下へ２回往復させ、その後、左斜め上から右斜め下へ２回往復させます。終わったら目を閉じてください。

斜めの動きをもう一度繰り返します。今度は先ほどよりも大きく動かすよう心がけながら、２回ずつ繰り返します。最後に目を正面に戻したら、次は目の上半分と、下半分に半円を描くように目を回していきま

す。できる限り遠くを見るよう意識し、目の筋肉をしっかり伸ばす気持ちで「時計回り」に回します。終わったら「反時計回り」に回してください。

　もう一度、目を閉じます。両手のひらが温かくなるまでこすり、十分に熱が感じられるようになったら、まぶたの上に手のひらを当て、目に温もりと暗闇を与えてください（図7・3）。温もりがなくなったら、まぶたをゆっくりとなで、額と顔をマッサージします。このあとは深い瞑想に入っても、現実の世界に戻って来てもかまいません。

図7・3
目のエクササイズ／手のひらを目に当てる。

◎色の瞑想

　簡単なヴィジュアライゼーションです。チャクラを浄化して癒し、内なる目が色を創造したり、感じたりする能力を発達させるのに効果的です。

　座って行う瞑想の姿勢から始めましょう。グラウンディングしてエネルギーを集中させます。

　十分にグラウンディングできたら、あなたの頭上に、白く輝く光の円盤が浮かんでいるとイメージしてください。その円盤から色を自分の中へと引き込んでいきます。

　最初に赤色を引き込みましょう。赤色は第7チャクラを通って脊椎のずっと下の方まで下降し、第1チャクラを鮮やかな赤色で満たします。しばらくの間、その赤色を第1チャクラに留めておきましょう。身体はその赤色をどのように感じていますか？　赤色を気に入っていますか？　活力が与えられている感じがしますか？　不快な感じがしますか？

　一旦、あなたの頭上で白く輝いている円盤に戻り、次はオレンジ色の光を身体に引き込みましょう。オレンジ色の光が下りてきて、あなたの身体を流れていきます。オレンジ色があなたにもたらす効果を感じてください。そして、オレンジ色を第2チャクラへと導き、下腹部を鮮やかなオレンジ色で満たしましょう。

　再び、あなたの頭上で白く輝いている円盤に戻りましょう。そして、今度は黄金色の光を見つけだして第3チャクラに引き込みます。温かな黄金色が、太陽神経叢に向かって流れてくるのをイメージしてください。あなたの身体の各部位を黄金色の光線で満たし、温めながら流れています。第3チャクラは全身へエネルギーを分配する働きがあり、この光線は内なる

火の感覚を全身へ広げていきます。

　次に、心臓へ移っていきます。色は緑色です。緑色があなたを満たし、周りの世界に愛と親和性をもたらします。暖かいエメラルドの光が、あなたの心臓を包んでいるのを感じてください。

　もう一度、頭上で白く輝く円盤に戻ったら、青色を第5チャクラに引き込みましょう。青色があなたの喉を慰め、腕と肩をリラックスさせていきます。青色の光が、あなたの周りのすべてのものとコミュニケーションを取ろうとして、喉の周りに広がっていくのを感じてください。

　いよいよ第三の目に関係する第6チャクラの番です。第6チャクラは一般的には濃い藍色と考えられています。第三の目を藍色で浸し、この色の冷たさを味わってください。藍色が無関係なイメージを洗い流し、あなたの内なるスクリーンを洗浄して整えてくれます。

　最後は第7のチャクラです。第7チャクラの色は輝くような明るい紫色と考えられています。その紫の光が第7チャクラに流れ込み、すべてのチャクラにエネルギーを与え、バランスを取っているのを感じてください。

　色を身体に引き込み終えたら、7つのチャクラがそれぞれ色を維持しているか、確認してください。確認が済んだら、全身をちらりと一瞬だけ見て、チャクラの虹色を「見て感じ取る」ことができるかどうか確かめてみましょう。その際、何色がもっとも強く、もしくは、明るく輝いているのか十分に注意を払いながら全身をチェックしてください。そして、色によって感じ方が違うこと（滋養になる色、活力になる色）に気がついてください。ありがたいと感じる色は、今あなたが一番必要としているエネ

ギーを表わしているはずです。あまりありがたくないと感じる色は、あなたが避けている領域か、もしくは、その箇所に問題があるのかもしれません。薄く、色あせて見えるのは弱っている箇所です。7色がバランスよく感じられるようになるまで、自分の内側で色と戯れてみてください。そうすることで、オーラのバランスも整っていきます。

◎フォト・ブリンク

これは他者のオーラを簡単に感じることができるエクササイズです。普段オーラが見えない人も問題なく行えます。また、このエクササイズによって、目視で効果的な観察ができるようになります。

オーラをチェックしたい相手に、およそ1・8〜3メートルほど離れたところに向かい合うように立ってもらいます。目を閉じて、心のスクリーンをきれいにしましょう。しっかりとグラウンディングされ、特定の思考やイメージが頭の中を巡らなくなり、集中できるようになるまで待ちます。

集中できたら素早く目を開けて、素早く閉じます。まばたきの逆の動作をしてください（開いて閉じる）。目の前にいる人を素早く見ることで、その人のイメージが動かない「画像」となり、心の中に刷り込まれます。そのイメージを頭に抱き、じっくりと観察してください。どんな特徴があるかわかりますか？　残像、もしくは身体の周りに輝きが見えますか？　色や姿勢で目立っているところはありませんか？　イメージが薄れてきたら、もう一度目を素早く開け閉じして、イメージを取り戻します。その「残像」から何か読み解くことができますか？　どの部分のイメージが一番早く薄れ、どの特徴が長く残っていますか？　イメージの残像が、目の前にいる人物のオーラの強さと弱さを表わしています。

◎瞑想

　第三の目を鍛えるには、意識を頭の中央か、両眉の真ん中に集中させて行う瞑想が効果的です。色や形のヴィジュアライゼーションを加えてもかまいませんし、心のスクリーンに何もなくなり、きれいになるまで洗浄することに集中してもかまいません。

　ひとたびスクリーンに何もなくなってしまえば、あなたの疑問に対する答えが、ヴィジュアライズされるようになるでしょう。たとえば、誰かの健康について知りたければ、その人の体の形を頭の中に思い浮かべ、健康と病気の箇所が白か黒で見えるようにします。疑問を目に見える物にたとえるには、あなたが創造的である必要があります。この方法の限界は、あなたの想像力の限界です。第6チャクラを開けば開くほど、創造力は広がっていきます。

　ある決定を自分がどう思っているかを感じ取るもう一つの方法は、疑問を言葉で表わすことです。そうすれば簡単にイエスかノーで答えることができます。その後、ヴィジュアライゼーションでそれぞれの答えを頭の中に思い描きます。先ずは、スクリーンに計器をイメージしましょう。その計器の片側にはイエス、反対側にはノーと書かれています。計器の針は中央にあり、真っ直ぐ上を向いています。3つ数えたら、最適な答えに向かって針を振れさせます。針をコントロールしてはいけません。針は自由に振れさせてください。きっと、驚くべき結果になることでしょう。

　頭の中に映像をうまく思い浮かべる能力は、筋肉と同じで繰り返し行うことで鍛えられます。たとえば、次のようなことを心がけてみてください。電話にでる前に、かけてきた相手の顔を思い浮かべる習慣を身につける。自分を外側から観察するように朝、家をでるときに職場に着くまでの全行程を思い起こしてみる。子どもの頃の子ども部屋、遊び友だち、初恋の相手の記憶を再構築す

る。何か作業を始める前に、完成図を頭に思い浮かべ、工程を楽に行う方法がないか考える。レジで大きな数字を頭に思い浮かべる。新しい人との出会いを思い浮かべる。

　ヴィジュアライゼーションは、夢を利用する自己啓発、アクティブ・ドリーミングと同じで、やればやるほど心の創造力が鍛えられ、見えるものが鮮やかになります。練習のチャンスは無数にあるので、習慣化すれば、自然と想像力は発達していくでしょう。

第7チャクラ

サンスクリット名：	サハスラーラ
意味：	1000倍の
位置：	頭頂
元素：	思考
機能：	理解
内なるエネルギーの状態：	悟り、無上の喜び
外なるエネルギーの状態：	情報
内分泌腺：	下垂体
身体の部位：	大脳皮質、中枢神経系
機能不全：	うつ病、疎外感、精神錯乱、倦怠、無気力、学習障害
色：	紫、白
種子字：	該当なし
母音：	sing [síŋ] で発音される「ング」の連続音「ングングング」（正確には母音と言えない音）
花弁：	960枚とする説と1000枚とする説がある。ヒンドゥ教では100、1000、10000のように、1や0がいくつかつく数字は無限を表わすとされている。1000枚の花びらは無限の比喩であるのに対し、960枚は第1〜6チャクラまでの花びらの総数（4＋6＋10＋12＋16）を2倍にした数を、さらに10倍したものになっている。

セフィロトの樹：	ケテル
惑星：	天王星
金属：	金
食物：	該当なし、断食
対応する動詞：	私は知っている
ヨーガ流派：	ニャーナ、または瞑想
香り：	蓮、ツボクサ
鉱物：	ダイヤモンド、アメジスト
グナ：	サットヴァ
シンボル：	第7チャクラの中には、ウサギの模様のない満月があり、澄んだ空のように輝いている。満月は夥しい光を投じ、神酒のように冷たく湿っている。いつも稲妻のように輝く月の中には三角形があり、三角形の中でクアラーンの全章に暗示されている太虚に光を放っている（『Serpent Power〈蛇の力〉』（未邦訳）「Sat-Chakra-Nirupana 第41節」）。花びらは、天に向かって上向きになっているという説もあるが、古代の経典では、頭蓋骨をつるすように下向きになっているというものもある。花びらの色は輝く白と考えられている。
ヒンドゥ教の神：	シヴァ、（シャクティに向かって上昇する）アマ・カーラ、ヴァルナ
その他の神：	ゼウス、アッラー、ナット、エンキ、イナンナ、オーディン、ミーミル、エンノイア

1000枚の花びらを持つ蓮

宇宙はまさに私たちが考えている通りである。つまり、そういうことだ。

ジョン・ウッズ

　7つのチャクラを巡る旅は、ついにクライマックスを迎えます。さあ、頭頂で咲き誇る1000枚の花びらを持つ蓮へと昇っていきましょう。私たちは、そこで第7チャクラ、もしくは王冠（クラウン）のチャクラとして知られている、計り知れないほど奥深い宇宙の意識の座に出会います。私たちは、第7チャクラを通じて、神聖な知性とあらゆる顕在化の源に結びつくことになります。つまり、あらゆることを理解し、その意味を見だせるようになるのです。解放の流れの最終目的地である第7チャクラは、まさに究極の解放の場なのです。

　国王が被る王冠が国の秩序を表わしているように、王冠（クラウン）のチャクラと呼ばれる第7チャクラは、生命を統括する原理を象徴しています。私たちは、ここで最終的に万物の根源的な秩序や意味を感じ取ることになります。また第7チャクラは、私たちの精神や肉体のすべてに宿っている意識であり、思考や推論、そして私たちのさまざまな活動に注目して形を与えています。第7チャクラは、内側に存在する気づきのような、いわば存在の本質なのです。無意識においては肉体の知恵、顕在意識においては知性と信念体系、そして、超意識においては神聖さを認識させてくれる存在といえるでしょう。

　第7チャクラは、サンスクリット語で1000倍という意味のサハスラーラ（Sahasrara）と呼ばれ、無限に開き続ける蓮の花を表わしています。光栄なことに、私は第7チャクラを垣間見ることができるのですが、それはもう壮大で、複雑な美のパターンを見せてくれるので、その美しさに圧倒されるばかりです。花びらは、部分と全体が同じ形になる自己相似性のあるフラクタル・

パターンのように、次々と重なるように咲き続けていますが、いずれの花びらも他の花びらに埋め込まれてしまうことはありません。傷ひとつない花びらは、すべてが知性のモナド（それ以上分割できない事物の究極的要素となる実体）であり、一体となってあらゆるものを包括する敏感で、意識が高く、反応の速い、無限の神聖な知性を形成しています。また、第7チャクラという王冠の宝石は、究極の静けさの中でのみ光を放ちます。しかし、その輝きを見ることは、とても難しいことです。

　私たちが第7チャクラに到達したということは、私たちの魂の種が地に落ちて、地に張った根から芽をだして水、火、空気、音、光という要素を通って上位チャクラに向かって成長し、さらに思考という要素を経験して、すべての源である意識そのものに到達したということです。私たちはこれまで、新しいチャクラに到達するたびに、新しい自由と気づきがもたらされてきました。そして、第7チャクラでは、いよいよ無限の気づきへと発達していきます。より高い次元に向かって、1000枚の花びらをアンテナのように伸ばしていきます。

　ヨーガ哲学において、第7チャクラは、悟りの座する場所と考えられています。第7チャクラの究極の意識状態は、私たちの想像を絶するもので感覚さえも超越するため、私たちを取り巻く世界の制約に留まることはありません。ヨーガの実践では、五感を遮断（プラティヤーナ）して必要な精神的静寂を成し遂げた上で、この究極の意識状態を感知することをすすめています。一方、タントラ哲学は、五感は意識を覚醒する手段と考えています。そして、チャクラ理論は、知性を刺激して情報を得たら、内側に引きこもり、そこで情報を究極の知識に転換するよう説いています。

　第7チャクラの元素は思考です。思考は、本質的にすぐに知覚できるものであり、際限のないものです。そして、意識の場に真っ先に、あからさまに現れてきます。他のチャクラにもそれぞれ、見ること、話すこと、愛すること、行うこと、感じること、持つことという機能がありましたが、第7チャクラの機能は、知ることです。私たちは、第7チャクラを通じて無限の情報に到達し、その情報を他のチャクラに流して顕在化させていくことになります。

第7チャクラは、私たちが精神、とりわけ、精神的な気づきとして経験しているものに関係しています。精神は、意識という劇のための舞台で、私たちに喜劇や悲劇を見せたり、私たちを興奮させたり、退屈させたりします。私たちはいわば、意識という劇を優先的に見られる観客なのです。そして、舞台上の主役と（思考を通じて）完全に共鳴し、単なる劇であることさえ忘れてしまうのです。

　私たちの精神は、意識の劇を見ることで経験を意味あるものとして取り入れて、信念体系を築いていきます。信念は、私たちが現実を構成するための主要なプログラムです（そのため、第7チャクラはもっとも重要なチャクラとされ、また、内分泌系の主要な腺である下垂体と関係しています）。

　第7チャクラは、生理学的には脳、なかでも高次な脳である大脳皮質と関係しています。人間の脳にはおよそ130億ものニューロン（神経細胞）があり、それらが相互につながり合っていますが、そのパターンは全宇宙の星の数よりも多いと言われています。これは驚くべきことです。気づきの手段である脳は、実質上、無制限の容量があるのです。しかし、体内には1億もの感覚受容器官、さらに神経系には10兆のシナプスという神経細胞間の接続部があるため、精神は外部環境よりも10万倍も内部環境に敏感になっています。実は、私たちは内部から知識の大半を受信して吸収しているのです。

　つまり、私たちは、時空に存在しない次元に内側からアクセスしているのです。たとえば、上位チャクラになればなるほど、より小さくて速い波動の次元を象徴しているとしたら、私たちは第7チャクラの次元で、あらゆるところに同時に存在できる無限の速さの波動を得ることになります。そのため、究極の意識状態は遍在すると言われるのです。つまり、私たちは世界を縮小したり、物理的次元を持たないパターンに変えることで、言語、音、声といったさまざまなシンボルを無限に記憶することができるというわけです。言い換えるなら、私たちは自分の頭の中に全世界を入れて持ち歩いているのです。

　第7チャクラは意識の座であり、顕在化の流れの源でもあります。創造の活動は、いずれも構想から始まります。まず何らかのアイディアを思いつき、そ

れから、実行に移るはずです。アイディアは、精神から生じ、顕在化に向かってチャクラを一つひとつ下って行きます。私たちは構想を練ることで、ある一定のパターンを得ます。そして、そのパターンは物質で満たされていき、形を与えられ顕在化するのです。パターンはいわば秩序のようなもので、秩序はヒンドゥ教では根本的な普遍の事実とされています。実際に、自然や宇宙を観察していると、その叡智ともいうような絶妙な秩序に驚かされるばかりです。

英語の pattern という語は、父親という意味の pater という語に関係しています。父親は、DNA を活発に形づくらせる情報やパターンを与えます。そして、父親の持つ情報やパターンが母親に適切に受け入れられ、妊娠が始まります。それは、DNA の半分には、母親の影響があることを物語るものでもあります。英語の mother という語の語源は mater で、同様に英語の matter（物質）も mater に由来しています。何かを物質（matter）にするには、目に見える形にして顕在化させる、つまり「生みだされる（mothered）」必要があります。このことと同様に、シヴァは形やパターンを与え、一方、シャクティは宇宙の母として生のエネルギーを与え、形を顕在化させているのです。

意識は、目に見えないと思っているかもしれませんが、自分の周り、街並、家にある家具、本棚に置いてある本を見わたせば、さまざまな形で顕在化している意識を目にすることができます。私たちの世界、自然界、人間が創りだした世界も意識が表出したものです。つまり、意識は顕在化が生じるさまざまなパターンの場といえるのです。

では、「高次な」意識とは、どのようなものでしょうか。高次な意識とは、より高く、より深く包括的な秩序に気がつくことです。つまり、高次な意識は宇宙の意識とも呼ばれ、宇宙や天の秩序に気がつくことを意味しています。下位チャクラには、物質界や因果のサイクルに関する断片的な情報があふれていますが、宇宙の意識は遠い銀河、はたまたその向こうにまで達し、全宇宙の統一真理を気がつかせてくれます。それはまさに、パターン同士が連結・相互作用してつくりだすメタパターン、つまり、宇宙の秩序化システムの包括的な組織原理を知覚することなのです。私たちは、チャクラがメタパターンの一部で

あり、その構造や機能を本質的に理解した上で、第7チャクラから下位チャクラに向かって降下していくことになります。

　第7チャクラで私たちは、物質界と時空の制約からもっともかけ離れることになります。その意味で、第7チャクラは解放された状態にあり、したがって、もっとも融通が利き、他のどのチャクラよりも広大な領域を網羅することができることを知るのです。現に私たちは、思考の中で石器時代から未来まで時空を超えて飛ぶことができます。また、裏庭にいると想像することも、遠い銀河を思うことも、一瞬にしてやってのけることができます。私たちが想像したり、破壊したり、学んだり、成長したりすることができるのは、私たちの内側に存在し、外側に何の動きも変化も求めない第7チャクラのおかげなのです。

　第7チャクラは、魂の座する場所とする人もいれば、生涯を通じて私たちとともにある無次元で永遠なる目撃者とする人もいます。さらには、シヴァ神の聖なる火花が身体に入って知性をもたらす場所とする人もいます。第7チャクラは、あらゆる気づきのマスター・プロセッサ（主処理装置）であり、内側と外側の世界への出入り口であり、すべてを含有する無限の領域であるといえます。第7チャクラを説明したくても、私たちの言葉ではとても説明できるものではありません。第7チャクラは、経験によってのみ知ることができるのです。

意識

> 普遍の力は普遍の意識。それは求める者が見だすもの。自分の中で普遍の意識の流れとつながれば、普遍の現実はどうあれ、どんな次元にも、どんな時点にも意識を切り替え、そこの意識を知覚し、理解し、行動することさえできる。なぜなら普遍の意識はどこにあっても、さまざまな振動様相を持つ同じ意識の流れだからだ。
>
> サットプレム（フランスの作家）

　第1チャクラはもっとも濃密な意識です。反対に、第7チャクラはヨーガ哲学でいうプルシャにあたる非顕在的な純粋意識です。つまり、7つのチャクラはそれぞれ現実世界の異なる層における意識の表われです。私たちは、第7チャクラに入るにあたって、「意識と呼ばれているものは何なのか？」「意識の目的とは？」「私たちは意識をどのように活用すべきなのか？」といった疑問について考えていく必要があります。

　いずれも人間が有史以来ずっと問い続けている大きな疑問です。それでも、第7チャクラという最後の次元（精神、気づき、思考、知性、情報の次元）に入るには、こうした疑問の究明に取りかからなければなりません。なぜなら、疑問を抱き続ける能力こそが意識の探求の対象だからです。

　意識という現象は、まさに奇跡以外の何ものでもありません。目にすることも、触れることも、測ることも、つかむこともできませんが、紛れもなく実在し、誰もが有する機能です。私たちが生きていられるのは、意識のおかげだと言っても過言ではありません。なぜなら、意識には体調を維持する、音楽を演奏する、複数の言葉を話す、絵を描く、詩を朗読する、電話番号を覚える、夕日を愛でる、パズルを解く、喜びを味わう、愛する、憧れる、行動する、見るなどの膨大な機能があるからです。こうした意識に目を向けることが、永遠に咲き続ける蓮の花びら、つまり、自我の根源に入っていくことになります。

そして、その自我は、たくさんの記憶、一連の信念体系、新しいデータを取り入れる能力を維持しながら、すべての情報を一貫した意味にまとめ上げようとします。こうした意味の探求は、意識の原動力になります。そして、意味を探求することは、経験の根底をなす統一的なものを探求することにもつながります。意味のあるものは大きな構造の一部になれますが、意味のないものは何とも調和しません。また、意味にはつなぐ働きがあり、私たちを統一体へと近づけてくれます。意味は、個人と宇宙をつなぎ、ヨーガの真の意味ともつないでくれます。私としては、（意味が明らかになる）サマーディという心理作用が消滅した状態に至るまで、この意味の探求が、第7チャクラの基本的な原動力になると考えています。

　一般の人から神秘主義者に至るまで、誰もが精神活動の裏で意味の探求を行っています。たとえば、上司があなたに腹を立てているとしましょう。すると、あなたはきっと「これはどういう意味なのか？」と考えるはずです。人は事故にあったり、病気をしたり、よい兆しが表われると、その意味を探ることで、そこで起こった経験を受け入れようとします。実際に私のクライアントも、自分の身に起きた事象の意味を知ろうとして、セラピストである私に何度も「これは何を意味しているのでしょうか？」と聞いてくるものです。

　私たちは、ある状況の意味をひとたび認識したら、やるべきことや対処の仕方がよくわかるようになり、再び同じ状況下におかれても、上手に対処することができるようになります。つまり、意味を認識したことで、私たちというシステム全体を管理するための基本プログラムに新たなソフトがもたらされたというわけです。私たちは、その基本プログラムのおかげで包括的な秩序感覚とつながり、その後の経験を全体性（ホールネス）の中に取り込むことができるのです。

　意識は、サットヴァ・グナに関係している力です。また、一体化の力、秩序、構造、デザイン、パターン、知性でもあります。脳内を縦横に走る波形から、分子や建物や都市の構造に至るまで、意識はあらゆるものに内在する秩序化の原理です。したがって、存在そのものは、意識という構造の渦にすぎませ

ん。

　私たちは、自分の内にある偉大なる意識の場にアクセスすることで意識を下降させ、情報にしています。情報は私たちが知覚でき、また、私たちのオペレーション・システムをつくり上げている秩序であると言えます。そして、考えるという行為は、その秩序をたどっていくプロセスなのです。私たちは意識の媒体として、情報を活用して顕在化させようとします。そして、究極の意識の媒体は、もっとも制約を受けた肉体なのです。制約を受けた意識は、顕在化したあと、肉体の拘束から逃れて自由になり、再び無限の多様性の中で飛び回ることのできる非物質的な場所へ戻ろうします。だから、意識には顕在化と解放、つまり、シヴァとシャクティの永遠のダンスという二つの特性があるのです。

意識のタイプ

私たちの内にあり、知ることや向上することを求めるものは精神ではなく、精神の背後にあり、精神を利用している何かである。
オーロビンド・ゴーシュ師（インドの宗教家、ヨーガ指導者）

　気づきとは、注意が集中することです。だから、眠っているときに話しかけられても気がつかないのです。なぜなら、注意が他に集中しているからです。また、車を運転しているとき、さまざまな風景が流れていきますが、それらにいちいち注意を払ってはいないものです。気づきを得るには、自分の注意がどこに向いているかを認識する必要があります。そうすれば、自由自在に気づきをコントロールすることができるようになります。

　私たちは、いつも大量の情報に囲まれて生きています。しかし、多くの情報の中から注意を集中させられるのは、わずかな対象に限られています。今この本を読んでいる皆さんは、本に注意を集中させていて、外を行き交う車、子どもの騒がしい声、近くの会話といったことに注意を払っていないはずです。

第7チャクラの意識は、注意が向かう方向によって大きく二つに分けられます。一つは下降して具体的な情報となり、やがて顕在化する意識で、もう一つは拡大してより抽象的な世界へと上昇していく意識です。下降する意識は注意を制約し、物質や関係性の世界、そして、実体のある自分に向かって行きます。下降する意識は盛んに考えたり、推論したり、学んだり、情報を蓄えたりする意識で、まさに認知的意識といえます。認知的意識は、第7チャクラであまり着目されていませんが、限定された細かな情報をより大きな構造にまとめる働きがあると考えられます。

　さらに、私が超越した意識と呼んでいる別のものがあります。それは、物質や関係性の世界を超えた領域につながる意識です。対象もなければ、気づきもなく、自己とも関係なく、認知的意識の論理的思考や比較思考の影響を受けて大きく変動することもない意識です。この意識はメタ意識（自分の意識を観察する意識）の中をただよっていて、すべてのものを包含し、これといった対象に焦点を当てることはありません。ありきたりな「意識の対象」から解き放たれ、無重力で自由な状態になってただよっている意識です。

　認知的意識は、気づきが限定された個別のものや、論理的順序で分けられ、整理されたものに向けられることを求めています。一方、超越意識は、認知を超えた気づきを受け入れることを求めています。高次な秩序を知覚することは、細かく限定されたものを知覚することではありません。認知を超えた気づきを受け入れれば、集中して注意を向ける範囲が広がることになります。

情報

> 時空座標は物理的実在の基本的座標ではない。意識が情報を秩序立てようと引き合いにだす組織化原理である。
>
> ロバート・ヤーン（プラズマ物理学者）

　私たちは経験を通じて、それぞれの頭の中に個人的な情報のマトリックスを築いています。そして、私たちが受け取る情報の欠片は、すべてマトリックスに組み込まれるため、マトリックスはどんどん複雑になっていきます。マトリックスは複雑になればなるほど、システムを簡略化する高レベルの秩序を見つけだそうとして、定期的に情報を「再構築」するようになります。また、今までのマトリクスの基盤が壊れ再構築されると、それに伴ってエネルギーも効率的に使用されるようになります。「アハ体験」と呼ばれる突然のひらめき、つまり、それまではわからなかったことが突然わかるという体験は、情報の欠片が正しい場所に収まったときに生じます。これは新しい全体性（ホールネス）を認識させるための、悟りの中にある小さな悟りと言えるでしょう。悟りは、より大きな全体性を理解が深まりつつあることを意味しています。また、ホログラムのパラダイムでは、新しい情報の欠片によって、基本画像が明確になるということになります。

　情報のマトリックスは、私たちが経験から導きだした意味でつくられ、その後の個人的な信念体系や人生を秩序化する原理になっていきます。私たちは情報のマトリックスの一部であり、人生で出会うものをすべてマトリックスに従って組織化しますが、マトリックスは内側と外側の経験を首尾一貫させたがる傾向にあります。そのため、私の信念体系が仮に「女性は男性より強い」とするなら、私はそれを裏づける人を見つけるなど、さまざまな行動でそれを証明しようとするでしょう。また、信念体系も経験によって導きだした意味で構成されているため、繰り返し失敗するたびに「自分が愚かだからだ」と思って

いたら、やがて自分は愚だという信念を生みだし、そして、またその信念体系をもとに情報のマトリックスが築かれることになります。

　たとえば、私があなたにちょっとしたフィードバックをしたとしましょう。あなたはきっとそのデータを自分の知識と突き合わせ、自分の信仰体系につけ加えるはずです。そして、「私は何ひとつまともにできない」とか「あなたの期待に応えることができない」とか言うかもしれません。ですが、それはあくまでも、あなたが自分の人生から導きだした意味に由来する信念です。異なる信念体系を持つ人なら、違う意味を導きだすかもしれません。

　また、人生から導きだされた意味と信念のつながりは、とても強いものなので、内なるマトリックスに合わないデータがあると、その情報を完全に消し去ってしまう可能性もあります。仮に、私が（実際には見たことはありませんが）「地球外生物を目撃した」と言ったとしても、おそらく誰も信じてくれないでしょう。なぜなら、ほとんどの人は、そうした経験のマトリックスを持っていないからです。しかし、未確認飛行物体（UFO）を信じている人たちの会合で同じことを言ったら、参加者たちは信じるかもしれませんし、地球外生物を目撃したという経験に、新たな意味を与えてくれるかもしれません。

　では、現在の内なるパラダイムに合わないものをすべて拒否したら、私たちはどうやって新しい情報を取り込み、意識を拡大させることができるのでしょうか？　また、内なるマトリックスを無視したら、フィクションとノンフィクションを区別できるのでしょうか？　絶え間なく受信している膨大な量の情報を識別できるのでしょうか？

　その答えは、瞑想で見つかるかもしれません。瞑想は、心にデータ分類をさせ、時代遅れの信念体系や不必要な情報を処分してくれるだけでなく、個人的なマトリックスの基本となる統一性をリセットしてくれるからです（瞑想は、あなたのハードドライブを最適化するようなものです。つまり、システムをクラッシュさせることなく新しい情報を運用したり、記録したりする容量を増やすというわけです）。瞑想は、無限の空間に圧倒されたり迷ったりすることなく、第7チャクラの気づきを拡大させてくれます。瞑想は、私たちが自我

のマトリクスを確立するのに欠かせない自分の中心を維持するのに役立ちます。

◎情報のダウンロード

　超心理学の研究、前世療法、他にもさまざまな研究において、脳には独立して存在する精神のようなものが存在することがわかってきています。実際に前世療法においては、患者が見たことのない家を正確に説明したり、外国語を話したりするだけでなく、古い日記や手紙、昔の本に書かれているできごとを話す、といった症例が確認されています。こうした前世療法の症例から、人間の身体というハードウェアがまったくの別物になっていても、客観的に証明できることを思いだせるということは、明らかに知覚者とは切り離されて存在する情報の場のようなものが脳の中にはあることが証明されています。そして、優れた神経系と、それに反応するだけの容量が備わっている身体は、まさに情報の受信機であり、インターネットを通じて情報を受信したりダウンロードしたりするコンピューターのようなものといえるでしょう。

　情報の場は、物質界では実体がありませんが、確かに実在しています。そして、私たちに何らかの影響を及ぼしています。そのため、私たちの物質界や、その他のすべての世界から創りだされる高次のメンタル界は、コーザル（原因）界と呼ばれています。私たちは、コーザル界に「周波数を合わせる」ことで情報の場を開き、原因の領域に入ることができます。

　生物学者のルパード・シェルドレイクは、この現象を説明するために、「形態」を意味するmorpheという語と、「形になること」を意味するgenesisという語を合成して「morphogenetic fields（形態形成場）」という言葉を生みだしました。形態形成場の理論は、宇宙は不変の法則によってというより、「習慣」という長い時間をかけて繰り返された事象からつくられたパターンによって機能していると仮定しています。つまり、習慣が繰り返えされることで「より高い」次元に形態形成場が生じ、その結果、さまざまな事象が、パターン化される可能性が高まるというわけです。形態形成場は、物体と行動（習

性）の特徴を示すもので、いわゆる本能といわれるものの多くは、形態形成場で説明できるかもしれません

　たとえば、ウサギの耳が長いのは、過去に耳の長いウサギがたくさんいて、そのDNAが時空に記憶として蓄積されて形態形成場として残りました。そして、過去から現在まで時間を超越して存在し続けることで、ウサギによく似た形に生まれてくるものはなんでも、「ウサギらしきもの」に分類されることになります。なぜなら、既に多くの同じような姿をしたウサギが存在しているからです。

　意識と顕在化の関係に形態形成場が関わってくるのは、形態形成場が二つの世界の間を双方向につなぐものだからです。形態形成場は、形ある世界で起こることの繰り返しと習慣によって形づくられています。形態形成場は、ひとたび確立されると、その後の物質界の形に影響を及ぼすようになります。同じ形になる傾向は、場の強さによって異なりますが、シェルドレイクは次のように語っています。

> 既存の習慣から大きく影響を受けている存在に、新しい場をつくりだすことはできない。可能性として起こり得ることは、より高い次元の場が低い次元の習慣を新しい統合体にまとめることだ。基本的な習慣が変化することではなく、与えられている基本的な習慣を受け入れ、より複雑なパターンをつくりだすことで、進化が始まるのだ。

　たとえば、体重100キロの人が20キロダイエットすると、元の100キロに戻るまで、食べたい欲求に駆られるのは、身体の形態形成場が慣れ親しんだ形を維持しようとするからです。ところが異なる次元（意識）に達すると、身体の形成の原因となる場が変化していき、「痩せると思うこと」がより効果的に体重を落とす方法になってきます。

　思考は、身体や建物と同じように構造物です。細かなことは刻々と変化するものの、全体としての構造的なマトリックスは、一定の時間ほぼ同じ状態のま

までです。もしも意識を変えたいのなら、意識が生じる場を利用するといいでしょう。つまり、意識の場に今より高い次元を見つけだすのです。新しく見つけだした場には、より高次の次元からアクセスできるようになります。それができれば、自分のマトリックスと、物質界での顕在化に変化をもたらすことができるかもしれません。これは自己意識を進化させるプロセスであり、意識への旅によってのみ成し遂げられるものです。

超越と内在

意識が精神的、身体的、そして生命維持に必要な数多の波動から解放されたら、喜びが待ち受けている。
オーロビンド・ゴーシュ師（インドの宗教家、ヨーガ指導者）

　第7チャクラは、有限と無限、人間と神、時間と永遠が合流するポイントです。したがって、私たちが自己や時空の制約を超えて広がり、根源的な統一性と至福を経験するための入り口と言えます。また、神聖な意識が肉体に入ってくるのは、第7チャクラからです。また、神聖な意識が、すべてのチャクラを覚醒し、私たちにこの世で活動する手段を与えながら、下降していくための入口ともなっています。

　これまでに、上昇と下降という二つの流れが、超越と認知という二種類の意識をつくりだすことを説明してきましたが、ここではさらに、二つの流れが異なりながらも調和する二つの意識状態（超越と内在）をつくりだすこともつけ加えておきます。もう一度確認しておきますが、私たちに解放をもたらすのは上昇する流れで、顕在化をもたらすのは下降する流れです。そして、真の全体性（ホールネス）を得るには、その両方の流れを促す必要があるのです。

　個々のチャクラに関連する7つの気づきのレベルを第1チャクラから順番に進んで行くごとに、私たちは制約、注意の欠如、直観、苦しみを超越してきました。これらは東洋の思想で重視されている考えで、普遍の意識への入り口

となるヨーガを実践し、その哲学を学ぶことで成し遂げられるとされています。そして、物質界という有限の世界における物事の要因を正しく見極めないと、痛みと苦しみが生じます。その結果、無限であり宇宙の根本創造主であるブラフマン、つまり純粋意識という究極の実在をわかりにくくしてしまうと考えられています。また、制約に執着すると、精神的成長が阻害されるため、執着は第7チャクラにとって最大の障害とされています。

　超越意識の一番の特性は、「空なるもの」です。したがって、超越意識に入るには、執着を断ち切る必要があります。超越は私たちを、日常を超えた統一体という広がりに運んでくれます。観察者は参加者です。自己と世界の間には境界がなく、時間の感覚さえもありません。心を空にすると、まるで空っぽのカップが満たされていくように、障害物のない経路を通じて超越を経験することができるのです。

　超越によって私たちは、幻想という罠から逃れ、至福と自由の状態に入ることができます。自己や安全の感覚を維持しようとして執着するのは、概ね自我の仕業ですが、その自我は制約を受けた小さな自我に過ぎず、根源にある意識の統一体とは別ものです。

　下降する意識の流れには、意識の源としての聖なる神への理解が含まれているだけでなく、内在をももたらします。内在は内なる神の気づきであり、超越は外なる神の気づきです。内在は、私たちに知性、悟り、インスピレーション、輝き、力、結びつき、そして顕在化をもたらします。真の自己認識とは、超越と内在は相補的なものであり、内側の世界も外側の世界も切り離すことのできない一つのものであると理解することです。

　解放の流れは私たちにムクティという解放をもたらし、顕在化の流れはブクティという喜びをもたらします。チャクラに関するタントラのテキストを入念に翻訳したアーサー・アヴァロンの『Serpent Power（蛇の力）』（未邦訳）には、次のように書かれています。

シャクティ・タントラの基本原則の一つは、解放と歓びのサダナ（精神的修養）によって身を守ることである。これを可能にするには、喜びにある自己を世界の魂と同じと見なす必要がある。

第1チャクラが、上昇していくクンダリーニの源点であり、また、私たちが地にしっかりと根を張る場所であるように、第7チャクラは、あらゆる顕在化の源であり、来世への入り口でもあります。超越と内在は互いに相いれないものではありません。超越も内在もともに意識の基本的な波動であり、第7チャクラの呼吸であり、人間の生命が出入りするポイントなのです。

第7チャクラのための瞑想

慈悲深い者よ、祈りなさい。汝の頭が空になり、そこで汝の心が永遠に戯れるように。

サンスクリット語の古い諺

第7チャクラを発達させる最善の方法は、瞑想です。なぜなら、瞑想を行うことで、意識が真の意識を認識するからです。身体のために食事や休息をとるのと同じように、精神に栄養を与えることも必要不可欠なのです。

瞑想には、実にさまざまなテクニックがあります。呼吸を調整する、マントラを詠唱する、色や形を利用する、神々を視覚化する、チャクラを通じてエネルギーを移動させる、意識して歩いたり動いたりする、無心に正面をぼんやりと見つめるなどです。どんな方法を用いてもかまいません。あなたにとって一番やりやすい瞑想の方法を選んで行ってください。しかし、いずれの方法においても、瞑想の効果を大いに実感するために、一つだけ守らなければならないことがあります。それは、乱れた精神を浄化して、精神と肉体の振動を高め、心を落ち着かせ、心と体を調和させてから行うことです。

シャワーを浴びたり、家を掃除したり、衣服を洗濯するのは、日常生活を送

る上で当たり前のことと誰もが思っていることでしょう。そうしないと自分自身の気分が悪くなるだけでなく、周りからも気持ち悪がられる可能性があるからです。しかし、瞑想を行う上で肉体よりもきれいにしなければならないのは、精神と思考です。なぜなら、精神はさまざまな次元に遭遇したり、私たちの生命の基本プログラムを動かしたりと延々に働き続けているからです。その日の乱れた精神をそのままにして、次の日にまた新たな問題に取り組もうとするから、疲れたり、混乱したり、短気で怒りっぽくなるのです。精神は全身の指揮官として、最高の治療を受けてしかるべきなのです。

　第7チャクラは「内側」の次元にあるため、その内側の世界に入る鍵となるのが瞑想です。私たちは、瞑想によって外側の世界を意図的に無視し、内側に対する感性を磨くことができます。そして、その感性を通じて万物を結びつける特異点、つまり、周りとはまったく異なる領域であり、状況が激変する分岐点である第7チャクラに入ることができるのです。そして、私たち自身が、経験するすべてのものの渦となれるのです。渦の中心にあるのは理解です。瞑想によってこの中心に入っていくことができるのです。

　また、私たちは瞑想によって、身体、呼吸、思考を調和させて7つのチャクラを一列に並べ、万物の統一しようとする本質を感じることもできます。しかし、この整列はスピリチュアルなものであって、物理的に実在するものではありません。私たちが、それぞれのチャクラを通じて人類に普遍的に存在する内なるエネルギーを知るようになります。そして、そのエネルギーを背骨に沿って一直線に流すことで、根源的な一体化を感じることができるのです。

　では、瞑想とは、具体的にはどういうことなのでしょうか。どのような生理学的効果があり、どのような心理状態になり、また、結果として何が得られるのでしょうか。見た目には何もしていないように思われる、瞑想という奇妙な行為が、なぜ重要なのでしょうか。

　瞑想の研究が行われるようになったのは、マハリシ・マヘーシュ・ヨーギが超越瞑想を世に広めてからのことです。超越瞑想には特別な呼吸パターンがあるわけでなく、奇妙なポーズをすることも、推奨される食事療法もありませ

ん。また、超越瞑想を普及する団体が教える実践方法は、瞑想者がグル（指導者）からマントラを授かり、そのマントラを１日２回、20分間、静かに座って心の中で唱えるという簡単なものです。そのため習得しやすく、また、学びやすいことから、多くの人が行うようになりました。その結果、さまざまな瞑想者の精神的、及び身体的効果に関する研究もさかんに行われるようになりました。

　瞑想に関する研究の中でも、脳波計で計測された脳波パターンの研究は、注目に値するものと言えます。通常、目が覚めているときの意識では、脳波はランダムで規則性がなく、ベータ波の状態になっていることがもっとも多いとされています。さらに、脳は左右両半球で異なる脳波を発生させていたり、脳の前部から後部にかけてもかなり脳波の違いがあるとのことです。

　脳波計を用いた研究でわかったことは、瞑想状態に入ると脳波が大幅に変化するということです。具体的には、瞑想を始めるとすぐに、被験者の脳後部にアルファ波（心がリラックス状態にあるときに特有の脳波）が増え始め、次第に脳前部へと広がっていきます。数分後、アルファ波の振幅が大きくなり、脳の後部と前部の脳波の位相が同期し、同じく左右両半球の脳波の位相も同期します。この共鳴状態は瞑想をしているあいだ続いていき、瞑想の実践経験が豊かな人にはシータ波（アルファ波よりも深いまどろみの状態で学習と記憶に適している脳波の状態）が現れます。ちなみに、瞑想の最上級者には、目が覚めている状態でも、アルファ波が頻繁に発生しているのが幅広く観察されました。さらに、最上級者は、瞑想中にシータ波が優勢になるだけでなく、通常の覚醒している状態でもシータ波が発生していることがわかりました。

　また、瞑想の生理学的効果も報告されています。瞑想によって酸素摂取量が16〜18パーセント、心拍数が25パーセント減少し、血圧も低下するなど、いずれも自律神経系（不随意プロセスの制御を司るもの）に制御されている機能に効果がみられました。つまり、瞑想において身体が深い休息状態（眠っているときよりも、ずっと深い休息状態）に入っているということです。この休息状態は、目覚めている意識の注意力を高める結果を生みだします。

瞑想者が深い休息状態に入っているとき、注意力や気づきが低下するのではなく、むしろ高まるというのは興味深いことです。瞑想していない人に、ある音を定期的に聞かせたところ、だんだんと音に順応していく（次第に反応しなくなり、やがて見事に「無視する」ようになる）様子が脳波に現れました。それに対して瞑想者は、瞑想中に音が聞こえると、その度に新鮮な反応を見せたのです。つまり、身体があらゆる活動を減退させているにもかかわらず、精神は事実上、身体の制約から解放され活動領域をさらに広げていったというわけです。

　また、瞑想は大脳皮質と辺縁系の刺激を取り除き、脳波の共鳴によって新しい脳と古い脳の分裂を癒します。この分裂は、疎外感や矛盾した行動の原因であると考えられています。また、脳の両半球がうまく調和していれば、認知力と知覚力を高めることにつながります。

　実際には、生理学的効果はどのように現れるのでしょうか。瞑想者は、全身のリラックス、内なる平和、幸福感の高まりを得るだけでなく、学業の成績が向上し、仕事がはかどり、満足感を覚えるようなります。また、あらゆることへ反応する時間が早くなります。ただ座ってじっとしているように思える瞑想ですが、実にさまざまな恩恵が得られるのです。

　瞑想が、日常生活において大きな利益をもたらすことは否定しがたいと言えます。瞑想をするには、お金も設備も必要ではありません。瞑想はいつでも、どこでもできるものです。今よりもっと健康になりたい、能力を向上させたい、気分を高揚させたいと思わない人はいないはずです。それなのになぜ、瞑想しようとする人が少ないのでしょうか？　また、実践している人がなぜ、心ゆくまで瞑想するのは難しいと感じるのでしょうか？

　これまでリズム、共鳴、形態形成場が、それぞれの状態をどのように自己継続させているかをみてきました。波動レベルが、第1チャクラから第3チャクラの世界（物質性を重視する世界）では、時間や妥当性を見つけることも、異なる波長、とりわけ主観的な恩恵を受ける取る波長に出入りすることも難しいものです。瞑想を「しなくてはならない」と考えると、付随的にその他にも

「しなくてはならない」ことを増やしてしまい、毎日付随的に増やした「しなくてはならないこと」に追われるうちに、瞑想を行うことが面倒になるのかもしれません。

　真の瞑想は、心の状態であって意識して行うものではありません。何度か瞑想を実践していくと、苦労なく長く瞑想を続けられるリズムが体得できます。さらに、瞑想により自分の形態形成場をつくりだせるだけでなく、周りの人や環境の波動にも影響を及ぼせるようになります。

　瞑想が、目が覚めているときも、眠っているときも、どんな活動をしているときでも、自分の生活になくてはならないものとなれば、瞑想はもはや鍛錬でなく、人生の喜びとなるでしょう。

◎瞑想のテクニック

　それでは、瞑想のやり方について説明していきます。瞑想のテクニックは、瞑想者の数だけやり方があるので、まずは一つひとつ試してみて、そこから自分にぴったり合うやり方を探しだすことをおすすめします。自分に合うものが見つかったら、しばらくそれをやり続けてください。なぜなら、瞑想の恩恵を得られるようになるには、ある一定の時間が必要だからです。

　瞑想を始めるにあたって、まずは邪魔が入らない静かで快適な環境を見つけましょう。また、体を締めつけるような衣服は避け、暑すぎず寒すぎないようにして、気が散る原因となる音をできるだけ遮ってください。一般的に、瞑想を行うときは、軽い空腹状態で行うのがよいとされています。しかし、猛烈な空腹は、かえって気を散らす可能性があるので気をつけましょう。

　瞑想は、もっぱら座って背筋を伸ばした状態で行います。とはいえ、背筋を伸ばしすぎてはいけません。椅子に座るか、床の上で足を組んで行います。足を組む場合は、両足を互いの太ももに乗せて座る結跏趺坐（けっかふざ）でも、左右いずれかの足を、もう片方の足の太ももに乗せて座る半跏趺坐（はんかふざ）（334ページ図8・1）、もしくは、普通にあぐらを組むでもかまいません。あぐらを組む理由は、体を楽に保て、適度にリラックスできるけれども、眠くなるほど快適とは

図8・1
半跏趺坐の姿勢

いえない姿勢だからです。さらに、背筋が伸びるので、7つのチャクラが一列に並び、スシュムナーにスムーズにエネルギーを上下移動させることができるからです。

　瞑想の姿勢になったら、次のようなことを行います。自分の呼吸に耳を傾けて、意識をそのリズムに合わせる。曼荼羅、蝋燭の火など、視覚を刺激する対象をじっと見つめる。自分の思考を追ったり、止めたり、判断したりせず、ただ流れていくのを観察する。そうすることで自己と思考を分離させ、超越状態に入りやすくなります。

　また、超越瞑想のテクニックのように、心の中でマントラを唱え、その波動が全身に伝わっていくことに精神を集中させます。波動が全身に調和すると、自分の感情の状態を観察できるようになり、その結果、感情に囚われなくなります。また、チャクラを通過するさまざまな色を視覚化したり、瞑想をしながら自問自答するようなこともできるようになります。瞑想しながら自問自答するということは、禅の修業でよく行われる公案のようなものです。公案は矛盾する問、つまり論旨のないものに意識を集中させ、合理的な思考をさせないというものです。たとえば、「片手で拍手したら、どんな音がするのか？」「生まれる前の顔はどんな顔だったか？」という問いは、典型的な公案です。公案の目的は答えを見つけだすことではありません。矛盾する問に意識を集中させることで、通常の論理的思考形式の壁を打ち破り、大きな気づきを得ることなのです。

　いずれのテクニックにも共通している特徴は、意識をある「一つ」のことに集中させることです。目覚めているときの意識では、心は刻一刻とさまざまなところへ飛んでいくものです。瞑想の目的は、まさに精神の一点集中です。したがって、どんな瞑想のテクニック（音であろうと、ものであろうと、公案であろうと）も、深く混沌とした意識の流れから精神を逸らし、一点に集中できるように工夫されています。

　瞑想のテクニックを一つひとつ比較して、その価値を判断するのは難しいことです。瞑想が、人に与える影響もさまざまです。私たちが重視すべきこと

は、どの瞑想テクニックを使うかでなく、いかに効果的に瞑想テクニックを用いるか、ということです。どんな瞑想テクニックでも何度も、集中して行っていれば、時間とともに瞑想は身につくものです。

悟り

私の解放された意識にあるニルヴァーナ（涅槃）は、私の理解の始まり。つまり、完璧なものへの第一歩であり、単になし得る真の成就や、最高のフィナーレでないとわかった。

オーロビンド・ゴーシュ師（インドの宗教家、ヨーガ指導者）

悟りは、目に見えるものでなくプロセスです。プロセスはやがて何かになりますが、物質のように手に入れることはできません。また、悟りは内なるものなので、自己と切り離すことはできません。つまり、悟りを見ることなどできないのです。ですから、悟りをもののように「見つけた」と言うのは矛盾しています。そのことを認識しさえすれば、永遠の悟りを手に入れることができるはずです。

愛は、言葉で説明するのが難しい概念です。同じように、心の平穏をもたらす自然の状態である悟りも説明するのが難しいものです。悟りは、何かをすることによってではなく、何もしなくても悟りの境地に至ることができるのです。なぜなら、悟りはあるがままの状態から生じます。ネガティブな思い込みや固定概念が、私たちを悟りから遠ざけてしまっているだけなのです。

では、既に悟りの境地に至っているのであれば、悟りを深めたところで何の得にもならないのでしょうか？　答えは「ノー」です。悟りの世界には、もっと深い状態や、さらなる高みなど、探求すべきことがまだまだあります。それを知らずに人間の知覚を超えた超意識の世界を経験したら、私たちには畏怖と驚嘆の念しか残らないかもしれません。したがって、悟りを深めておけば、必ず何かを得ることになるはずです。

悟りとは、「すべての答えを知り尽くしている状態」と考えている人が多いようですが、この考えだと、答えは得られるもの、答えの多くは目に見えるもの（物質）ということになります。しかし、悟りはプロセスです。もの（物質）ではなく、自分の内側に存在する大いなる気づきなのです。したがって、「ようやく正しい疑問にたどり着くこと」と考える方が相応しいかもしれません。疑問はまさにプロセスだからです。

　７つのチャクラの観点からは、７つのチャクラへの道が完成したときに、悟りに至ることができると考えられています。しかし、それは単にスシュムナーに並ぶ７つのチャクラをすべて開くことではありません。悟りは、まさにすべてのものが一体になる経験であり、その経験を自己に統合することです。悟りに至ることができるのは、すべてが一体となり自己とつながっているときだけです。それはまさに、自分になるプロセスなのです。

　私たちは、ついに最終チャクラにたどり着きました。しかしながら、それは旅の終わりを意味しているのではありません。ここから、また別の新しい旅が始まるのです。終わりは、新しい始まりに過ぎないのです。

第7チャクラのエクササイズ

◎思考を追う

　心地よく瞑想できる姿勢になりましょう。自分にもっとも効果的なテクニックを使って、心を静かに落ち着かせてください。

　ゆっくりと自分の思考に注意を向けていきます。頭の中を駆け巡っている思考の中から一つだけ選び、その思考はどこから湧いてきたのか？ その思考の前には何を考えていたのか？　自分に尋ねてみてください。そして、その思考の源にさかのぼっていってください。それは数年前に生じたものかもしれませんし、今まさに湧いてきているものかもしれません。あなたが選んだ思考の源にたどりついたら、その源のさらに源へとさかのぼっていってください。思考の源をどんどんさかのぼっていくうちに、最後には客観的な始まりを持たない無限の源にたどりつくはずです。

　無限の源にたどりついたら、再び頭の中に思考を巡らせ、今度は別の思考を拾います。そして、また同じように思考の源をたどっていく一連の流れを繰り返します。自分の思考の多くは、自分が今まさに取り組んでいる問題、過去に出会った教師、もしくは、自分が無限とつながる場所などから発していませんか？　一つひとつさかのぼりながら、確認してください。

　いくつかの思考の始まりの源へさかのぼったら、今度は思考を追わずに、思考が流れるのを観察しましょう。次々に流れる思考を否定したり、覚えたりせず、ただ思考を巡らしてください。そして、思考をその始まりの源に戻していきましょう。やがて思考はわずかしか、もしくは、

まったく巡らなくなるはずです。そうなったら、あなたもその思考の始まりの源に戻ったことになります。しばらくそこに留まったら、ゆっくりと通常の意識に戻りましょう。

◎アカシックレコードへの旅
誘導瞑想の一例として参考にしてください。

　床の上に仰向けになります。仰向けになったら、頭と首をリラックスさせます。次に、ゆっくりと全身をリラックスさせていきましょう。床に身を任せて、両脚から順に、背中、腹部、両腕、両肩をリラックスさせていきます。そして、両手を握ったり、開いたり、指をほぐしたりしましょう。次に、つま先をゆっくりと数回伸ばしたり、閉じたりしましょう。それが終わったら、今度は小刻みに動かして足をほぐします。全身をほぐしたら、ゆっくりと深く深呼吸しましょう。そして、呼吸のリズムに意識を集中させていきます。今、あなたの体は床に軽く浮き上がっているとイメージして、全身の筋肉の緊張を解き、体を宙にあずけましょう。

　呼吸のリズムを保ちながら、思考に意識を向けていきます。そして、思考が心を縫うように進んで行くのをゆっくりと観察してください。思考のイメージを心の目の中に、ごく自然に流せばいいのです。流れる思考を眺めていると、自分が知りたいと思っている情報の欠片が見えてきます。それは、あなたが自分の中にしまい込んでしまった疑問のはずです。恋人、現在のジレンマ、過去の生活に関する疑問でしょうか？　しばらくあなたの疑問に注目し、自分は何を知りたいのかをはっきりさせてください。

　疑問がはっきりわかったら、取りあえず今は、一旦、その疑問を忘れてください。適切な時期が来れば、また心に戻って来るはずです。

あなたは今、何の力も入れることなくリラックスして床に横たわっています。あなたの体は、どんどん軽くなっています。肉体という硬い塊が軽くなり、あなたは今、渦を巻きながら霧の中へと昇っていっています。イメージしてください。あなたは回転しながら、形のない霧に向かってどんどん昇って行く様子を。やがて、霧が形になり始めます。どうやらそれは、もっと上にある何かへと続く螺旋階段のようです。さあ、螺旋階段を上っていきましょう。この階段は上に行けば行くほど硬くなっていきます。階段を一段上がるごとに、あなたは自分の運命を感じ、知りたいと願うものへ近づいていきます。

　階段の幅が広くなり、あなたはついに大きな建物にたどり着きました。それは、どこまでも高く伸びる建物です。よく見ると、ドアが一つあるようです。そこから中に入ってみましょう。すっと入れるはずです。あなたは今、玄関ホールに立っています。そこから見えるのは、さらなる階段と長い廊下です。廊下にはずらりと部屋が並んでいて、どの部屋のドアも開いています。玄関ホールに立ったまま、自分が抱いている疑問を声にだしてみましょう。あなたの疑問が建物中に響き渡ります。そして、あなたのもとに戻ってきます。

　こだまする自分の疑問に耳を傾け、その疑問が一番よく聞こえる場所を探しましょう。目の前にある足跡をたどっていけば、きっとあなたを導いてくれるはずです。歩いている間も、疑問を繰り返してください。すると、いつの間にか、ある部屋の中にいるはずです。あなたが今いる部屋の入り口、家具はどんな感じですか？　よく見てください。入り口に何か文字が書かれていませんか？　家具は何色ですか？　いつの時代のものですか？

あたりを見回してください。数えきれないほどの本が入っている本棚があることに気がつくはずです。本棚の中の本をよく見てください。まるで手招きするように、あなたの目に飛び込んで来る本はありませんか。あなたの名前が載っていると感じる本を見つけてください。もしかしたら、本に載っているのは、あなたが現世で使っている名前でないかもしれません。でも、あなたの名前が載っている本は、おのずとあなたの手の中に飛び込んでくるはずです。

その本を手にしたら、もう一度、自分の疑問を声にだしましょう。そして、ページを開きましょう。どこのページというわけでなく、自然に開いたところでかまいません。開いたページの一節を読み、しばらくその意味を考えたら、数ページほどパラパラと目を通します。そして、自分の周りにある情報（本であふれている部屋、建物中に埋まっている古代の叡智）に意識を向け、その情報を自分の心に引き入れます。情報を分析してはいけません。あるがままに受け入れるのです。

もう十分受け入れたと思ったところで、本を元の棚に戻してください。あなたはもうわかっています。必要なときにはいつでも、その本を見つけられることを。ゆっくりと振り向いて、部屋をでましょう。そして、ドアだらけの廊下に向かって歩いていきます。玄関ホールに戻り、大きな柱のあるドアをでて、外に足を踏みだします。進んで行きながら、今いるすごく高い所から見下ろして見える、とてつもない風景をイメージしましょう。そこから見える下の風景は、あなたがイメージできるあらゆる色、形、リズムを持ったさまざまな渦が、強くなったり弱くなったりしながら下に向かって重なって渦を巻いている様子です。さあ、怖れずに渦の中に入りましょう。

渦の中に入ると、あなたの体はだんだん重くなってきます。あなたは

ゆっくりと下に降りていき、やがて、地上界に入っていきます。そして、今横たわっている場所、床の上で気持ちよさそうに横たわっているあなたの肉体に、入っていきましょう。意識が肉体に戻ったら、自分が持って帰ってきたものを、よく検討してください。そして、また心の準備ができたら、高い場所にあるあの部屋へ戻っていきましょう。

注：あなたが見つけた情報が、現実の世界でどのような意味を持つのかは、必ずしもすぐに明らかになるとは限りません。その情報が自分に反映され、自分に伝わってくるまで、おそらく数日ほど必要かもしれません。

Part 3
チャクラを活用する

チャクラと一体化する

> 普遍の力は普遍の意識。まさに求める者が見いだすもの。自分の中で普遍の意識の流れとつながれば、普遍の現実はどうあれ、どんな次元にも、どんな時点にも移動でき、そこにある意識を知覚し、理解し、行動することさえできる。なぜなら普遍の意識はどこにあっても、波動様相の異なる同じ意識の流れだからだ。
>
> オーロビンド・ゴーシュ師(インドの宗教家、ヨーガ指導者)

　私たちは、上昇する解放の流れに乗り、最終チャクラである第7チャクラに到着しました。しかし、私たちのチャクラの旅は、終わったわけではありません。次に私たちがするべきことは、チャクラを下っていくことです。上ったら、下りなければなりません。私たちは、エネルギーを下位チャクラから第7チャクラにある純粋意識へと運びました。今度は、進歩した意識を下位チャクラに向かって下ろしていきます。下降しながら自分の周りの世界に、新たに獲得した理解を適用していくのです。

　純粋意識であるプルシャは、精神を超えた次元の広大な領域から個人の領域へ入ってきます。純粋意識は、チャクラを通過するごとに圧縮されながら、顕在化の次元へ向かって下降していきます。生命力の象徴である女神シャクティは、第1チャクラから第7チャクラまで上昇し、逢瀬のために降臨してくる純粋意識であるシヴァ神と結びつくと、チャクラを下降し始めます。

　そして、まず精神に入り、次に感覚、さらに有限の物質である5大元素(エーテル、空気、火、水、地)の次元へと入っていきます。最後の次元である地球(地)にたどり着くと、もう何もすることがなくなり、とぐろを巻いて

クンダリーニ・シャクティの休眠状態の姿になり、安らかに眠ります。

　上昇する旅の中で、チャクラは私たちにとって解放への足掛かりになりました。第1チャクラから第7チャクラまでチャクラを一つひとつ上っていくごとに、物質界における形という制約、悪習、世俗的な執着から逃れ、自由になっていきました。そして、意識や視野も広がっていきました。

　下降する旅では、私たちは下降する顕在化の流れに乗ります。そして、チャクラは、意識を圧縮して、各チャクラの次元界を行き来できるようにエネルギーを調整します。たとえるなら、意識が下降していくとき、チャクラは、意識の流れを集める溜め池のようなものです。雨は空から降ってきて山々に落ち、川に流れ込んで、海に注がれますが、山に降った雨の一部は、地下に空洞があれば、そこに溜まります。同じように、チャクラは微細身（サトルボディ）にある小部屋で、その小部屋は溜め池のように神聖な意識を集めることができます。また、顕在化の次元に向かうごとに意識の濃度を高めていきます。したがって、チャクラが塞がっていると、集められるエネルギーも制限されてしまうことになります。

　私たちは、これから第7チャクラという純粋意識から、第1チャクラに向かって下降する旅を始めます。純粋意識は、非次元の領域であり、完璧で確固たるものです。純粋意識が下降し始めると、外側に向かってさざ波（波動）が立ち、虚空の中に微かな気づきが生じるのを感じます。これは意識が、初めて集中したときに起こるさざ波で、あらゆる存在の始まりになります。

　私たちが意識に集中すると、気づきの波が外側に広がり、時空の構造にさざ波を生み出します。この小さなさざ波は単独の事象で終わらず、別のさざ波も生み出す要因にもなります。その結果、さらに多くの小さなさざ波が広がります。さざ波同士が交差すると干渉縞が形成され、エーテル性発散物である意識は、濃密になっていきます。第6チャクラで説明したホログラフィック原理は、この干渉縞の一例です。また、さざ波同士が交差してできる交点は、いずれも気づきをもたらします。

　第6チャクラのレベルに入ると、未処理の情報はイメージ（意識が「認識」

または「再発見」できるもの）になり始めます。意識はイメージを「認識」または「再発見」すると、それを理解して反応したり、修正したりすることもあります。情報は顕在化し始めつつあるものの、この段階ではまだよくまとまった思考にすぎません。

精神は、構成されたイメージに集中するたびに波動のさざ波を起こし、意識がイメージを認識して反応できるよう干渉縞を生みだします。そして、さざ波の密度は、どんどん高くなっていきます。やがて波はものすごい数になり、互いに反応し合って気づきの領域（さまざまな周波数と波動のさざ波を立てる領域）を発生させます。なぜなら、同じような周波数は、波動を大きくしながら調和し、共鳴していくからです。

第6チャクラを下降して第5チャクラにやって来ました。ここで意識は、再び崩壊します。イメージは、何度も繰り返されるうちにある特定の波動を帯びるようになります。その波動は、イメージをつないでさまざまなところに運び、干渉領域では相違を区別し、相違を明確に示すことで周りに境界線を引いて固有のものにする働きがあります。

そして、私たちは、関係を持つ世界では物事を定義するために名前をつけます。そして、第4チャクラは、名前をつけた物事の中にある秩序を知覚します。波動があれば干渉があり、物事があればその関係が存在します。関係にはバランスが必要です。バランスがなければ、顕在化に至りません。

第3チャクラに到達すると、肉体という物理的次元に入っていきます。波動の密度はどんどん高くなり、さらに秩序化されていきます。私たちは、意志を使って、未処理のエネルギーが意図する形になるよう命じます。すると、気で充満する領域（ヴィジョンや意志に従って未処理のエネルギーの形を定め、その形を維持できる領域）が発生します。生命力の気は肉体を一つにまとめ、愛の気は関係を結びつけ、アイディアの気はやる気を喚起し他者のサポートを引きだします。

私たちは、いよいよ第2チャクラの複雑性と組織化のレベルに入っていきます。エネルギーと意志が無作為に物質を集め、それにより性質の異なるエネ

ギー同士の密度がどんどん高まり、やがて独自の重力場を生みだします。重力は、時空の構造を曲げ、密集体をまとめ、常に変化させる動きを起こす組織化された領域を引き寄せます。

そして、ついに重力によって構造的な干渉波が一体化し、密集体をつくりだします。私たちはついに、第1チャクラの重量と体積のある物質の世界に戻ってきました。星の海に浮かんでいる無数の密集体の一つである地球に戻って来たのです。

顕在化と解放の二つの流れを比較すると、興味深いことがみえてきます。それは、この二つの流れのパターンがほぼ同じであるということです。つまり、チャクラの柱の両端は非常に似ているということです。

私たちは、第1チャクラにおける精神と肉体の一体化からスタートし、第2チャクラでは相違を受け入れ、その後は、相違から選択、意志作用へと移り、さらに、意志作用から整然とした関係に満ちた三次元の時空へと移っていきました。

そして、帰りの旅は、未分化な意識の最初の一体化として第7チャクラからスタートしました。そして、意識が微かなさざ波を立てると、一体化した意識は粉々になり、相違が生じました。思考パターンという名で意志作用が発揮され、創造性が起こり、創造性は複合要素を関係という精細なパターンの中に組み込まれました。

チャクラの柱の物理的終点である第1チャクラで、私たちは原子と分子から成るたくさん物体を得ます。そして、物体を綿密に吟味します。原子は、凝縮されたエネルギーの中心点を含むエネルギーの場であり、多くある原子の中心と中心の間には広大な空間があることを学びます。また、素粒子をじっくり吟味することで、それらがむしろ、思考パターンの概念的変化の可能性という波動に近いことに気がつきます。

そして、チャクラの柱のエーテル的終点である第7チャクラで、私たちは意識を得ます。究極の状態にある意識は分化していませんが、実際のところ、意識は時空の外にある領域です。その領域では、思考パターンの概念的変化に近

い波動の微細なさざ波が立っているのです。

　ヒンドゥ教は、究極の現実を秩序あるものと説いています。つまり、物事は実在せず、動作は実在せず、何もかも私たちが現象界と感じているマーヤーで説明のつく神聖な秩序しか存在していないというわけです。

　この秩序とは、すべての物質に作用する組織化された力のことで、タントラの信者は、時空に浸透しているエーテル領域（アーカーシャ）による力線を「シヴァ神の髪の毛」と説明しています。シヴァ神の髪の毛は、非物質的精神界であるアーカーシャ（虚空）の組織化原理です。シヴァ神は、意識の男性原理なので、シヴァ神の微細な髪の毛は、意識から始まる思考の最初で最小限の流出を表わしているだけかもしれません。また、意識の最初の相違は、その反対の性にあたる女性のシャクティです。世界はシャクティとともに創られました。そして神秘のダンスが始まり、そのダンスは永遠に終わることはありません。ですから、終わりは始まりなのです。私たちは真っ直ぐな道でなく、始まりと終わりが深く影響し合っている曲がりくねった道を旅しているのです。

　これまで顕在化の流れの特徴を理論的に見てきましたが、それらは日常生活にも当てはまっています。

　最初は、未処理の情報から始まります。つまり、脳内で思考が無秩序に飛び交っている状態です。私たちの後頭部では、思考がさらに強固なものになろうと、別の思考を集めながら流れています。無秩序で飛び交う思考を理路整然とさせるには、瞑想が効果的です。瞑想を行っていると、いくつかの思考が私たちの注意を引き、アイディアとして浮かんで来るかもしれません。

　そして、私たちがそのアイディアに焦点を合わせると、心の目にイメージが現れます。そこで私たちは、夢を抱いたり、空想にふけったり、アイディアについてさまざまなことを想像するかもしれません。するとアイディアの心的イメージは姿や形、さらには色を帯びるようになってきます。そうしているうちに、私たちの無秩序な思考は、強固なものになり始めます。しかし、顕在化までにはまだまだ長い道のりがあります。

　たとえば、家を建てるアイディアを思い浮かべたとしましょう。先ずは家

の大きさや形、そして色を心に描くと思います。そして、ドアの前を歩いたり、キッチンで料理したりする姿をイメージすることでしょう。

　想像力でアイディアを潤色するにつれ、思考は第6チャクラに集まり始めます。イメージが具体化すると、アイディアのことを誰かに話せるようになります。すると、アイディアについて誰かとコミュニケーションをしたり（第5チャクラ）、計画書を作成したり、イメージをさらに具体化したりするかもしれません。そうすることで、アイディアに関係するさらなる要素をつけ加えることになります（第4チャクラ）。家を建てるには土地を買う必要があり、その土地があるコミュニティーにはきっと決まった規則があるでしょう。そこで建築家や建設業者、行政の地域開発担当者や銀行の融資担当者と関わることになります。何かを顕在化させるには、既に存在している物事と何らかの関係を持つ必要があるのです。

　大きな計画は自然に生じるものでも、ヴィジュアライゼーションやコミュニケーションだけで生じるものでもありません。そこで、第3チャクラからの意志を活用する必要があります。意志は、お金、材料、人といった未処理のエネルギーを、特定の目的へ導きます。目的に達するには、意志に導かれ、新陳代謝に活気づけられ、何度も繰り返し慎重に行動するエネルギーが必要です。このエネルギーを第3チャクラへ注ぎ込むことで、私たちの計画は物質界で形になり始めます。

　私たちは、道具や建築材料をあちこち動かして一つにまとめ（第2チャクラ）、最終的には大地（第1チャクラ）にしっかりとした基礎を持つ立派な建物として顕在化させるのです。顕在化こそが私たちのゴールです。私たちは、この段階にきてようやく第1チャクラで眠っているシャクティのように休息し、顕在化の喜びを味わうことができるのです。

　家を建てるという着想にまつわる膨大な量の思考は、顕在化の流れを通じて、多くのイメージ、会話、関係、活動、動作、物質からできた一つの建物へとどんどん発展していきます。顕在化には、このように多くの物を一つにまとめることが伴います。

顕在化させるとは、自分の思考の濃度を高めて強固なものにすることです。何かを考えれば考えるほど、顕在化させることができる可能性は高まりますが、第1チャクラの項目で説明したように、顕在化させるには制約を受け入れ、何度も繰り返し制約を受け入れ続ける必要があります。

　私がピアノの演奏をできるのは、何度も練習してきたからです。言葉を話せるのは、覚えるまで何度も語彙を繰り返したからです。人と深く関わっていられるのは、いつも人に会っているからです。顕在化の流れは、繰り返すことで濃くなっていきます。したがって、顕在化させるには、制約を繰り返し受け入れなければなりません。その一方で、解放の流れが繰り返しの退屈さから解放して、新しい経験をさせてくれます。

　上昇する旅は、私たちの視野を広げ、新しい洞察と理解をもたらしてくれます。シャクティは、愛おしいシヴァ神のもとへ向かいながら、私たちに生命力を与えてくれます。シャクティは荒々しく激しい女神です。そして、下降する旅は神の恩恵、つまりシヴァ神の領域である知的な秩序を伴います。解放の流れは超越を、顕在化の流れは内在をもたらしてくれます。

　この二つの道が天と地、さらには、人間と神を結ぶ虹の橋を創りだすのです。また、チャクラを形成する渦は、この二つの流れが互いにすれ違うことによってのみ生みだされるのです。

　ここに到達してようやく、私たちは人間の経験の基本極性から成る解放と顕在化のダンスを、自由と歓喜のダンスに変える方法を手に入れたのです。

チャクラの相互作用

　私たちは、これまでチャクラという大きなシステムを理解するために、7つのチャクラを一つずつ詳しくみてきました。この章では、7つのチャクラが一体となり、どのように機能しているかを説明していきます。また、相対的な長所と短所、チャクラの相互作用に見られる共通パターンなどもみていきます。そして、身体のさまざまな部位が、自分の内側や他者とどのように相互作用しているかを調べていくことで、それらが自分と不可分な一体のものであることも理解することができるでしょう。

　それぞれのチャクラは、単独で機能しているのではありません。包括的な生体精神エネルギー・システムの構成要素として、人間の身体という大きな機械の車輪や歯車として機能しています。チャクラを研究する目的は、7つのチャクラがどのように組み合わされるのか、身体のどの部位がどのチャクラに該当するのか、チャクラに不具合が生じた場合にどのように解決するのかを知ることにあります。

　チャクラを活用するときは、その目的が癒しやパーソナルな成長、医学的診断のためであれ、必ず7つのチャクラを一つのまとまりとして捉えてください。それぞれのチャクラが、身体のどの部位に関係しているかを調べもせず、「第3チャクラが誤作動している」などと判断するのは間違っています。あるチャクラに影響を及ぼしている障害は、やがて他のチャクラにも影響を及ぼすことになるからです。

　本書では、チャクラの基礎理論として、チャクラは互いにバランスが取れた状態でなければならないと考えています。すべてのチャクラに均等にエネルギーが流れることを理想とし、特定のチャクラを好んだり避けたりすることは

バランスを崩し、精神や肉体に悪影響を及ぼすことになります。仮に、上位チャクラがバランスを崩したりしたら、下位チャクラもバランスを崩すことになりかねません。

　しかし、職業や性質によっては、どれか一つのチャクラが、少しだけ他のチャクラに比べて優勢になりがちかもしれません。たとえば、芸術家は非常に第6チャクラ（視覚的）的であり、歌手は第5チャクラ的とされています。こうした特徴は、個性が自然に表われたものなので、限度を超して他のチャクラの気づきを損なわない限り、放っておいても問題ありません。

　誰かのチャクラを調べるときにはまず、人にはそれぞれ独自の特徴と「流量」を持つエネルギー・システムがあるということを考慮しなければなりません。直径1・5センチメートルのパイプに、直径15センチメートルのパイプとでは同量の水を流せませんし、そもそも流そうともしないはずです。したがって、チャクラはこうあるべきとか、こう回転するべきといった画一的な考えは捨ててください。

　また、他人のチャクラを調べるには、互いの7つのチャクラ同士を比較する方法があります。この方法を用いる場合、まず調べる対象となる人たちの趣味、願望、夢、活動範囲などを聞きだし、そこから独自の特徴や流れを感じ取ることから始めてください。

　このさまざまな質問をする中で、対象者たちの思考や行動などのパターンが見えてくるはずです。自分の感情を敢えて抑えている人もいれば、活動範囲が広すぎで自分のエネルギーでは賄えず、いつも疲れ切っている人もいるかもしれません。さらに、肉体的な衝動を避けるため、無理やり精神の領域に留まっている人もいれば、超自然的な現象に冷酷な態度を見せる人もいるかもしれません。

　さらに、こうしたその人独自のパターンが現れると同時に、何らかの障害も見えてくるかもしれません。障害の原因としては、いずれかのチャクラが閉じているか、特定の次元のエネルギーを処理できなくなっている可能性があります。また反対に、開きすぎているために、あらゆる注意や活動がそのエネ

ギーに該当するチャクラだけに引き寄せられてしまい、他のチャクラが不活性になっているかもしれません。

たとえば、第3チャクラのエネルギーが不足している人は、臆病で、怖がりで、劣等感にも悩まされていることが多いです。また、第3チャクラが正常に働いていないために、極度の引っ込み思案なために友だちもできず、病気がちで、思い通りの仕事に就けないでいる可能性があります。第3チャクラの障害は、第4チャクラ（愛情と関係）や第1チャクラ（生存）といった別のチャクラにも影響を及ぼします。この状態を解決するには、まずは自分の身体との関係を改善することです。そうすれば、健康が改善されるだけでなく、堅固な基礎が築かれ、個人の力と自尊心が形成されるでしょう。

チャクラを分析するには、自分のエネルギー・システム、短所と長所、そして変化に対する願望を分析することから始めてください。次の「チャクラに関するセルフテスト」に答えることで、あなた自身のチャクラの傾向がわかるでしょう。質問には、正直に答えてください。

チャクラに関するセルフテスト

次の指示に従って、各問にできる限り正直に答えてください。

N＝全くそう思わない　　P＝悪い
S＝あまりそう思わない　F＝普通
O＝そう思う　　　　　　G＝良い
A＝非常にそう思う　　　E＝非常に良い

NとPは1点、SとFは2点、OとGは3点、AとEは4点として、チャクラごとに得点を集計して比較しましょう。

◎第1チャクラ：地、生存、グラウンディング

質問	答え	点
公園など自然と接することができる場所をよく散歩していますか？	N・S・O・A	_____
意識的に運動をしていますか？	N・S・O・A	_____
肉体は健康ですか？	P・F・G・E	_____
お金と仕事の関係に満足していますか？	P・F・G・E	_____
自分は地に足がついていると思いますか？	N・S・O・A	_____
自分の肉体を愛していますか？	N・S・O・A	_____
自分はここにいる権利があると思いますか？	N・S・O・A	_____
	合計点	_____

◎第2チャクラ：水、情動、セクシュアリティ

質問	答え	点
自分の情動を感じるの能力、情動表現能力はどの程度だと思っていますか？	P・F・G・E	_____
性生活はうまくいっていますか？	P・F・G・E	_____
ささやかな喜びのために時間を費やしていますか？	N・S・O・A	_____

質問	答え	点
肉体は柔軟ですか？	P・F・G・E	_____
感情は豊かですか？	P・F・G・E	_____
他者を慈しみ、他者からも慈しまれていますか？	N・S・O・A	_____
感情やセクシュアリティに罪悪感を覚えたり、悩んだりしていますか？	A・O・S・N	_____
	合計点	_____

◎第3チャクラ：火、力、意志

質問	答え	点
通常のエネルギーレベルはどの程度ですか？	P・F・G・E	_____
新陳代謝や消化の具合はどうですか？	P・F・G・E	_____
何かをやり始めたら、最後までやり遂げていますか？	N・S・O・A	_____
自分に自信がありますか？	N・S・O・A	_____
（必要があれば）自分が周りと違っていても何とも思いませんか？	N・S・O・A	_____
他人が怖いと思いますか？	A・O・S・N	_____

質問	答え	点
自分は頼りがいがあると思いますか？	N・S・O・A	_____

合計点 _____

◎第4チャクラ：空気、愛、関係

質問	答え	点
自分を愛していますか？	N・S・O・A	_____
他人と良好な関係を長く保てますか？	N・S・O・A	_____
他人をありのままに受け入れることができますか？	N・S・O・A	_____
自分は周りの世界とつながっていると思いますか？	N・S・O・A	_____
心に悲しみをたくさんを抱えていますか？	A・O・S・N	_____
欠点や問題を抱えている人に同情的ですか？	N・S・O・A	_____
自分を傷つけた相手を許せますか？	N・S・O・A	_____

合計点 _____

◎第5チャクラ：音、コミュニケーション、創造性

質問	答え	点
人の話をきちんと聞いていますか？	N・S・O・A	_____

質問	答え	点
自分のアイディアを他人に説明すると他人はそれを理解してくれますか？	N・S・O・A	＿＿＿
必要なときには遠慮せずに、はっきりと意見が言えますか？	N・S・O・A	＿＿＿
日常生活で創造性（芸術活動に限らず、友人に手紙を書くなどでもかまいません）を発揮していますか？	N・S・O・A	＿＿＿
芸術活動（絵画、ダンス、歌など）に励んでいますか？	N・S・O・A	＿＿＿
声は良く響きますか？	N　S　　O　A	＿＿＿
人生に同調していますか？	N　S　　O　A	＿＿＿
	合計点	＿＿＿

◎第6チャクラ：光、直観、視覚

質問	答え	点
自分の周りの微細な視覚情報に気づきますか？	N・S・O・A	＿＿＿
鮮明な夢を見ますか（そして、覚えていますか）？	N・S・O・A	＿＿＿
心霊体験（直観の的中、オーラを見る、未来を予知など）をしたことがありますか？	N・S・O・A	＿＿＿

質問	答え	点
問題を解決するために、新しい可能性をイメージできますか？	N・S・O・A	_____
自分の生活に神話的テーマ（より大きなイメージ）を見つけることができますか？	N・S・O・A	_____
ヴィジョンを思い描く力があると思いますか？	P・F・G・E	_____
人生のヴィジョンを持っていますか？	N・S・O・A	_____
	合計点	_____

◎第7チャクラ：思考、気づき、叡智、知性

質問	答え	点
瞑想しますか？	N・S・O・A	_____
神、女神、霊など高次で偉大なものと強いつながりを感じますか？	N・S・O・A	_____
執着を克服して、捨てることができますか？	N・S・O・A	_____
読書や新しい情報を得ることを楽しいと思いますか？	N・S・O・A	_____
何でも素早く簡単に学べますか？	N・S・O・A	_____
あなたの人生には特別な意味があると思いますか？	N・S・O・A	_____

質問	答え	点
別の考え方やあり方に寛大ですか？	N・S・O・A	____
	合計点	____

　各チャクラの合計点が22〜28点の場合はチャクラが非常に強い、6〜12点はチャクラが弱い、13〜21点は平均ですが、改善の余地があると言えます。しかし、重要なのは、エネルギーの流れです。つまり、7つのチャクラを一つのまとまりとして見た場合の得点分布状態です。どのチャクラが強いか弱いかは別として、下位チャクラが上位チャクラより得点が高いとか、中位チャクラの得点が高いとか、あなたらしい特徴はありませんか？

　このセルフテストから導き出される得点は、あなたの現在のチャクラの状態を教えてくれるものです。

◎得点分布の分析

　7つのチャクラでは、エネルギーは二つの方向に流れています。一つは垂直方向、つまり上下に流れて7つのチャクラをつないでいます。この流れは基本経路（本流）と考えられていて、チャクラの柱を築いています。もう一つは、チャクラを出ると平行方向に流れ、外の世界と交わり、再びチャクラに戻ってくるもので、チャクラの働きを外の世界に表出させる流れと考えられています。

　垂直の経路は、意識と物質の間を流れる極性の流れです。この流れを満たすには、チャクラの柱の両端（第1チャクラと第7チャクラ）が開かれ、それぞれのチャクラ特有のエネルギーと結びつかなければなりません。

　第1チャクラが閉じていると、上昇する解放のエネルギーの流れは遮断されます。また、第7チャクラから宇宙のエネルギーが入ってきても、エネルギーを下に向かって引っ張り落とすことができないので、顕在化させることはでき

ません。また、第1チャクラが閉じていると上位チャクラにエネルギーが溜まり、アイディアが増し、創造性と気づきが高まるかもしれませんが、目的を達成することや、人生を方向づけることに苦労するかもしれません。こうした場合の意識は、漠然としたアイディアか、見込みのない非現実的な計画を連ねているだけかもしれません。

　反対に、第7チャクラが閉じ、第1チャクラが開いたままになっていると、この逆の現象が生じます。つまり、解放の流れが遮断されるため、第1チャクラから入ってくる地球のエネルギーは上に向かって引っ張り上げられず、滞ってしまうことになります。

　この状態に陥っている人は、非常に現実的で目的意識があり、金銭的にも安定しているかもしれませんが、創造性や希望、夢や微細界の気づきに欠けている可能性があり、新しいものを顕在化させることが難しくなります。その結果、既にあるものや、安定しているものに執着することになるでしょう。また、着実ですが鈍重で、マンネリと習慣に囚われ、そう簡単には変化できないかもしれません。

　もちろん、これらは極端な例です。ほとんどの場合、これほどわかりやすくはありません。また、ごく少数ですが、完璧にチャクラのバランスが取れている人もいますが、それは普通というより、むしろ異例といえるでしょう。

　解放の流れも顕在化の流れも、どれか一つのチャクラの状態を変えることで流れを変化させられることできます。たとえば、第2チャクラが閉じていても、宇宙からのエネルギーを重視している人であれば、ほぼすべてのチャクラに滋養は与えられ続けます。しかし、第1チャクラは完全に遮断されてしまいます。この場合、第1チャクラを開けば、大地（地球）からのエネルギーが上昇し、下降しようとする宇宙のエネルギーと合流でき、バランスが取れるようになるかもしれません。実際には、第1チャクラが閉じていたら、宇宙のエネルギーはなかなか第2チャクラまで降りてこないものです。

　同じく第2チャクラが閉じていて、今度は反対に肉体的エネルギーが圧倒的に多い人は、疲れてくたくたになっているもしれません。なぜなら、第2チャ

クラの上にある5つの主要チャクラが、第1チャクラという主要なエネルギー供給源から遮断されているからです。この状態に陥っている人を癒すには、（難しいかもしれませんが）第7チャクラを開くか、第2チャクラに直接働きかけて地球のエネルギーを上昇させることができれば、問題は解決します。

　また、このことから肉体重視の人にセックスが重要になってくる理由も説明がつきます。つまり、セックスは肉体的刺激だけでなく、肉体にエネルギーを流してくれるので、チャクラに栄養が行きわたるようになるからです。

　精神重視の人の第5チャクラが閉じると、創造性の顕在化やアイディアの伝達ができなくなります。また、肉体重視の人の場合は、裏づけとなる知識や創造性のない、まったく中身のないコミュニケーションしができなくなります。

　第3チャクラが閉じていると、肉体重視の人は、自分ではコントロールできない力を持つかもしれません。しかし、その力は断続的なもので、無感覚なものかもしれません。精神重視の人は内面的な強さがあるものの、自信を持って形あるものを扱うことができず、「現実の」世界では何かをやり遂げるのが難しいでしょう。

　第4チャクラが閉じていると、第1チャクラからのエネルギーも、第7チャクラからのエネルギーも障害を受けることになります。精神と肉体のコミュニケーションは遮断され、再び第4チャクラを開かせるにはコミュニケーションを再構築しなければなりません。また、第1チャクラか第7チャクラのどちらか、あるいは両方が閉じていると、解放の流れ、もしくは顕在化の流れのどちらが優勢かによって、第4チャクラは他のチャクラを使てバランスを取るようになります。

　このような二つのチャクラの組み合わせは、地球と宇宙からの活力に満ちたエネルギーが流れ込み、組み合わされたものです。二つのエネルギーの割合は、チャクラの働きがどのように表われるかによって決まります。チャクラの働きは、水平方向の経路によって、各チャクラから球状に広がっていき自分の外の世界に反映されます。各経路には宇宙と地球の両方のエネルギー源があり、それを使って外の世界と相互作用しています。相互作用によって、エネ

ギーは外界からも吸収され、各チャクラのエネルギー源と結合します。

　地球からのエネルギーを重視する第5チャクラを持つ人は、彫刻やダンス、演劇を職業とするかもしれません。精神重視の第5チャクラを持つ人は、執筆や語学の仕事に就く傾向にあります。地球からのエネルギーを重視する第3チャクラを持つ人は、科学やテクノロジーに興味を持ち、より精神重視の第3チャクラを持つ人は、遂行機能、つまり、何かを遂行するための能力に引き寄せられるでしょう。

　また、いずれのチャクラも、そのチャクラ独自のエネルギー・パターンを維持しようとするため、たとえばテクノロジー関係の仕事をしている女性は、政治関係の仕事をしている人よりも、テクノロジー関係の人と出会う機会が多くなるものです。

　もう一つ、チャクラの相互作用をみるために使われる重要なパターンがあります。それは、螺旋形です。第4チャクラのパートで説明した通り、身体を心臓を起点または終点とする一つの螺旋形（197ページ図5・3）と考えることができます。

　心臓を起点にして、最初に第5チャクラ（コミュニケーション）を通過するように時計回りに螺旋を描いていくと、その終点は第1チャクラになり（4→5→3→6→2→7→1）、つまり顕在化で終わります。また、最初に第3チャクラを通過するように反時計回りに描いていくと、その終点は第7チャクラになります（4→3→5→2→6→1→7）。どちらの螺旋形においても、第3チャクラと第5チャクラ、第2チャクラと第6チャクラ、そして第1チャクラと第7チャクラが結ばれることになります。

　こうした組み合わせ（3と5、2と6、1と7の各チャクラ）の相互関係をみるのは、難しいことではありません。コミュニケーション（第5チャクラ）は、個人が力（第3チャクラ）を感じることで促進され、力は効果的なコミュニケーションによって強まります。精神的及び直観的能力（第6チャクラ）は情動（第2チャクラ）に波長を合わせることで高められ、情動は精神的に集められた潜在意識の情報に強く影響されます。第1チャクラと第7チャクラは基

本極性でつながれていて、二つのチャクラがダンスをすることで、チャクラの連続体といえるチャクラの柱をつくり上げているのです。

　人の精神性、身体的問題、全般的な人格を詳細に分析するには、これまで見てきたチャクラの特徴をすべて網羅してみていかなければなりません。また、複雑なチャクラを理解し、利用するための原則、つまり、7つのチャクラを一つのシステムと見なし、それぞれのチャクラの機能から、そのシステム全体を分析するということを忘れてはなりません。

チャクラと人間関係

　自分のチャクラは、外側の世界と互いに影響し合っているように、他者のチャクラとも常に影響し合っています。つまり、あなたの7つのチャクラは、親しい関係にある人のエネルギー・パターンだけでなく、街中で通りすがっている見知らぬ人のエネルギー・パターンにも反応しているのです。したがって、チャクラレベルで人間関係について何が起こっているかがわかれば、他者との関係や相互作用がより理解できるようになるでしょう。

　人間関係には、二つの基本原則があります。一つ目は、エネルギーはバランスを取ろうとする、つまり、正反対のものは引きつけ合うということです。したがって、精神的領域が優勢な人は、意識的には同じタイプの人を求めていても、無意識レベルでは肉体的エネルギーが優勢な人に惹かれているはずです。また、関係が長く続くのは似た者同士よりも異なる者同士だと言われるのは、違いは成長の糧になるからです。

　二つ目は、エネルギー・パターンは自己永続するということです。精神重視の二人は、互いに精神的領域に留まろうとし、肉体重視の二人は肉体的探究によって互いを支え合おうとするものです。

　つまり、私たちには、対極にあって互いにバランスを取ろうとする関係と、類似していて永続しようとする関係の二種類の相互作用があるということです。たとえば、女性Aさんと男性Bさんとの関係を略図にすると、365ページ図11・1のようになります。円が大きいほどチャクラが開いていて、円が小さいほどチャクラが閉じていることを表わしています。

　男性のBさんは、上位チャクラを重視しているようです。第4チャクラはいくらか開いているものの、おそらくグラウンディング不足か、第2チャクラか

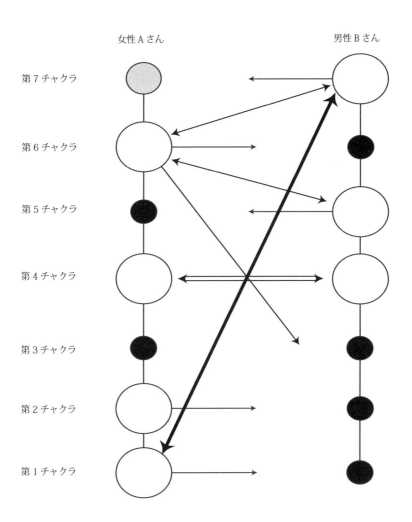

図 11. 1
正反対のチャクラ・エネルギーが関係のバランスを取っているカップルのチャクラ

らの情動情報が不足しているために、自分の直観的能力に気がついていません。女性のAさんは、しっかり地に足がついていて、情動的にも性的にも開かれていて、高い直観力があるものの、自信と自尊心がさほどないために、第3と第5チャクラなどのレベルが幾分閉じ気味になっています。

　実際のところ、このカップルはとてもバランスが取れているといえるでしょう。上位3つのチャクラがほぼ開いているということは、知的なコミュニケーションと学習の度合いが高いことを意味しています。つまり、Aさんは情報を与えてもらい、コミュニケーションが刺激されて超常的な能力が現れ、Bさんの超常的な能力を覚醒させるかもしれません。また、Aさんはグラウンディング重視の状態ですが、上位チャクラを重視するBさんによって、意識が上に向かって持ち上げられるとも考えられます。Bさんは、地球のエネルギーを重視しているAさんによって、物理的領域に引っ張られるでしょう。これは、二人の性的交わりによっても生じます。その結果、二人とも第4チャクラのレベルが開き、そして、第4チャクラがバランスの中心になります。

　この二人に問題があるとしたら、それは第3チャクラです。二人ともあまり開いていません。しかし、上位チャクラでエネルギーの交差が見られるため、第3チャクラの活動レベルが高いことを示しています。この二人には、極性の違いがあるので、第4チャクラでエネルギーのバランスを取ることに重点を置けば、力の争いを遠ざけることができます。

　367ページ図11・2は、別のカップルの関係の略図です。この二人は非常によく似ています。二人とも上位チャクラも第4チャクラも開いていますが、肉体的な領域は閉じています。この二人は、おそらく高度な超常的コミュニケーションができ、共有する知識が多く、心の強いつながりがあるでしょう。

　でも残念ですが、二人ともこの関係を現実の世界へ下降させるほど地に足がついていないため、二人の関係を顕在化させるのは難しいかもしれません。女性は、二人の関係を顕在化させようと性的なつながりを求めるものの、男性の権力意識がそれを許さない上に、二人ともに下位チャクラの牽引力がないために、決まったパターンの惰性から抜けだすことができません。このカップルは

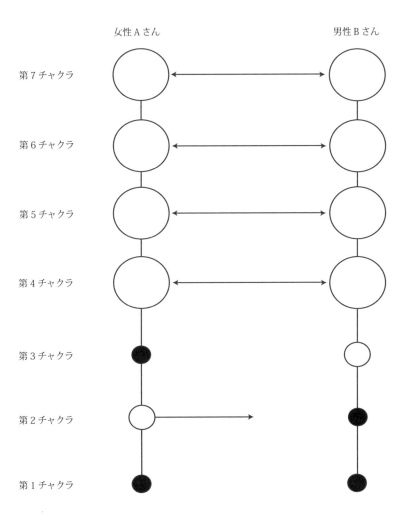

図11.2
似たようなチャクラ・エネルギーを持つカップルのチャクラ

とても強い愛情にあふれるプラトニックな関係であると考えられます。

　チャクラは、同じレベル上での波動の共鳴を通じてつながりを持ちます。ですから、一方の第4チャクラが開いていて、もう一方の第4チャクラが閉じていたら、開いている方のチャクラが閉じている方のチャクラを開かさないとも限りません。その反対のケース、つまり、閉じているチャクラが開いているチャクラを閉じさせるということも考えられますが、それほど頻繁には起こり得ません。開いているチャクラは、近くに同じレベルのチャクラが見つからないと、たいていは別のチャクラに影響を与えます。しかし、顕在化の流れが主流になっている人は、相手の上位チャクラからエネルギーを抜き取ってしまうこともあり、抜き取られた人は上位チャクラが閉じてしまったように感じるかもしれません。

　また、同じレベルであれば、開いているチャクラが別の閉じているチャクラを支配することもあります。たとえば、第5チャクラが開いている男性と、第5チャクラが閉じている女性がペアを組むと、男性ばかり話し、女性はひたすら黙ったままになります。

　また、第3チャクラが開いている女性は、第3チャクラが弱い男性を不利な立場に追いやってばかりいるので、男性はひたすら無力感を覚えることになるようです。この場合、女性が男性に対する力関係に敏感になり、男性も女性から学べば、二人はだんだんとバランスが取れるようになるでしょう。影響を与えている力関係に気がつけば、思わぬ危険を避けることができるのです。

　関係を調べるときは、調べる対象一人ひとりのもっとも開いているチャクラと、もっとも閉じているチャクラの略図をつくり、それをもとにして、あなたが読み取ったチャクラの状態を理解したり、説明するようにしてください。熱心に対象を観察していれば、それぞれのチャクラからの情報がみえてくるはずです。

社会との関係

　二人の人間が、チャクラを通じて互いに影響し合っているのであれば、私たちのチャクラは、社会からさらに大きな影響を受けているのではないでしょうか？

　その答えは言うまでもなく、イエス、「受けています」です。一人の人間が他者の特定のチャクラのエネルギーを刺激したり弱めたりできるなら、複数の人間により自分の特定のチャクラのエネルギーに影響を与えられたりするのは当然のことです。社会は、私たちのチャクラに肯定的にも、否定的にも重要な役割を果たしているのです。

　現在のところ欧米社会は、下位チャクラ（第1、第2、第3チャクラ）をかなり重視しているために、金銭、セックス、権力にばかり目を向けています。できれば、この3つのチャクラばかりに重きを置かず、もっと「精神的」になるべきだと言いたいところですが、実情は、下位チャクラの神聖さは否定されていて、結果的にそれらのネガティブな側面へ執着が強調されているようです。つまり、特定のチャクラに過度に執着するときは、満たされていない何かが社会全体にあるということです。

　地球とつながることの神聖さが否定されると、物質主義がそれに取って代わることになり、お金が絶対的な支配権を持つようになります。そして、人々はお金を安心（大きな家、高級な車、高い給料）を得る手段と考えるようになり、よりお金に執着していくようになります。しかし、こうした物質主義が、第1チャクラを満足させることはありません。むしろ、さらに欲深くさせるばかりです。そして、今の私たちは、地球環境を汚染し、どんどん自分のたちの源から遠ざかって行ってしまっています。

　しかし、これとは逆に第1チャクラを過度に偏重しすぎるのは、積極的にグラウンディングをせず、自然に対する敬意が不足していることに起因していま

す。欧米での過度の物質主義は、母なる自然という女神を失った社会の埋め合わせなのかもしれません。

　第2チャクラに関しては、セクシュアリティの神聖さは公然と否定されています。それにもかかわらず、社会はセクシュアリティを宣伝や広告でやたらと利用し、私たちを性的な気分にさせる商品の年間売上高は、何億円にも達しています。

　つまり、私たちの性的関心は、セックスという行為や恋人や夫婦関係に向けられるのではなく、性的な魅力を感じるものだけで満足するようになってしまっているのです。そして、社会で否定されたセクシュアリティのネガティブな部分が、レイプ、子どもに対する性的虐待、セクシャルハラスメント、ポルノ、セックス中毒、政治における性的スキャンダルとなって反対に社会に出てきて、多くの人の関心となっています。第2チャクラへの執着は、満足感の欠如の表われといえるでしょう。

　第3チャクラは、権力とエネルギーの問題が人々の生活に影響を与えています。権力を握っているのは、ごくわずかな人だけで、多くの人は不当な差別や無力さを嘆いています。また、権力は自分の外側に存在し、今よりも富を得るか、もっと人を惹きつける人間になれば強い権力を持つことができると考えている人もいます。中には、自分よりも地位の高い誰かにルール・メイカー（主導権を取る立場）に引き立てられるまで、おとなしくルールに従っていればいいと思っている人もいるようです。第3チャクラのところで説明しましたが、権力は「内なる力」でなく、「支配しようとする力」によって具現化される傾向にあります。そのため、協調が報われ、個性は妨げられてしまうのです。

　第4チャクラ、つまり、愛に関しては、社会的な衝突はありません。誰もが、愛は人生でもっとも重要なものと考えているからです。しかし、愛の実践の中には、とても理想的とはいえないものもみられます。なぜなら、社会における人種、性別、年齢に対する差別、宗教的不寛容、さまざまな偏見が、心の真の領域である愛や思いやりの実践を蝕んでいるからです。その結果、愛に痛み、フラストレーション、失意が伴うようになったのです。離婚率が高くな

り、家庭崩壊を引き起こしているのも、歪んだ愛の結果と言えるでしょう。

　第5チャクラは、社会的なレベルで大きく開きます。マスコミは、私たちと社会的マトリックスをつなぎ、どんなときも即座に情報を与えてくれます。その一方で、メディアは、暴力や煽情主義で私たちの思考を汚しています。しかし、私たちは日常生活において電話や行き交う車、飛行機や工場の騒音などのさまざまな音に汚染されているため、第5チャクラに必要な注意を払えなくなっています。また、ラジオやテレビの放送内容の社会への影響についても従分な注意を払えていません。

　第6チャクラと第7チャクラのスピリチュアルな領域は、今まさに開き始めつつあります。スピリチュアルに関する本の市場が以前よりも拡大したのみならず、直観の使い方を学んだり、霊能者にアドバイスを求めたりする人も増えているようです。これからさらに多くの人たちが、スピリチュアルの個人的な実践の中で宗教的多様性を探究し、東洋と西洋や古い時代と現代のスピリチュアルな生き方の手法を日常生活に取り入れるようになるでしょう。スピリチュアルに関する情報は、ますます豊富になり、手に入りやすくなっています。

　もっとも、社会が上位チャクラに入っていくのは、まだ先になると思います。今はまだ、瞑想する人よりも、お金儲けに勤しむ人の方が多いからです。霊能者はとかく詐欺師と見なされ、スピリチュアリティは冷笑され、胡散臭いものとみなされているのが現状です。さらに、下位チャクラを重視しすぎるせいで、社会のリズムそのものが、瞑想や創造的追求の時間を見つけることを難しくさせています。また、私たちの言語には、心霊現象や「スピリチュアルなタイプ」の人を説明する言葉がないために、スピリチュアルというものが誤解されてしまっています。どうやら私たちの社会は、まだ、スピリチュアルなものを許容する力が欠如しているようです。

　社会によって重視するチャクラも異なっています。たとえば、インドは精神的な追求を重視し、個人の力や物質主義の発展にあまり重きを置いていません。そのため、インドでは「上位チャクラ」が重視されていて、その精神的な教えを吸収しようと、世界各地より多くの人がインドを訪れています。

しかし、インドには欧米の先進諸国の人々には衝撃的な現実もあります。それは、極端な物質的貧困が存在しているということです。

　人々は、社会が重視するものに左右されるため、新しい分野を拓きたい人は、同じような思考や行動様式を持つ人を探すべきです。そうすれば、新しい分野に挑戦して、大きな困難にぶつかっても協力が得られ、ともに成長することができるでしょう。

　私たちは、必然的に自国の文化や周りの多くの人の影響を受けていますが、心のあり方次第で、反対に周りの人に影響を及ぼすこともできます。自分の意識を高めたり、広げたりすればするほど、社会に貢献していることになるのです。

　社会という大きな流れと、自分のチャクラとの関係を理解することは、長い歴史を通して意識がどのように進化してきたかを探る手がかりになります。また、これまでの進化の傾向がわかれば、未来の可能性も予測しやすくなるはずです。そうすれば、未来における自分の役割がはっきりとわかってきます。

チャクラが教えてくれる進化の歴史と未来

　チャクラが持つ意味合いの中でもっとも特筆すべきことは、進化に関することかもしれません。7つのチャクラは、普遍の原理の体系化を象徴しています。それは、まさに全体性（ホールネス）のための深遠な公式であり、個人のみならず、社会や文化の発達にも当てはめることができます。

　西洋の社会文化史は、私たちの精神的発達を見事に反映するように、第1チャクラから第7チャクラに向かうチャクラの発達の過程をたどっています。したがって、この発達過程をレンズにして、この千年間における歴史の変化を眺めれば、「私たちは今どこにいるのか？」「私たちはどうやってここにたどり着いたのか？」「私たちはどこへ向かって行くのか？」という誰もが抱き続けている疑問に、きっと新たな答えを導きだしてくれるはずです。

　では、最初の疑問である「私たちは今どこにいるのか？」について考えていきましょう。この疑問にもっともわかりやすく答えるとしたら、ニュースなどでよく耳にする言葉を借りるといいかもしれません。

　つまり、私たちは今、大規模な世界的変化の中にいます。もう少し砕いて言えば、幼少期から青年期に向かっている途中といった感じでしょうか？　そして、7つのチャクラの観点から考えるなら、私たちは今まさに第3チャクラ、つまり、火のチャクラにいます。もっとも変化に関係するチャクラを通過している最中と言えるかもしれません。未来に続く道を照らしだすために、第3チャクラの火で過去という燃料を燃やしているのです。

　第3チャクラの時代では、第3チャクラの象徴である力と意志、エネルギーと攻撃性、エゴと自律が優先されています。しかし、それらは次のレベルである第4チャクラに向かう旅の中で、社会に受け入れられ、解消され、超越され

るはずです。なぜなら、第4チャクラは心の領域であり、平和、バランス、思いやり、そして愛の特性を持つからです。私たちが、今直面しているさまざまな課題は、火と変化の第3チャクラを通過中の出来事であり、「子どもから大人になるために通過すべき経験」なのです。

　二つ目の「私たちはどうやってここにたどり着いたのか？」という疑問については、7つのチャクラに人類史の過去3万年以上さかのぼる進化の時系列を当てはめて説明していこうと思います。そこには「私たちはどこへ向かって行くのか？」という三つ目の疑問に対する重要なヒントも得られるはずです。

　では、早速、二つ目の疑問である「私たちはどうやってここにたどり着いたのか？」という疑問の答えを見つけだしていきましょう。

◎第1チャクラ：地球と生存

　第1チャクラの元素である大地（地）と生存本能は、チャクラ全体の基盤の形成につながっています。個人レベルで見た場合、私たちは先ず自分の生存を確実にしてから次のレベルに進化する必要があります。個人の生存は地球とのつながりにかかっているように、未来の基礎となる集団的生存、とりわけ生態圏の健全さも、地球とのつながりにかかっています。私たちが、自らの肉体の神聖さを取り戻せば、地球は惑星文明の聖なる肉体（集団的第1チャクラ）になります。

　第1チャクラのサンスクリット名は、「根っこ」を意味するムーラダーラであることを思いだしてください。私たちの「根っこ」は、過去にあります。そして、私たちは過去と再びつながることで、単一と結合という基本原理に戻ることができます。石器時代の祖先たちは、生存の場所である地球と密接した生活を送っていました。つまり、食べるために狩りをし、植物や木の実を集め、洞穴に住み、時には遊牧して各地を移動するなど、地球の状態や動向に非常に影響を受けやすい生活をしていました。

　私たちの子宮（発生の場）としての地球は、私たちの起源であり、生みの母であり、また私たちの始まりであり、基礎でした。旧石器時代（約260年前

から約1万年前）の社会では、自然のままの神秘的な地球は、宗教的にも影響力が強く、生ける女神として祖先たちに崇拝されていました。生命の源である地球と、生命を慈しむ母なる大地は、生存そのものを意味していました。そして、自然は生命の起源にとっての最初の枠組みであり、生命がつくられる場所であり、私たちという存在のルーツ（根源）でした。

ところが、現代社会は、個人の肉体や地球を顧みることを重視せず、過去をも拒むために、私たちはまさに自分の根っこから自分自身を切り離してしまっているのです。そのため、生存が脅かされ、第1チャクラを超えて成長することができなくなっているのです。

意識は、チャクラを通って宇宙に向かって進化していくと考えられていますが、私たちは植物のようにしっかりと根づいていないと、上へ伸びることができません。したがって、同時に二つの方向に向かって成長する必要があります。つまり、過去の単純性に向かって下降しながら、同時に未来の複雑性に向かって上昇する必要があるというわけです。

私たちは、過去のルーツも、地球とのつながりも否定することはできませんし、種としての未来もあります。だからこそ、今地球とのスピリチュアルなつながりを回復しようとする気運が高まりつつあるのかもしれません。私たちが、スピリチュアルな意識の中心として地球に再びつながれば、この先、私たちに大きな変化が訪れても、その影響に安定して対処できるはずです。

カナダ人神話作家であり女性運動の立役者、マリオン・ウッドマンは次のように述べています。

物質（肉体）の内なる神聖さを取り戻さない限り、この惑星は破滅します。

幼児は、生きるために母親と密接につながっていて、その活動範囲は母親を中心に据えた円の中と考えられます。子どもは、円の中心から遠く離れてしまうと、生きていくのも、動くのも困難が生じてしまいます。

ユング派の分析者であり作家のガレス・ヒルは、人間の精神や自己を分析す

るモデルとして「静的な女性、静的な男性、動的な女性、動的な男性」という4つのアーキタイプに分けた論理体系を生みだし、それをそれぞれの時代の特性に当てはめました。そして、幼児期の段階は「静的な女性」の特性があるとしています。「静的な女性」のシンボルは、円の中心に点が打ってあり、母親の乳房のようにも見えます。そして円は、私たちが中心から離れて生きていける限界を表わしていますが、その限界は成長するにつれて拡大していくとされています。

幼児が母親とつながれているように、私たちの初期の社会は母なる自然という枠組みに完全に縛られていました。自然は絶大な力の中心であり、私たちの生活は自然に左右されていました。つまり、私たちは地球の子どもとして、母なる自然の光と闇、暖かさと寒さ、そして、湿気と乾燥といったリズムに包まれて生きていたのです。

全能の良き母であり、ときには破壊をもたらす悪い母でもあった自然。こうした自然を司る地球の内なる神聖さを回復すれば、私たちのスピリチュアルなルーツも見つかるはずです。

◎第2チャクラ：水とセクシュアリティ

生命体は生存が確かなものになると、次は快楽とセクシュアリティに注意を向けるようになります。水の元素と関係する第2チャクラは、快楽への強い衝動、感覚探求による自己の世界の拡大、情動の領域、セクシュアリティによる異性との戯れを象徴しています。

進化の時系列における第2チャクラの始まりを告げたのは、最後の大氷河期（約7万年前に始まり1万年前に終了）の終わりに生じた気候変動でした。この地球規模の春の訪れと同時に航海や農業が始まり、灌漑技術が発達していきました。いずれも水の元素と結びつくものです。占星術的に見ると、水の活動宮である蟹座の時代の始まりにあたります。

占星術では12宮は活動宮、不動宮、柔軟宮の三種類に分けられ、蟹座は牡羊座、天秤座、山羊座とともに活動宮に分類されています。また、天体物理学

者のエリッヒ・ヤンツの著書『自己組織化する宇宙』（工作舎）によると、新石器時代に主要だった繁殖という人間の潜在的なテーマが、出産という水の特徴を持つものと一致したこともあり、紀元前8000年から紀元前4500年ぐらいの間に、全世界の人口は推計100万人から1億人に増えたそうです。この著しい増加に伴ってさまざまな難題が生じ、それが意識と文化の成長のきっかけとなりました。

　農業が発達して人々の生活が安定し始めると、生存に対する要求は薄らいできました。代わって花開いたのが文化です。芸術、宗教、貿易、建築、（極めて初期段階の）執筆活動が盛んになりました。新石器時代は、依然としてユングの言うところのグレートマザーのアーキタイプ（全ての人が無意識の中に持っている固有の要素）が支配的原理だったため、この時代はまだ「静的な女性」の特性があったものの、新しい特性が目覚めつつありました。つまり、グレートマザーの神話に、だんだんと架空の相手となる息子／恋人が現れてきました。やがて、この新しいアーキタイプが優勢になり、神話において両性の不平等が現れるようになります。

　大氷河期の終わりの時代の性差による政治とその後の衰退については、さまざまな憶測がなされています。社会科学者であり社会活動家でもあるリーアン・アイスラーは著書『聖杯と剣』（法政大学出版局）の中で、この時代はバランスの取れていたパートナーシップ社会であったと語り、また、熱心な女性活動家たちは母権性の黄金時代と称しています。

　また、このことは考古学の研究によっても証明されています。この時代は戦争や大規模な自然災害がなかったために、地域社会は平穏無事で、人々はより豊かで信心深くなっていたことが明らかになっているからです。

　しかし、安定した状態はいつまでも続かず、考古学者のマリア・ギンブタスが著書『Civilization of the Goddess（神々の文明）』（未邦訳）の中で述べているように、紀元前4300年頃にユーラシア大陸北部のステップ地帯から南下して来た家父長制の遊牧民による暴力的な侵入があったためか、もしくは、社会の内部が段階的に変化を遂げたためか、グレートマザーと息子／恋人という大

自然の支配原理は、戦闘的な父なる神に容赦なく覆されました。女神の文化は、次第に支配的で侵略的で男性以外の主体を認めない家父長制に取って代わられるようになりました。こうした暴力的な激動の変化は、今私たちが生きている時代、つまり第3チャクラの到来を告げるものでした。

◎第3チャクラ：火と意志

　第3チャクラは、火の元素と関係し、力の発生を特徴としています。力は、意識が自主性と意志の発達に目覚めると発生します。火を自在に使う動物は人間だけです。また、自分や周りの環境を変化させることができるのも人間だけです。

　私たちは、自由意志のおかげで過去の悪習から抜けだし、新しい目的意識を生みだすことができます。自由意志は新境地の開拓、あらゆる変化の先駆となる革新、ひいては文化的進化に必要不可欠なものです。しかし、自由意思が進化の要素として取り入れられたのは、最近になってのことです。

　子どもの発達における第3チャクラのステージは、子どもが自分の本能的な衝動をコントロールし、より社会に受け入れられる行動を選ぶことを学ぶといった衝動のコントロールが特徴となっています。衝動のコントロールは、個人の自主性と、それと同時に起こる現実を見極める必要性を気づかせてくれるもので、子どもの最初の反抗期とされる「魔の2歳児」という時期に、ぎこちないものながらも生じます。

　文化に当てはめて言うなら、このステージは大自然のサイクルによる束縛を受けない文明、しかも、複雑になりつつあるテクノロジーによって大自然が強いる制約を超え、どんどん拡大しつつある文明を特徴としています。新石器時代の人々が地域社会の権限が及ばないところで、どれほどの自主性を感じていたかは定かでないために、第3チャクラのステージの時期に、人々の自主性が芽生えたと考えられています。

　私としては、技術の進歩によって人々が大自然から離れることができた結果、自由意思が目覚めたと推測しています。ところが困ったことに、誰よりも

早くこの認識に達した者たちが、新しく見つけだした力を行使し、まだ自分の意志に気がついていない弱者をコントロールし、支配するようになってしまったのです。

　その後、数千年にわたって男性的な力が増大し、母なる女神の絶大な神聖さを抑え込み、現在まで続いている男性的で好戦的な文明期を生みだしました。人々の間に意識を有する時代が始まって以来ずっと存在していた重要な宗教的シンボルに取って代わった力は、女神が持つ生命を生みだす軌跡的な力と同じくらい強力であったに違いありません。では、女神が持つ生命を生みだす奇跡的な力と同じくらい強い力とは何なのでしょうか？

　それは、死です。死は、生命を生みだす力と並ぶほど強い唯一の力です。したがって、死に対する不安が文化や行動の主要因になるのです。女性にしか生みだせない誕生の奇跡は、男神の意図的な創造に代わり、未来は肉体からでなく頭から、信用からでなく不安から生じるようになりました。また、男性のアーキタイプは勢力を得るために、支配、戦争、そして英雄的行為をみせつけることで力の証明をしてきました。

　リーアン・アイスラーの著書『聖杯と剣』（法政大学出版局）では、旧石器時代の平和な女神の文化から、侵略的な太陽信仰の文化への変化は、紀元前4300年頃にユーラシア大陸北部のステップ地帯から南下してきた遊牧民の侵入とともに始まったとされています。

　その後の3千年の間は、侵略と反乱が繰り返され、太陽信仰の文化が確固たるものになったのは、紀元前1500年頃の本格的な鉄器時代を迎えてからです。女神の文化は、失われた文明が向かう黄泉の国に送られ、力、支配、戦争が文明を特徴とする時代に取って代わられました。

　鉄器時代は、占星術の牡羊座の時代と一致します。牡羊座は火の活動宮で、火は第3チャクラの元素です。この変化はおそらく、道具や武器が造られた金属を鍛造するのに火を使ったことから起こったと考えられます。金属製の道具は生存、他者に対する優越感、戦略的思考のさらなる活性化などさまざまなメリットを与えました。さらに、金属製の道具のおかげで効率化が進んで穀

物の増産が可能になり、同時に穀物の貯蔵、配給、売買の方法や水資源の管理など、神政政治の権力構造による調整と管理が必要になりました。また、金属製の武器は一つの文化が、別の文化を支配することを可能にしました。

第3チャクラと対応する時代を理解する上で重要なことは、第3チャクラは良くも悪くも、まずは大地（地）と水という第1、第2チャクラに関係するレベルの価値観を拒絶するということです。実際に、どちらかの元素が多過ぎると火は燃えません。しかし、私たちの根底にある大地（地）と水を否定することで成長するのは、健全な方法とは言えませんし、それは集合意識を下位チャクラの受動的で習慣的な傾向によって、新しい方向に向かわせようとする稚拙な試みといえます。

そして、家長制度の出現は、新石器時代の文化で主要とされた第1チャクラと第2のチャクラに対する価値観（地球、セクシュアリティ、情動、女性、地域社会、協調などの神聖さ）への拒絶と徹底的な支配を意味しました。その結果、前時代の価値観は完璧に覆され、平和的な大地の女神は威嚇的な天空の男神に、誕生の奇跡は死の不安に取って代わられ、セクシュアリティの神聖さは抑圧され、協力的なパートナーシップは階層的な支配へと変わっていきました。

人間の意識が芽生えて以来、おそらく何百年、何千年も前から当たりまえとされていた生活の秩序が、この変化とともに壊されてしまったのです。しかし、正反対の性質のものを受け入れることでダイナミックな相互作用が生じ、結果的に新たな力が生みだされ、私たちの視野も選択肢も広がることになっていったのです。

ヒンドゥ教の神話では、この変化を、パタンジャリのヨーガ・スートラにおけるアセンショニストのアプローチ（物質に埋め込まれている意識を物質から分離させることで自由を得ようとする手法）につながると考えています。

アセンショニストとは、3次元から5次元、つまり、物質の世界から意識の世界へアセンション（次元上昇）を目指す人たちのことを言います。アセンショニストは、父権的宗教の多くに見られるように地球を蔑ろにして、天界を

重視する傾向にあります。確かに、天界を重視することは、日常の関心事から注意を逸らし、別のレベルの現実があることを認識させるために必要なことと言えるかもしれません。

また、第3チャクラ時代は、「動的な男性」の特性を示しています。「動的な男性」のシンボルは、矢がついた円です。これは男性と火星のシンボルにも使われていて、攻撃的なエネルギーを表わしています。矢は、新しい方向を示そうと、女性の静的な円形から直線的に押しだされています。しかし、新しい方向が定まるまでに、それまで意識の支配構造であった過去における個人の習慣も社会の慣習も、その大半が壊されることになります。

鉄器時代の家父長支配から始まり、高まる科学革命と産業革命、二つの世界大戦、他にも数多くの激しい戦火や東西の体制や文明の対立をくぐり抜け、20世紀後半からの航空宇宙工学やコンピューター・サイエンスの目覚ましい発達を経験してきました。しかし、今日でも第3チャクラの特徴である侵略的な行為、テクノロジーの進歩、政治の権力闘争は、私たちを悩ませ続けています。そして、他者に対する行き過ぎたコントロールや支配、権力とエネルギーの問題は、世界的に早急に解消しなければいけない最優先課題なのです。そのため、現代社会における支配という枠組みの犠牲になっている人たちを癒し、支援するためのグループセラピーは、多くが親や学校、上司や社会に支配されている個人の意志を取り戻すことを主題として行われています。個人主義の発達、意志、テクノロジーの進歩、自己を取り戻すことは、力と支配の問題に取り組むための地球規模の意識を生みだすために必要なものです。

個人主義は、私たちに多様性や新しい経験、さらには個人の意志を覚醒する刺激となる孤立感をもたらします。孤立感は、消極的な受け手というより、積極的な進化の共同制作者になるために必要なものです。

第1チャクラの大地（地）と第2チャクラの水が重力の影響を受けてエネルギーを下向きに流しますが、第3チャクラの火はその流れを変化させ、エネルギーを上向きに流してくれます。そのおかげで、私たちは上位チャクラに到達でき、集団となって拡大した地球規模の意識に向かって行けるのです。おそら

く、およそ50万年前に人間の意識を最初に呼び起こして覚醒させたのも、火の支配によるものでしょう。

今日、地球規模で意識を覚醒したり、弱めたり変化できるのは、現代の進歩したテクノロジーという火です。しかし、こうした変化が、次の千年の間に起こるか否かは誰にもわかりません。もっとも、今の時代にどっぷり入り込む前に、もう一つ見ておくべき時代があります。それは、人類が最初に心（第4チャクラ）にたどり着こうとしたキリストの誕生、つまり西暦紀元の始まりの時代です。

◎第4チャクラ：愛とバランス

タントラ教の図では第4チャクラは、物質に向かって下降する精神を表わす下向きの三角形と、精神に向かって分解されて上昇していく物質を表わす上向きの三角形の交点として二つの三角形が描かれています。この精神と物質という二つの極性は、第4チャクラの次元で完璧にバランスが取れた均衡状態になります。そのため、バランスが第4チャクラの中心的な特性になります。

私たちは、今なお第3チャクラの力と支配の問題に悩まされているものの、私としては、第4チャクラへ進もうとする最初の動きが既にあったと考えています。その動きは、キリスト教の始まりです。キリスト教が哲学的に重視していたのは愛、統一、許し、「より高次な」力に身を任せるということです。父なる神は、依然として怒れる父権的雷神の特性を持っていましたが、もっと優しく愛情深い面もあり、神の子であるキリストの誕生は、神と人間の融合、つまり、第4チャクラの特徴であるバランスを象徴していました。

キリスト教の誕生によって、支配的な「動的な男性」の特性であるいがみ合いや競い合いといった社会的混乱は安定へと向かい、時代は「静的な男性」の特性を帯びるようになっていきした。「静的な男性」は、十字をシンボルとし、法と秩序による安定を重視しています。

西洋が文明の中心となっているこの2000年間は、比較的時代が安定していて、テクノロジーと意識が成長し、新たな文化が急速に拡大しました。印刷

機、電話、ラジオ、テレビ、コンピューターが生みだされ、コミュニケーションの可能性が大きく開かれました。コミュニケーションは、地球規模の結束を生むのに欠かせない要素です。また、産業革命によって男性が外へ働きにでるようになり、その間、家庭にいる女性は男性の支配から逃れられ、女性同士で情報を交換し合い、自分の本質を知るようになり、フェミニズム復活の芽がでてきたのです。

その後、フェミニズムの完全復活には数世代かかりましたが、やがて1960年代に主婦たちが個人的に集まって互いの気づきを共有するコンシャス・レイジング・グループが生まれ、男女同権を展開するのに必要な教育と仕事の機会がもたらされるようになりました。

しかし、本当に心でバランスが取れるようになるには、下位チャクラから上昇してくる動物的な性欲と、上位チャクラから下降してくる意識的な気づきを均等に混ぜ合わせなければなりません。つまり、全体性（ホールネス）に必要なのは、高い意識、ヴィジョン、コミュニケーションが個人の意志、情動、原始的本能とバランスよく統合されるということです。

私としては、心の真の気づきは西暦紀元の時代には生じないと考えています。なぜなら、私たちはまだ上位チャクラを使いこなす領域に達していないか、下位チャクラの否定と相まって、チャクラ全体にアンバランスを生みだしているからです。

したがって、まずは、バランスを取るために上位チャクラを発達させることを考えなければなりません。上位チャクラが発達すれば、最終的にはバランスと全体性による真の心の文化を織り成すことができるでしょう。

◎第5チャクラ：音とコミュニケーション

第5チャクラは、伝えたいことを言語や記号で伝えること、つまり、コミュニケーションを象徴しています。コミュニケーションは、意識の拡大に必要不可欠な手段であり、また進化をつなぐものと言えるでしょう。なぜなら、コミュニケーションはDNAの生殖言語から始まり、最古の動物の求愛の鳴き

声、人間の発話、文字、出版、放送、そしてインターネットの出現に至るまで、複雑に絶えず進化し続けているからです。

　コミュニケーションにおける発明の一つひとつは、意識における発展的進化とみなすことができます。進化するたびに情報の容量が増え、より素早く伝わるようになったからです。意識の進化のすべては、地球規模の意識をつくり上げるための重要なステップにつながっています。

　また、あらゆるコミュニケーションを受け入れることで、私たちは学び、変化し、順応し、新しいものを創りだしながら、より大きな意識に向かい続けています。

　フランスの古生物学者で哲学者のピエール・テイヤール・ド・シャルダンがおよそ50年前にノウアスフィア（人智圏）と呼び、現在では一般にグローバル・ブレイン（地球脳）として知られている地球規模のネットワークが、今やインターネットを使ったコミュニケーションによって実現しつつあります。かつて印刷機のおかげで個人の意識が広がったように、インターネットの出現は、地球規模な意識の進化に影響を及ぼす進歩的な飛躍と言えるものです。

◎第6チャクラ：光と直観

　一枚の絵は、1000語の言葉に匹敵する。つまり、言葉は一語一語が連続的に伝わってくるものですが、絵や画像は全体として目から一気に入ってくるために理解しやすいというわけです。そして私たちも、本のページに並んでいる文字を見たり、ニュースから流れてくる言葉を耳にしたりすると、第6チャクラを使って、その情報の一つひとつから直観的に全体像を心に描きだし、理解しているのです。

　コンピューターが発達した今、数学の方程式も動く映像で表現されるようになりました。そのおかげで、これまで紙に書かれていた大量の方程式の陰に隠されていた謎が明らかにされ、カオス、複雑性、システム行動がより深く理解できるようになりました。そして、企業や個人のインターネットのホームページの多くがわかりやすさを優先し、文字だけでなく図形やアニメーションなど

を使って制作されています。

　また、本よりもビデオやDVDの方が人気がでているのは、ビデオやDVDの方が情報をより速く脳全体で吸収できるからです。テレビのニュースが時空を超えて、目の前で同時進行形で起きているかのように事件の真相を知らせようとライブ映像で伝えているのも、やはり同じ理由からです。

　テレビのコマーシャルは、音声が入っているものの、制作者は視聴者がリモコンの「消音」ボタンで音を完全に消してしまっても、視聴者にクライアントのメッセージが伝わるように制作してあるため、映像によるコミュニケーションができるのです。

　スピリチュアルの世界では、透視が再び注目を浴びつつあります。また、意識を顕在化させる手段として、クリエイティブ・ヴィジュアライゼーションの技法を取り入れている人も多いようです。クリエイティブ・ヴィジュアライゼーションとは、自分が望むポジティブな状況をイメージすることで、それを現実化し達成していく自己暗示法です。私たちが人生の方向を決めるには、ヴィジョンが必要なのです。

　イメージを伝える能力は、言葉によるコミュニケーションを超越するための能力であり、それはコミュニケーション・テクノロジーの進歩に匹敵するものです。コミュニケーションにもっとイメージを用いれば、より短い時間で、より明確に相手に自分の意図を伝えることができるようになるかもしれません。また、イメージで考えることで右脳が機能し、過去数百年間も集団的意識を支配してきた左脳の論理的な認知プロセスとのバランスが取れるようになるでしょう。

◎第7チャクラ：思考と意識

　文化的レベルで第7チャクラは、完全なるノウアスフィアの創造と機能、つまり、地球レベルの情報と意識の組織体を象徴しているのに他なりません。そうであるならば、第7チャクラは、花びらの一枚一枚が大きなマトリックスとつながるフラクタル構造になっている1000枚の花びらを持つ蓮ではなく、広

がっていく情報と気づきのための無限のネットワークを持つノウアスフィアであるグローバル・ブレインを表わしていると考えられます。

第7チャクラは、理性のレベルでは知識と情報の急増を、神話のレベルではスピリチュアリティに対する関心の高まりと意識の拡大を特徴としています。

また、第7チャクラに近づいていくかのように、私たちの間では今、ヨーガや瞑想、超心理学的研究、精神状態を変化させる化学物質への注目が高まってきており、これまで未開の領域であった意識の解明が急速に明らかになりつつあります。

私たちの意識は、インターネットや光ファイバーを使った情報スーパーハイウェーが構築されたおかげで、世界中を高速で移動できるようになりました。その最速手段となるコンピューターは記憶貯蔵（メモリーストレージ）、計算能力、創造性を大いに高め、私たちの意識を人間の限界を超えたところまで連れていってくれるため、毎日たくさんの情報が、私たちにもたらされています。

情報の急増はそれだけではありません。アル・ゴア元アメリカ副大統領が著書『地球の掟』（ダイヤモンド社）の中で指摘しているように、エクスフォメーションという存在するにもかかわらず使われていない情報、つまり、コンピューターのハード・ディスクに保存されたまま使うかどうかも精査されていない情報が多くあります。21世紀に入り、私たちは、ますます膨大な情報に圧倒されている状況ですが、適切な情報を取りだし、意識を理解する可能性を求めなければなりません。

そのために私たちの発達しつつある新たな意識は、肉体と地球にグラウンディングされ、生物学的現実に根づいておくことが不可欠になってきます。なぜなら、意識は神話的構造、価値観、方向性を持っていて、私たちはそれらにもとづいて解釈し、行動するからです。

21世紀に生きる私たちに重要なのは、まさにこうした意識の叡智です。自分にどのようなオペレーティング・システムが必要なのかもわからないまま、意識だけをさらに進化させるには無理があります。

意識が進化すれば、私たちのパラダイム構造も確実に変わっていきます。私たちがグローバル・ネットワークを通じて送っている情報は、地球規模の変化を促す助けになるかもしれませんし、逆に暴力的な映画やコミュニケーション・ネットワークを汚すメディア・センセーショナリズムを煽る情報になるかもしれません。

　情報は、事実だけでなくヴィジョン、感情、理解にもとづくものであり、第4チャクラの特徴であるバランスを具体化したものでなければなりません。私たちの新しい神話に必要なのは、全体性（ホールネス）という私たちがそれぞれのチャクラで遭遇した一つひとつのレベルを受け入れて統合したパラダイムです。

　さあ、ようやく最後の質問の答が見えてきました。

◎私たちはどこへ向かっていくのだろうか

　「心を成熟させる」には、世の中を愛せるようになる必要があります。そのためには、罪悪感ではなく愛を、義務ではなく献身的愛情を持って活動する必要があります。つまり、太陽神経叢（第3チャクラ）ではなく、心（第4チャクラ）で世の中と交流しなければなりません。また、新たな心の時代を目覚めさせるためにも、時代の推進力は極性のバランスが取れ、多様性が統合されたものでなければなりません。

　私たちは、グレートマザーとその小さな息子／恋人の時代を通り抜け、次に現れた父なる神と従順な娘／妻の時代を経験してようやく、両性のアーキタイプを構成する要素がバランスよく取れた状態に保つ準備ができました。あとは今よりもっと男性と女性が成熟し、互いを受け入れ、生命のダンスを両者等しい力で踊れるようになれば、私たちの子孫に明るい未来が自然に開けていくでしょう。神聖な子どものアーキタイプ、つまり、明るい未来が生まれるのは、真に男女平等な立場での聖なる結婚からしか生まれないのです。

　新しい心の時代でバランスを必要とするのは、男女だけではありません。精神と肉体、個人と集団、自由と責任、光と影、進歩と保守、仕事と娯楽などが

いずれも全体性（ホールネス）のパラダイムで同質と認められようと奮闘しています。どちらか一つにばかり価値が置かれている限り、バランスの崩れた文化のままになってしまいます。

やがて来る新しい時代を「静的／動的な女性／男性」で区分した4つのアーキタイプで見ると、最後の一つである「動的な女性」に該当します。「動的な女性」は螺旋に象徴され、「静的な男性」の十字の中心から動きだし、いかなる制約も受けることなく外側に押しだされ、右から左へ、下から上へと正反対に分離されたものを再統合しながらひとつの円に戻っていきます。「動的な女性」の特性は分離ではなく、結合です。

また、「動的な女性」の特性は、前時代を否定することではなく、すべて受け入れ、取り込んでいくことです。これは7つのチャクラにも当てはまることで、私たちは、一つのチャクラから別のチャクラへ移っていくときに、前のチャクラを否定してはいけないということです。否定するのではなく取り入れるのです。

まずは個人の肉体と神の顕現としての地球を取り戻すこと。そして、神聖な男性を否定することなく、神聖なアーキタイプとしての女性性を回復することです。その上で人種と性別、仕事と余暇、宗教的と非宗教的、進歩と保守、個人と集団といった社会的アンバランスに対処していけば、第4チャクラの持つバランスの取れた特性に近づいていくはずです。バランスはいかなる否定も必要としません。必要なのは、光と影を始めとするすべてのものを統合することです。

ユング派の理論では、4という数字は四位一体（キリスト教の三位一体〈父なる神、子なる神、聖霊なる神〉に悪魔を加えた四位一体）の象徴とされ、また、4はバランスの安定をもたらすものであり、原初の大いなるものとの再統合を意味しています。

21世紀は、占星術では宝瓶宮である水瓶座の時代の始まりと言われ、この世紀では、人道主義、思いやり、内省、統合、そして癒しを重視する本格的な第4チャクラの時代の到来を表わしています。

第 4 チャクラへの移行は、20 世紀後半に始まっていました。私としては、第 3 チャクラの「英雄による探求の旅」が終わって「帰還」に向かう、その進化のターニング・ポイントとなった出来事は、1969 年のアポロ 11 号による月面着陸だと考えています。宇宙飛行士たちが宇宙から送ってくる映像を、世界中の人々が胸をときめかせながら観たことでしょう。つまり、私たちはそのとき、漆黒の宇宙に浮かぶ青い地球の姿を観て、自分たちは地球という統一体の要素であることを初めて集団の一部として認識したのです。そこで私は、この出来事が地球規模の意識の統合の始まりとも考えています。

　おぼろげながらも集団的な認識が始まると同時に、心理学の研究が盛んになり、セラピーや深い内省プロセスのセミナーに参加する人の数が増え始めました。また、イギリスの生物学者ジェームズ・ラブロックが、地球を一つの巨大な生命体とするガイア理論を始めて提唱したのも 1960 年代のことです。

　この理論によって人々は、万物は本質的に相互作用していることを認識するようになりました。西洋でヨーガの人気がでてきたのも、人々が新しいパラダイムの基本原理である愛と平和とバランスの神聖な原理で再起するために、自分の意識に気がつき、周りの世界と一体化することで自分を発見し、自立しようとしたのも 1960 年代のことでした。

　新しい千年紀に入った今、1960 年代には始まっていた水瓶座の時代を、現実的に地球の要素として根づかせる必要があります。今こそ地球規模の意識の始まりの中で、私たちは意識を有する主体になる時です。自分は命ある地球の一部であると認識し、地球に帰還して、英雄的な旅での偉業を地球に捧げるときなのです。なぜなら、私たちがこれまで「大人になるために積んできたさまざまな経験」は、新しいアイデンティティの形成につながるからです。

　新たな進化は、あらゆる意識レベルの次元とステージを包括し、それらを結びつけなければなりません。そのためには、地球は巨大な生命体であるとする「ガイア」を神話の概念として受け入れることです。そうすれば、地球の一員として新しいアイデンティティがもたらされるようになるからです。

　アメリカ建国の父であるベンジャミン・フランクリンはかつて、「自分の一

番の発明はアメリカン（American）という言葉だ」と言いました。当時のアメリカ大陸には、フランス人、イギリス人、ドイツ人、オランダ人などのさまざまな文化を持つ人々がヨーロッパ大陸から移住してきました。そして、古くから住んでいるさまざまな先住民の部族がいました。フランクリンは、そのような多様な人々が「自分たちが住んでいる土地で一つになる」という概念のもとに、彼らを一体化させた言葉が「アメリカン」だと考えたのです。「ガイアン（Gaian）」という言葉も、「アメリカン」と同じように、あらゆる生き物を包括する新しいアイデンティティになるかもしれません。そうなれば異なる人種や性別だけでなく、異なる種や植物、さらに動物も皆、この地球規模のアイデンティティを共有できるようになるはずです。

　自然環境と調和し、かつ、バランスが取れているテクノロジーを用いて自然界を観察すれば、膨大な量の情報を得ることができます。そうして得た情報は、私たちとガイアを円満な関係に導いてくれるでしょう。また、精神と肉体と感情の領域を取り戻すことは、身体の健康にも自己啓発にも必要なことです。さらに、権威主義の文化的価値観によって断ち切られた意志も再生しなければなりません。そして、意志を再生したら、英雄的行為や支配のために使わずに、愛と思いやりとバランスという新しい時代に向かうために活用することです。そうすれば、第4チャクラのステージが始まり、未来に私たちが望む平和と癒しをもたらしてくれるでしょう

　私たちは、今まさに激動の時代を、もっと刺激的に言うなら、無限の可能性を秘めた時代を生きています。未来は常に不確かなものですが、私たちの意識次第で素晴らしいものへと変えていくことが可能です。なぜなら、私たちは、進化というドラマの中で観客、配役、そして脚本家という役割を同時に果たしているからです。私たちは、進化の未来を創りだしている共同制作者でもあるのです。

子どものチャクラの発達に大切なこと

　よりよい未来は、子育てにかかっています。虐待はもちろん、深いトラウマを残すような子育てをしてはいけません。

　そうした環境で育った子どもは、大人になってもなかなか子どもの頃の心の傷から立ち直ることができず、ずっと苦しんでいるからです。そして、虐待を受けた子どもは、将来、自分の子どもにも同じことをしてしまう可能性があります。

　実際に虐待の症例には、環境はあまり問題ではなく、親自身が子どもの頃、自分の親に虐待を受け、その傷が癒えていないために自分の子どもにも虐待をしてしまっているという例が多く見受けられます。虐待は何世代にもわたって家族や文化に受け継がれてしまう可能性のある危険なものなのです。

　私たちが子どもにすべきことは、子どもの精神と肉体が健全に成長し、統合されるように導くことです。しかし、子どもに適用できる精神的なモデルを見つけるのは、難しいかもしれません。なぜなら、適用するモデルを間違ってしまうと、子どもの成長に何らかのマイナスが生じる可能性があります。たとえば、子どもの頃に年齢にそぐわない課題や作業ばかりやらされていると、自分には十分な知性がないと思い込んでしまい、成長して大学教育を受けることや知的労働に従事することに負い目を感じることが多々あります。

　学校は子どもを教育し、心も育成するものの、遊びたい、走りたいといった子どもの自然な衝動を抑え込んでしまうので、必ずしも子どもの成長に適切に対応しているわけではありません。

　アメリカの心理学者で科学ジャーナリストでもあるダニエル・ゴールマンは、ベストセラーとなった著書『EQ 心の知能指数』（講談社α文庫）の中で、

知性よりも先に感情を育成し、成熟させるべきだと述べています。

そこで私は、7つのチャクラを子どもの精神性のモデルに適用し、チャクラを通じて子どもの発達ステージを見ていくことにしました。チャクラが、基盤の第1チャクラから、頭頂の第7チャクラへと発達していくプロセスを、子どもが生まれてから大人になっていくプロセスに対応させ、子どもの成長と適切なサポートについて考えていこうというわけです。

子育ての各ステージを7つのチャクラに対応させることで、親は子どもが今どのステージにいるかを見極めやすくなり、子どもの肉体的、情動的、精神的などあらゆる経験を、子どもの発育レベルに相応しい方法でサポートできるようになるでしょう。

第1チャクラ：胎内から1歳まで

◎身体に馴染ませる

このステージで重要なのは、子どもが自分の身体に馴染むようにしてあげることです。とにかく頻繁に触れ合うこと。だっこしたり、おんぶしたり、愛情をかけて、身体の欲求にできるだけ応えてあげてください。

触れ合いは、子どもの身体を肯定することになります。また、抱きしめることで、子どもにじっとしていることを教えることができます。手や足を動かしてあげたり、玩具をつかませたり、お風呂で遊んであげると協調運動の発達を促すことができます。

安全で快適な環境を整え、年齢に合った玩具を与えていれば、子どもは積極的に外界と関わるようになるでしょう。

◎執着と絆によって信頼関係を築く

子どもは、保護者に執着することで安心を得ています。母親（もしくは父親）は、子どもの拠りどころになるよう、子どもが1歳になるまではできる

だけそばにいてあげることが肝要になります。子どもが泣いたら、だっこしたり、ちょくちょくあやしたり、頻繁に抱きしめ、大きな音で驚かしたりせず、お腹を空かせたらミルクをあげ、寒さや不安から守ってあげればいいのです。

親によっては、子どもの自然な欲求をうっとうしく思い、子どもに執着させないようにする親もいますが、執着させた方が、大きくなってから子どもが自立しやすくなります。

アメリカの発達心理学者エリク・H・エリクソンは、自ら提唱した心理社会的発達理論において人間の人生を8段階に分け、それぞれの段階で獲得すべき課題を設定しています。それによると、乳幼児の課題は「基本的信頼 対 不信」ということです。つまり、乳児期は、自分は愛されている、ここは安全だという基本的信頼を獲得する時期に当たるということです。

乳児期に親がいつもそばにいて、愛情をたくさん注いでいれば、子どもは希望と自信を得てこの課題を克服し、また、その後の発達段階も緊張したり過度に警戒心を強めたりすることなく進んでいけるでしょう。

◎適切な託児所

出産後も仕事を続けたいという事情から、子どもが1歳になるまでずっとそばにいることができない母親が増えつつあります。そうした場合は、子どもに不利益が被らないようにする必要があります。

最善策としては、できる限り健全な託児所に預け、親に代わって必要な保育をしっかり行ってもらうことです。そのためには、託児所を見つけたら最低でも保育士が子どもと頻繁かつ適切に接しているか、子どもが欲しがっているときにミルクを与えているか、子どもの年齢に相応しい環境で、きちんと適任者が世話をしているか、ということを調べなければなりません。また、子どもが慣れるまで託児所で一緒に数時間過ごすのもいいでしょう。

他にも、家庭内保育（保育ママ）や在宅のベビーシッターなどの選択肢もあります。家庭内保育は託児所よりも少人数であり、ベビーシッター時間の融通

が利くかもしれません。

　その他にも母親が心得ておくべきことは、仕事を終えて帰宅したら、母親として子どもの世話をしなければならないということです。

　子どもには、母親との触れ合いが必要です。特に乳幼児は、基本的信頼を築く大切な時期です。一日中働いて疲れ果て、子育てにストレスを感じることもあるでしょう。しかし、長い目で見た場合、子どもが１歳になるまでに十分に手をかけ、愛情をしっかり注いでいれば、子どもはわがままの少ない、穏やかな子に育ち、親の努力は必ず報われるものです。

　安心感は、安全な環境から生まれます。したがって、何よりも家庭が平和であること、さらに、騒音、危険、寒さ、大人や兄弟姉妹による暴力から守られることが重要です。乳幼児にとって環境は、まさに自分そのものといえます。なぜなら、最初に人に影響を与えるのは、人を取り巻く環境だからです。

　子どもは、店、公園、病院、友人の家など慣れない環境にいるとき、親だけが頼みの綱です。だから、精神的に不安になると、何度も何度も親のもとに来て安心しようとするのです。子どもは親を頼りにしている、そのことを忘れないでください。

◎健康的な食生活（栄養）

　時間を決めて乳幼児にミルクや母乳を与えることは、親にとっては便利なことかもしれません。しかしそれでは、子どもは自分のリズムをつくることができず、子どもに自分が求めれば周りが応えてくれることを教えることもできません。できるだけ子どものリズムに合わせて、ミルクや母乳を与えるようにしてください。

　母乳には、乳幼児に必要な抗生物質が含まれています。さらに、母乳を与えることで身体が触れ合い、母と子の絆が強まり、子どもが情動的にも肉体的にも健康になることが証明されています。しかし、本当に重要なのは、母乳か人工乳（粉ミルクなど）かではなく、与えているときの母親の心の状態だという研究報告もあります。イライラしながら母乳を与えるよりも、愛情を込めて人

工乳を与える方が、子どもに良い影響を与えるそうです。

　また、子どもの健康な身体をつくるために、母乳を与えている間、母親も健全な栄養を摂り、薬やアルコールなど母乳に有害な物質は控えなければなりません。また、母乳や人工乳から離乳食に移行したら、母子ともに栄養バランスを最優先に考えてください。

　親が第1チャクラのステージをうまく切り抜ければ、子どもも人生がもたらす多くの試練に立ち向かう健全な基盤を築くことができます。そして、自分の身体と生きていることを強く感じ、世界は自分の必要性を満たすことができ、満たしてくれるだろうという希望を持てるようになるでしょう。

第2チャクラ：6～8カ月

◎分離と執着の容認

　この時期は、子どもの身体が成長してどんどん動きが活発になると同時に、親から離れようとし始める時期でもあります。

　親から離れることは、子どもにとっては怖いことなので、最初は大いにもたつくことでしょう。大丈夫なのかどうかと迷いながら、親のもとを行ったり来たりすると思います。子どもの親に対する執着が強いように感じることもあるかもしれませんが、それは自然なことなので、不安に思わないでください。

　このステージで親がなすべきことは、子どもが安心して外の世界を探索できるようにして親から離れることを促し、また、子どもが安心を求めて戻ってきたら暖かく、愛情深く迎えてあげることです。この二つの行動で子どもをサポートしてあげてください。

◎五感を刺激する環境を与える

　子どもは、五感で外の世界を探索します。そして、五感で世界を探索することが、このステージで中心となる子どもの行動形態です。さまざまな色や

音、興味をそそる玩具、遊びを通じての触れ合いや喜びを安全に探索できる環境を与えることが、大切になってきます。また、この時期の子どもが、もっとも五感で感じているのは親の声と親の注目です。

◎体を動かさせ、さまざまなことを体験させる

　このステージの子どもは、とにかく動きたがります。ベビーサークルを使う時期ではありませんが、必要であれば短い時間に限って使用してください。安全にはったり歩いたりできる場所、走ることができる公園、転がり回れる庭など、子どもが体を使う喜びを学べる場所を見つけてあげましょう。

◎感情を反映させる

　このステージから子どもは、感情の言葉を学び始めます。感情リテラシー（感情を読む能力）を育てる場合に必要なのは、子どもの情動を親がまねしてみせることです。また、子どもの泣き声はもちろん、怒りや不安の表情にも、何かを求めていたり、迷ったりしているときの表情にも敏感に反応してください。

　子どもの感情を否定したり、罰したりしてはいけません。子どもは、自分の感情を抑えられないので、そのようなときは「悲しそうな顔をして、どうしたの？」「怖いの？　ママが手を握ってあげようか？」と、子どもの気持ちをしっかり理解していることを、言葉で伝えてあげてください。まだ片言しか話せなくても、子どもは親の発言を耳にすることで言葉を理解し始めます。そして、自分が抱いている感情に名前があること、さらには、言葉を使わなくても必要なものや欲しいものを誰かに伝えられることを学びます。

　また、親自身も自分の情緒的な要求や状態をよく知っておかなければなりません。子どもは、親の怒りも不安も、心配も喜びも感じ取ります。親の情緒が安定していて、穏やかであれば、心の中に鬱積した未解決な感情もなくなり、不安定な感情がいたいけな子どもに投影されることはありません。子どもにとって前向きな環境をつくりだしましょう。

第3チャクラ：18カ月〜3歳

◎自主性とわがままをサポートする

　子どもが、親から離れ始めたら、親はその自立を褒めてあげましょう。難しいかもしれませんが、子どもがわがままを言うときは、できる限り選択肢を与えるといった形でサポートしてください。たとえば、「イチゴが欲しいの？」「ちがう！」「バナナが欲しいの？」「ちがう！」といったやりとりでイライラするのではなく、「イチゴとバナナのどっちが欲しい？」と聞けばいいのです。また、着替えのときには前もって服を二着だしておき、どちらを着るかは子どもに選ばせるのです。

　こうした方法で、子どもがわがままをうまく発揮できるようにさせてあげましょう。

◎自尊心を促す

　第3チャクラのステージから自我同一性が形成され始めます。子どもが何かを成し遂げたら、とにかく喜んであげましょう。そうすることで、子どもに「自分は評価されている」と感じさせることができるからです。

　子どもを否定することなく、独立をサポートしてあげてください。子どもにうまくやれそうな課題を与えれば、自信をつけさせることができます。使った玩具の片づけや、年齢に合ったパズルや遊び道具は、子どもの自信を育てるのに効果的です。靴を履こうとするなど、自分の能力以上のことをしたがる場合は、子どもができるよう手伝ってあげましょう。

　簡単なことをたどたどしく挑戦している子どもに批判的になったり、必要以上にイライラしたりしてはいけません。大切なのは忍耐です。長い目で見れば必ず報われます。

◎適切なトイレ・トレーニング

　トイレ・トレーニングを始める時期は、子どもが教えてくれます。つまり、トイレに興味を示したり、おむつをはかそうとしたら嫌がったり、おむつを濡らさない時間が長くなったりしたら、そのときが来たということです。
　括約筋（肛門や尿道などにあって、その収縮と弛緩によって内容物の排出を調節する輪状の筋肉）が排泄をコントロールできるようになるのはだいたい18カ月から2歳頃なので、おむつなしで一晩過ごせるようになるのは3歳になってからと考えられます。焦らずそのときまで待てば、子どもは抵抗を示すことなく、トイレで用をたすという新しい行為を受け入れてくれるでしょう。
　そして、うまくできなかったことへの罰よりも、うまくできたことへのご褒美を優先させてください。罰は羞恥心を抱かせるだけです。抱きしめたり、拍手したり、言葉で褒める他にも、ご褒美をあげることで、行為を強化させることができます。

◎適切な躾

　子どもの自立と意志をサポートするにあたり、親は子どもの管理を放棄してはいけません。親は毅然とした態度で、子どもに適切な制限を与えなければなりません。
　子どもは、込み入った言葉を理解できなくても、単純に「犬のおやつ！触っちゃだめ！」といったわかりやすい言葉なら理解できます。厳しい罰は、子どもに攻撃的な行動を教えることになるだけでなく、羞恥心を抱かせることにもなります。愛情を与えていないと第3チャクラと第4チャクラが反目し合い、子どもは不安を感じ、認められたいという欲求にさいなまれることになります。
　そこで、子どもの注意をより適切なものに向けるようにしてください。たとえば、子どもがリモコンを口に入れていて泣いていたら、怒って取り上げるのでなく、リモコンの代わりになる何かを手に持たせ、そして子どもにとって危険状況を取り除くようにしてください。その後は、怒るよりもしばらく部屋

で反省させる方が効果的です。このステージで子どもは、親に認めてもらうことに非常に敏感になります。どうしても非難する必要がある場合は、子どもではなく、子どもの振る舞いを非難するようにしてください。

第４チャクラ：４歳〜７歳

◎関係の認識に注意を払う

　このステージの子どもは、同一視と模倣によって社会的役割を学び始めます。子どもは親を同一視することで、その場に親の姿がなくても、親がそばにいると感じられます。なぜなら、子どもは親の行動を内在化し、自分の一部にしているからです。したがって、親がいつも子どもにイライラし、攻撃的な態度で接していたら、子どもにも同じような態度で他者と接するよう教えているようなものです。

　子どもは、成長して自分の周りとの関係を観察し、バランスの取れた愛情深い関係であると認識すると、その一部になろうとするものです。

◎共感と道徳的行動のひな型をつくる

　子どもに親を同一視させることで、道徳的行動の基盤を与えることができます。この時期は、やっていいことと、やってはいけないことの理由をきちんと説明するようにしてください。

　また、親は性別行動のモデルになっていることも意識してください。過剰な性差別や、男性や女性の振る舞い方の違いへの偏見を擁護しないよう配慮する必要があります。男の子にも女の子にも平等な感情、責任、敬意を持って接してください。子どもが模範にできるような、好ましい行動や態度をできりだけたくさん見せてあげましょう。

◎関係を説明する

　子どもは、新しいことを知ると、それが他とどのように関係しているかを知りたがるようになります。「パズルを片づけるのは、ピースを失くさないようにするため」「人間が生きるためのエネルギーが必要だから食べ物を食べるように、車も走るためにはガソリンを入れる必要がある」「お父さんは家族を養うために働いている」といった具合に、関係を説明すればするほど、子どもは安心するものです。

　日常生活の習慣はとても重要です。いつもやっていることができないときは「今日、公園に行けないのは、おばさんが来るからよ」と理由を説明してあげてください。

◎友だち関係を後押しする

　子どもは、大人の監督のもとで、同年代の子どもと関わり始めます。未就学児の場合は、他の子ども触れ合う機会をつくってください。就学児の場合は、学校の友だちのことを聞いてみるといいでしょう。また、学校以外でも友だちがつくれるような機会を与えてください。

第5チャクラ：7歳〜12歳

◎コミュニケーションを後押しする

　このステージの子どもは、言葉を自由に使いこなせるようになっているので、できるだけ言葉を使わせるようにしましょう。その際、子どもが疑問に思うような話をして、なるべくたくさん質問させるようにします。そして、子どもの質問には時間をかけて、しっかりと答えてください。

　反対に、親が子どもに質問してもかまいません。気持ちや、学校生活、友だちのことなどを聞いてみてください。そして、その答えにしっかりと耳を傾けてください。

また、この時期は認知的学習が盛んになります。学校が主な学びの場となり、同時に、自信をつける場となります。子どもが学んでいることに親が興味を示し、宿題を手伝ってあげることで、子どもの勉強に対する意欲が高まり、勉強する習慣をつけることができます。一緒に課題に取り組むときには、子どもが興味を抱くように疑問を投げかけたり、さらなる情報をつけ加えたりすると、子どもは理解したり知識が増える喜びを知り、それは自信へとつながっていくでしょう。

◎創造性を刺激する

　成功は、能力を発達させる最大の要因になります。画材、楽器、手工芸品、ダンス教室など根気よく何かを表現しなければならない機会を与えてください。夕食のとき、食卓の準備をするといった日常のことでも、新しいやり方を模索することで創造的思考過程をモデル化することができます。さまざまな道具の使い方を教えてあげるのもいいことです。他にも本や映画、コンサートや演劇で子どもの創造性を刺激してください。

　また、子どもが自分でつくったものを見せにきたら、それがどんなものであれ必ず褒めてください。そうすることで、子どもにつくったものには価値があることを教え、創造的主体性をサポートすることになります。

◎より広い世界を経験させる

　美術館、ストリート・フェア、動物園、旅行、山や海でのキャンプなど、どこでもかまいません。子どもがまだ行ったことのない場所に、どんどん連れて行きましょう。さまざまな生活様式に触れさせ、視野を広げさせるのです。

第6チャクラ：思春期

◎アイデンティティの形成をサポートする

このステージの子どもは、自分自身のアイデンティティを探し求めています。そのため、この時期の子どもは髪の毛、衣服、ヘッドセットで音楽を聴くなど生活態度に問題のないことまで細かく管理するのではなく、子どもの個性の表わし方を尊重するようにしましょう。そして、何事も答えを与えるのでなく、疑問を投げかけ、自分自身で考えさせるようにしてください。

成人期の大人のアイデンティティに落ち着くまで、子どもがやりたいことは、何度も変わると思います。それが親の気に入らないことであっても、心配しないで見守ってください。強く反対すると、かえってそのことに執着するかもしれません。

◎独立を後押しする

子どもに自分で生活させるようにしていきます。お金を稼ぐ方法を教え、衣服を自分で買わせたり、交通費を負担させたり、学業や課外活動の計画を立てさせたりして、自分の人生に少しずつ責任を持たせるようにしていきます。たまには間違えが起こるかもしれません。子どもは、親が信じてくれていると感じれば、自分の行動に一層責任を持つようになるはずです。

◎明確な境界線を設ける

自立を促すとはいえ、思春期には一貫した明確な制約を設ける必要があります。そして、その制約をしっかりと意識させ、なぜ制約が設けられたかを十分に考えさせなければなりません。複雑な理由も十分に理解できる年齢なので、自分なりによく考えた上で、もしかしたら代替案をだしてくるかもしれません。

私の息子の話ではありますが、彼が高校の英語の成績で10段階評価の4を取ったことがありました。私はそのとき、次の評価がでるまでテレビとコンピューター・ゲームを完全禁止にしました。すると6週間後、次の成績がでるまでまだ4週間ありましたが、彼は代替案をだしてきたのです。それは、教師から成績が上がったことを証明するメモをもらってきたら、禁止を撤回してくれないか、というものでした。その後、息子が「10」の評価に値するという教師のメモを意気揚々と持って帰ってきたので、私は成績向上のご褒美に、撤回とまではいきませんが、少しだけ禁止事項を緩めることにしました。

第7チャクラ：思春期初期とその後

　第7チャクラのモデリング（観察学習）は、幼少期を通じて行われています。そして、子どもが真の意味で第7チャクラのステージに到達すると、独りでやっていけるようになり、親の影響力は及ばなくなります。ですがその前に、親がしておくべきことがいくつかあります。

◎好奇心を刺激する

　親が一方的に話すのではなく、疑問を投げかけてください。家庭が安心して価値観について話し合える場所であれば、子どもは自分で考えることを学ぼうとするものです。

　家族のサポートのもとで、自分の問題をじっくり考える方法を教わり、答えは決して一つだけではないことを学べば、偏見のない心の広い人間になるでしょう。知的な話し合いに参加させ、意見を聞いてあげることで、考えることにやりがいを抱くようになります。

◎精神的な多様性を奨める

　子どもに精神性を押しつけてはいけません。精神性は、意識的な行動を観察

学習し、関心があるからできるということを分かち合うことで、確立していくものです。

　たとえば、親が信仰している宗教を経験させるだけでなく、他の宗教にも触れさせれば、子どもの精神性はより充実したものになるでしょう。まずは、家族がなぜその宗教を選んで信仰しているのかを説明してください。そして、子どもに他の文化や信仰の形を調べさせるのです。その上で、親と同じ宗教が自分に一番合っていると判断したら、子どもはおのずと親と同じ宗教を選びますし、自ら選んだからには信仰心も深くなるはずです。もしも別の宗教に充実感を覚え、そちらを選んだとしても、それは親に対する反抗的な行為でなく、知識を得た上での選択なのです。認めてあげましょう。

◎教育の機会を与える

　学ぶことは、第7チャクラの一番の栄養になり、チャクラのオペレーティング・システムをアップデートすることにもなります。学校に通う、週末のワークショップに参加する、海外旅行にでかける、ひたすら自分で学ぶなど、どのような方法であれ、子どもが学ぶことをサポートしましょう。そして、経験の中に教訓があることを教えてください。

◎解放する

　子どもは、若年成人となって家をでるときが来たら、親は独立を祝うと同時にサポートする必要があります。しがみつくのも、無理やり追いだすのも子どものためになりません。親が管理と執着をやめれば、成長した子どもは、自然と親から離れていき、自分の世界へ向かって行くものです。

まとめ

　子どもが一つひとつのチャクラを通って成長していくときでも、前のチャクラで必要とされた要素から即座に抜けだすことはできません。

　子どもは第1、第2チャクラの段階においてだけでなく、生涯、身体的な愛情を必要とします。そして、いつも認められたいと思っています。家族会議や家族での活動に関わらせ、意見を求めてあげてください。

　親が子どもに性的虐待をしたり、精神的及び肉体的な痛みを与えたり、辱める批判をしていい理由などありません。万が一、子どもであるあなたがそうした事態に陥ったら、直ちに地元の家族支援グループやセラピーを受けるなど助けを求めてください。悪循環を断ち切るのです。いかなる虐待も見逃してはいけません。

　子どもに必要なのは、愛情、注目、時間、そして認めてあげることです。失望させてはいけません。励ましてください。子どもは、大人社会の一員になり、個性を持たなければなりません。そして、その個性で、肉体と精神と魂を調和させ、大人社会を変えていく力を得るのです。子どもは、未来の聖なる存在です。人類の希望なのです。

チャクラ関連用語

アーカーシャ	エーテル、空間、虚空。すべての存在と事象の跡が残る場所。
アーサナ	楽に保てる姿勢やポーズ。ハタ・ヨーガのさまざまな姿勢。
アージュニャー	知ること、知覚すること、支配すること。第6チャクラの名称。
アートマン	魂、自我、永遠の原則。
アーナンダカンダの蓮	スシュムナー管にあって第3チャクラと第4チャクラの間に位置する小さな8枚の花びらを持つ蓮。祭壇とカルパタルの「願いを叶える天界の樹」がある。この蓮で瞑想すると解放（モクサ）がもたらされる。
アイラーヴァタ	4本の牙をもつ白象で、乳海撹拌から生まれた。第1チャクラと第5チャクラの動物。アイラーヴァタは冥界に鼻を伸ばして水を吸い上げて雲をつくるとされている。
アグニ	インド神話の火の女神。
アディティ	『リグ・ヴェーダ』に登場する空間や広がりを象徴する女神。
アナーハタ	二物が触れ合うことなく発せられる音。第4チャクラの名称。
アヒンサー	不殺生。
アヴィディヤー	無知、理解力や知識に欠けること。

チャクラ関連用語

イーシュヴァラ	第4チャクラの神で統一体を象徴する。尊大ではないが、イーシュヴァラの字義は「最高神」で一元論の神に最も近いとされていた。
イダ	3本の主要なナーディのひとつで月と女性的エネルギーを象徴し、ガンジス川にもつながっている。色は黄色。
インドラ	ヒンドゥの神々の中でも主要な天空の神の一人。癒しと雨の神であり、一般的にはアイラーヴァタ（白象）に乗っているとされている。
ウパニシャッド	紀元前700年から300年の間に書かれたとされるヴェーダに続く一連の教義。
オージャス	至福の花蜜。ビンドゥ（点、滴）から抽出される。
カーマ	(1) 愛、願望、欲望――存在の主要な発動力。 (2) 愛と欲望の神。カーマはシヴァを瞑想から覚まし、その怒りで実体のない存在を取り戻そうとした。したがって、愛するものたちが性的な気分になると、カーマが空を舞っていると言われている。
カーリー	年老いた女神、恐ろしい母、全能の破壊者、シヴァの配偶者。永遠の時間の象徴でもある。通常、黒い肌（永遠の夜）をしていて、口を開けて舌を突き出し、武器を握った4本の腕と、血にまみれた数個の頭を持つ女神。無知と不摂生の破壊者。
カキニ	第4チャクラのシャクティの形態。
カルパタル	心臓の下に位置するアーナンダカンダの蓮にある願いを叶える天界。
カルマ／カルマン	業。個人が過去または現在の行動の影響から受ける因果のサイクル。
カルマ・ヨーガ	正しい行動によって解放を達成しようとするヨーガの

	流派。
ガウリー	女神の名前。第5チャクラの別名でもある。「黄色く光り輝く女神」で、シヴァもしくはヴァルナの配偶者とされている。豊穣の女神であり、原始の海（アパ）や聖なる牛に関係することもある。ガウリーはウマー、パールヴァティ、ラムバー、トタラ、トリプラ等の女神はガウリーの別称。
ガネーシャ（ガナパティ）	象の頭を持つ、障害を取り除く神。繁栄と平和に関係する優しい神。
クンダーラ	「とぐろを巻いた」という意味の形容詞。
クンダリーニ	(1) ムーラダーラ・チャクラで3回転半とぐろを巻いて眠っている蛇の女神。目覚めるとすべてのチャクラを通過しながら、スシュムナー管を上昇する。 (2) チャクラ同士をつないで活発にする活性化エネルギー。 (3) 上昇するサイキック・エネルギーの流れによって象徴される、ある種の覚醒。
グナ	性質。万物が持つ性質を編み合わせた、タマス、ラジャス、サットヴァの3本の撚糸。
グル	宗教の指導者。特に伝授する者を指す。
サクティ（シャクティ）	聖なる力とエネルギー。シヴァに対応する女神。万物の活動原理であり、常に変化している。下位チャクラではダーキニー、ラキーニ（Rakini）、ラキーニ(Lakini)、カキニとさまざまな形態と異名で象徴される。
サットヴァ	思考、精神、バランスに関係する最も軽いグナ。
サハスラーラ	字義は千枚の花びら。第7チャクラの名称。
サマーディ	三昧。悟りと至福の状態。

チャクラ関連用語

サムサラ	輪廻。生と死の流れとサイクル。
サラスヴァティー	字義は川の女神。カーマスートラに記されている女性が身につけておくべき64の技芸の擁護者、言論の母、純粋さの典型、ブラフマーの配偶者。
シッディ	ヨーガ実践のある段階、もしくはクンダリーニの覚醒によって得られるとされる魔術的な力。
シヴァ	インドの主要な男神の一人。思考や精神といった抽象的で形のないものに関係している。名前には「幸先が良い」という意味がある。シヴァは燃える白い光、稲妻、リンガ、眠りの神、破壊者（形と執着を破壊することから）、シャクティとカーリーの配偶者と考えられている。
ジーヴァ	個人の魂、または精神のこと。生命力として具現化され、アートマンとは対照的にもっと普遍的で精神的な魂。
ジャイナ	ポストヴェーダ期のヒンドゥ教体系の異教で、カルマから解放されるための苦行・禁欲主義と不殺生（アヒンサー）に重点を置いている。ジャイナ教では「正しい信仰」「正しい知識」「正しい行ない」という三宝を宗教生活の基本的心得としている。
スシュムナー	中央に垂直に伸び、すべてのチャクラをつなぐナーディ。スシュムナー管にエネルギーを上昇させることで、クンダリーニの覚醒がもたらされる。
スヴァディシュターナ	下腹部と生殖器に位置する第2チャクラの名称。初期の頃は名称について美味しく食べる、または愉快になるために基底のスヴーハー（天上の神々に捧げられた供え物）から甘さを吸収することを意味していた。後の解釈では自分自身を意味する基底のスワドに帰する

	ものとし、このチャクラに「自分の場所」という意味を与えた。ともに第2チャクラを説明している。
タパス	苦行によって発生するとされる熱の力で、個人のパワーと高度な精神性の基準と考えられている。
タマス	物質を表わすグナ。静止して不活発。対抗する力への抵抗。3つのグナの中で最も重く、制限されている。
タントラ	(1) 字義は織物、または織機。 (2) 西暦紀元600年から700年頃に広まった、インド哲学を撚り集めて織り上げた教えの大系。 (3) 感覚と相手との一体化によって解放を得ようとする実践。
タントラ経典	タントラ哲学と実践に関する教義。
ダーキニー	シャクティの4つの元素のひとつ、ムーラダーラ・チャクラの地に関係している。
ダーマ	(1) 神聖な宇宙的秩序。 (2) 道徳と宗教的義務、社会的慣習、倫理原則。 (3) 宗教的義務に従う行為。
チャクラ	(1) 生命エネルギーを受信、吸収、表出させるエネルギー・センター。 (2) 身体にある7つのエネルギー・センターの一つひとつ。 (3) 異なる次元の交差によって生じる円盤型のエネルギーの渦。 (4) 馬車の車輪。 (5) 円盤。ヴィシュヌの一番の武器。 (6) 回転する神々の輪。 (7) 時の輪。 (8) 法と天の秩序の輪。

チャクラ関連用語

	(9) タントラ儀式の人の輪で、男女が交互になるようにつくられる。
チャクラアーサナ	車輪のポーズ（後屈）。すべてのチャクラの前面を同時に開くヨーガの中級ポーズ。
チャクラヴァーラ	世界を囲む神話上の9つの連峰。中央に須弥山がそびえている。
チャクラヴァルティン	統治者、王、超人。前期ヴェーダ時代及びプレヴェーダ時代、ポストアーリア時代からの全能の統治者とされ、姿を現わす前に日輪の形をした光り輝く宝輪が先に前進して障害となるものを破壊したといわれている。チャクラヴァルティン自身は自分を回転する者、カルマの輪のハブ、宇宙の中心である統治者と考えている。チャクラはチャクラヴァルティンが使命を果たすときが訪れると受け取るとされる7つのシンボルのひとつ。
チャクレスヴァーラ	円盤の王。ヴィシュヌの別名。
テジャス	火のエネルギー、生命力、荘厳な権力。太陽のテジャスでヴィシュヌ・チャクラは創られた。
ディヤーナ	瞑想、黙想。
デヴァ	男神と聖なる力の総称。
デヴィ	女神の総称。
トリコナ	いくつかのチャクラやヤントラに見られる三角形。下向きのトリコナ（逆三角形）はシャクティを、上向きの三角形はシヴァを象徴している。第4チャクラでは2つの三角形が組み合わさり、聖なる結婚を表わしている。
ナーディズ	微細身（サトルボディ）のサイキック・エネルギーの経路。根っこ、睾丸。動作や流れを意味する。

ニャーナ・ヨーガ	知識を通じて解放を達成しようとするヨーガの流派。
ハーム	第5チャクラの種子字。
ハキニ	第6チャクラのサクティ・ハキニ。
ハタ・ヨーガ	身体の鍛錬を重視する流派。
ハヌマーン	猿の姿をした賢明な神。
バクティ・ヨーガ	他者、一般的には指導者に絶対帰依するヨーガ。
パドゥマ	蓮。チャクラの別称として用いられることもある。
パラサブダ	発音しない音。可聴音に先行すると考えられている。
ビージャ・マントラ	種子字。各チャクラのシンボルの中央に梵字で象徴されている。この種子字によって、各チャクラに接続してコントロールできるようになると考えられている。
ビンドゥ	(1) 梵字につける小さな点で「ンー」の音を表わす。 (2) 神話上の基本素粒子。物質がつくられる無次元の単子（モナド）。 (3) 一滴の精液。
ピンガラ	3本の主要ナーディのひとつで男性や太陽エネルギーを象徴している。ヤムナー川に関係し、色は赤色。
ブクティ	喜び。高次の意識が下位チャクラに下降したときに生じる。
ブラフマー・チャクラ	(1) ブラフマーの輪、すなわち宇宙。 (2) 特殊なマジック・サークルの名称。
ブラフマー	創造の神。妻はサラスヴァティー。求心力と遠心力のバランスを保つ者。
プージャー	神に敬意を表わして、もしくは儀式の捧げ物をして崇拝すること。
プラーナ	生命の息吹。最小構成単位、5つの元素を合わせたもの（プラーナズ）。宇宙の原動力。
プラーナヤーナ	呼吸をコントロールするエクササイズ。浄化と魂の救

チャクラ関連用語

	済を目的とする。
プラクリティ	根源的で積極的、もしくは受動的な物質的本質。顕在化が生じるもととなるもの。プルシャは男性原理で、プラクリティは女性原理とされている。
プルシャ	男性原理。創造的、積極的、精神的。プラクリティと対応し、世界はプルシャとプラクリティの2つから成るとされている。
マーヤー	幻想。女神として擬人化される。魔術、超自然的な力、卓越した技能を表わす。
マニプーラ	言葉通りの意味は「輝く宝石」。太陽神経叢に位置する第3チャクラの名称。
マハシャクティ	字義は母なる力。絶え間ない振動力の根源的なエネルギーの場。
マンダラ	瞑想促進に用いられる円形の幾何学的模様。
マントラ	文字通りの意味は「思考という道具」。瞑想や儀式の道具として内的もしくは外的に繰り返される聖なる語、語句、音を表わす。
ムーラダーラ	第1チャクラ。脊柱の基盤。元素は地。基盤のサポートを意味している。
ムドラー	両手の独特なポーズで瞑想に用いられることもある。
モクサ（ムクティ）	解放、解脱。執着を捨て、カルパタルの樹に願うことで得られる。
ヤーマ	死神、冥府の神。
ヤーム	第4チャクラの種子字。
ヤントラ	瞑想で用いるマンダラに似た模様（ヤントラは必ずしも円形でなくても構わない）。ヨーガのシステムも視覚的シンボルに関する瞑想を基盤としている。
ヨーガ	字義は結合。心と身体、自己と宇宙もしくは神自身を

	つなぐことを目的とした哲学や技術のシステム。バクティ、ハタ、ニャーナ、カルマ、タントラ、マントラ、ヤントラ、プラヤーナマなど、さまざまな流派や実践法がある。
ヨニ	女性器。聖杯の形で描写され、また崇拝されることもある。リンガ崇拝に対応している。
ラーム（Lam）	第1チャクラの種子字。
ラーム（Ram）	第3チャクラの種子字。
ラキーニ	第3チャクラのシャクティの形態。
ラキニ	第2チャクラのシャクティの形態。
ラクシュミー	富と美の母なる女神。ヴィシュヌの配偶者。満たす者であり守護者でもある。
ラジャス	生のエネルギーに関係しているグナ。原動力、変換器、火のグナ。
リンガ	シヴァ神と関係する男根のシンボル。シヴァ神は性交渉で精射しないにも関わらず、リンガは生殖力の象徴、男性の可能性のシンボルとされている。
ルドラ	シヴァの別称。雷、嵐、牛、生殖に関係する闇の火の神の一人。
ヴァーム	第2チャクラの種子字。
ヴァーユ	(1) 風、そして風の神で力を浄化すると考えられている。 (2) 身体の中を流れている5つのプラーナの流れ（ウダーナ、プラーナ、サマーナ、アパーナ、ヴァーナ）。
ヴァイカリー	可聴音。
ヴァルナ	初期ヴェーダの天空の神の一人。法と聖なる秩序に関係する神々の父。原始の海を司る者として種馬（昔の生贄に由来する）と神話上の怪魚マカラに関係してい

チャクラ関連用語

	る。
ヴィシュッダ	字義は浄化。喉に位置する第5チャクラの名称。
ヴィシュヌ	インドの主要な男神。三最高神（ブラフマー、ヴィシュヌ、シヴァ）のうちの一人で、維持する者として知られ、妻はラクシュミー。
ヴェーダ	文字通りの意味は「知識」。初期に書かれた一連の教義。その大半は、聖なる讃美歌や儀式に関する記述で、そもそもアーリア人の聖職者階級が望んでやまないものだった。
ヴェーダーンタ	ヴェーダの最後の章。「汝はそれである」。自己の内に神聖さを感じることを強調している。主体の存在の核を表現していて、一人ひとりの真の自己が万物の本質と同じであることを意味している。

【著者紹介】
アノデア・ジュディス （ANODEA JUDITH, Ph.D.）
全米ヨガアライアンス認定インストラクター養成指導者（E-RYT）。
セークレッドセンター創立者。セラピスト、スピリチュアル・ヒーラー、作家。心理学・人間健康科学の博士号を保有。アメリカにおけるチャクラの統合療法の第一人者。
全米・カナダ・欧州・中南米諸国・アジア諸国でヨガとチャクラに関するセミナーを開催している。著書に、ロングセラーでチャクラに関するバイブル本の『チャクラの神髄』ほか、『Eastern Body, Western Mind: Psychology and the Chakra System as a Path to the Self（東洋の身体、西洋の心：自我に向かう心理学とチャクラ・システム）』（未邦訳）、セレーネ・ヴェガとの共著『The Sevenfold Journey: Reclaiming Mind, Body, and Spirit through the Chakras（七つの旅：チャクラを通じて心と身体と精神を取り戻す）』（未邦訳）がある。
www.SacredCenters.com

【訳者紹介】
浅井みどり
翻訳家。訳書に「犬の気持ちを科学する」（シンコーミュージック）がある。

翻訳協力：トランネット／近谷浩二

チャクラの神髄

2018年5月　6日　第1刷　発行
2024年2月　1日　第4刷　発行

著　者　アノデア・ジュディス
訳　者　浅井みどり
発行者　林　雪梅
発行所　株式会社アストラハウス
　　　　〒107-0061　東京都港区北青山 3-6-7　青山パラシオタワー 11 階
　　　　電話　03-5464-8738（代表）
　　　　https://astrahouse.co.jp
印刷所　中央精版印刷株式会社

© Astra House Co., Ltd. 2018, Printed in Japan
ISBN978-4-908184-04-8 C0011

◆もし落丁、乱丁、その他不良の品がありましたら、お取り替えします。お買い求めの書店か、シャスタインターナショナル（☎ 042-479-2588）へお申し出ください。
◆本書の内容（写真・図版を含む）の一部または全部を、事前の許可なく無断で複写・複製したり、または著作権法に基づかない方法により引用し、印刷物・電子メディアに転載・転用することは、著作者および出版社の権利の侵害となります。